航空法评论

（第11辑）

主　　　　编：郝秀辉
本辑执行主编：张崇胜

法律出版社
LAW PRESS·CHINA
北京

图书在版编目(CIP)数据

航空法评论. 第11辑 / 郝秀辉主编. -- 北京 : 法律出版社, 2024

ISBN 978-7-5197-8667-0

Ⅰ. ①航… Ⅱ. ①郝… Ⅲ. ①航空法-研究-中国 Ⅳ. ①D922.296.4

中国国家版本馆 CIP 数据核字(2023)第247682号

航空法评论(第11辑)
HANGKONGFA PINGLUN (DI-11 JI)

郝秀辉 主编

策划编辑 李沂蔚
责任编辑 李沂蔚
装帧设计 李 瞻

出版发行 法律出版社
编辑统筹 法律应用出版分社
责任校对 李慧艳
责任印制 刘晓伟
经　　销 新华书店

开本 710毫米×1000毫米 1/16
印张 17.5　**字数** 309千
版本 2024年1月第1版
印次 2024年1月第1次印刷
印刷 北京虎彩文化传播有限公司

地址:北京市丰台区莲花池西里7号(100073)
网址:www.lawpress.com.cn
投稿邮箱:info@lawpress.com.cn
举报盗版邮箱:jbwq@lawpress.com.cn
销售电话:010-83938349
客服电话:010-83938350
咨询电话:010-63939796

书号:ISBN 978-7-5197-8667-0　**定价**:78.00元

凡购买本社图书,如有印装错误,我社负责退换。电话:010-83938349

目　录

卷首语

航空法作为领域法,有典型的学科交叉性、综合性特征,涉及民商法、行政法、经济法等部门法内容,并兼具公法属性和私法属性。航空法学是各学科间相互影响、互为补充构成的有机整体,不是各部门法或不同学科的简单交叉与重叠,其消除了法学、管理学、工学等学科间的壁垒,形成了具有针对性、内生性和协同性的多维立体研究空间,始终围绕航空活动中产生的法律问题展开。

自2011年创刊以来,《航空法评论》始终致力于为国内外航空法学研究者提供一个平台,旨在推动航空法理论和实务问题的研究。迄今,中国航空法学研究已有长足进步,但在研究的广度与深度上均有较大的提升空间,无人机制造业、自动驾驶、航空数据治理和航空运输业与航空制造业"两业融合"下产生的诸多法律问题均需学界加强研究。

《航空法评论》(第11辑)秉持初心,以"航空业发展的法律保障"为主题,特设"国际航空法热点问题、无人驾驶航空器法律问题、航空运输法律问题、航空行政监管法律问题、俄乌冲突下的航空法问题、航空犯罪问题、航空争议解决法律问题、域外航空法译介、航空法学研讨综述"等单元。本辑具有较强的时代特征,积极关注了俄乌冲突引发的航空法问题,也有航空领域新技术、新形势、新业态对航空法影响的研究。本辑成果有航空法的多重面向,关照了传统航空法实践难题的理论解决,也有航空法与其他部门法衔接、航空立法与国际公约衔接等问题的探讨,还提出了民航领域营商环境的优化措施和航空制造业发展的政策建言。

《航空法评论》承蒙各位作者赐稿,在法律出版社和编辑的大力支持下,获得各位读者的好评与厚爱。《航空法评论》将继续推动航空法学研究,为构建具有民族性、原创性的航空法学自主知识体系奋斗不已。

《航空法评论》编辑部

2023年6月25日

美国《出口管制改革法案》视角下“新兴技术”出口管制研究

——以民航制造业风险与应对为切入点*

乐 伟 孙 旭**

一、引言

美国国会通过的《出口管制改革法案》(The Export Control Reform Act,ECRA,以下简称《改革法案》)是《2019年财年国防授权法》(The National Authorization Act for Fiscal Year 2019)的一部分。①《改革法案》更新并取代了《1979年出口管理法案》(The Export Administration Act of 1979),后者作为对两用物项进行出口管制的授权立法已于1994年失效,并随后以总统根据《国际紧急经济权利法案》(International Emergency Economic Powers Act,IEEPA)每年发布的行政命令作为存续依据。《改

---

* 基金项目“中央高校基本科研业务费项目中国民航大学专项资助”(项目编号:3122022QD03)。

** 乐伟,研究员,中国商用飞机有限责任公司(以下简称“中国商飞”)上海飞机设计研究院法律与合规部部长。孙旭,法学博士,中国民航大学法学院讲师,研究方向:国际法基础理论与实践。本文仅为作者个人观点,不代表中国商飞及其下属上海飞机设计研究院或其他部门的观点和立场。

① 《2019年财年国防授权法》由时任美国总统特朗普于2018年8月13日签署,该法包括《2018年出口管制改革法案》和《2018年外国投资风险审查改革法案》。《2018年出口管制改革法案》之第一部分为《2018年出口管制法案》(有关“管制的机关与执行”),第二部分为《2018年反制裁法案》(包括“执行机关”)。See 50 U. S. Code Chapter 58.

革法案》为《出口管制条例》(Export Administration Regulation,EAR,以下简称《条例》)创设了永久的立法授权,《条例》对于商业用途、军民两用以及敏感程度较低的军事物项之出口、再出口和国内转移进行管制。《改革法案》对1979年以来美国商务部产业与安全局(Bureau of Industry and Security,BIS)实施出口管制而形成的成文或不成文实践惯例、政策及定义进行了编撰,并赋予BIS更多对违反《条例》行为的调查权限。

《改革法案》的一个重要立法目的,是为美国的技术资源提供更好的保护。[①] 为了实现这一立法目的,《改革法案》针对特定关键性"新兴与基础性技术"(emerging and fundamental technology)向特定最终用户、用途以及目的地的发布与转移,设置了更为严苛的限制。新兴技术本质上所具有的军民两用性导致了新兴技术对于国家安全乃至国际安全的影响越发显著。[②]因此,不少学者与实务界人士认为,《改革法案》对于美国技术加强保护的目的,是遏制我国的技术发展,避免我国对美国的技术领先造成挑战。[③] 尤其是在我国近来相继发布"军民融合""中国制造2025"等战略方针之后,无论是在规则制定层面,还是在规则实施层面,美国遏制我国技术发展的政策导向都十分明显。民航制造业是典型的技术密集型产业,我国的民航制造业当前尚处开局成功后的稳步发展和技术经验积累阶段。虽然兼具技术与商业成功的先进喷气式支线客机ARJ21已经实现商业化运营,然而ARJ21支线客机研制与取证的曲折过程充分说明了关键技术对于民航制造业的重要性。[④] 本文将分析美国《改革法案》有关新兴技术出口管制的规定,探讨其可能对我国民航制造业产生的风险,并为我国民航制造业对于风险的应对提出建议。

二、《改革法案》关于"新兴技术"出口管制的规定

由于本质所具有的技术前沿性以及在军事领域被适用的可能性,"新兴技术"随着未受有效管制的贸易而无序扩散并为特定国家的国家安全,乃至国际安全带来风险的可能性更为突出。这对贸易管制立法者如何在技术发展、经济竞争性以

① 参见欧福永、罗依凯:《美国〈2018年出口管制法〉评析与启示》,载《河北法学》2022年第2期,第61页。

② See Scott A. Jones, *Trading Emerging Technologies: Export Controls Meet Reality*, Security and Human Rights, Vol. 31, 2020, p. 47 - 59.

③ 汤伟洋、赵迪、王丝雨:《美国拟对14类"新兴技术"出口管制——对中国企业获取新技术的影响》,载君合网2018年11月21日,https://www.junhe.com/law-reviews/874。

④ 参见刘济美:《一个国家的起飞——中国商用飞机的生死突围》,中信出版社2016年版,第92~98页。

及国家安全之间实现一条兼顾路线提出了挑战。《改革法案》在这一路径上进行了首次尝试并对于新兴技术的出口管制作出了明确规定。本部分将从含义、认定机制以及现有管制清单三个方面,对《改革法案》有关新兴技术出口管制的规则进行梳理。

(一)《改革法案》对新兴技术进行了宽泛、开放的定义

《改革法案》没有对新兴技术的含义进行界定,而只是在“新兴技术认定”部分规定了此类技术对于美国的国家安全而言是至关重要的,①却未对何为“新兴”进行界定。虽然也有学者结合各国国家实践,对“新兴”的内涵进行了分析和研究,②但是至少就美国《改革法案》而言,之所以对特定新兴技术加以出口限制并进行保护,理由主要是这类技术对于国家安全的重要性,而不在于其新兴的特征。

新兴技术对于传统安全的挑战,源自其军民两用性的特点。“军民两用物项”是指,在军事目的和民用目的上均具有适用可能性的材料、设备和技术。近年来,美国国内有关军事安全的政策分析与学术研究文章,均指出了新兴技术与国家安全,乃至国际安全具有越发紧密的联系。例如,美国国会研究服务处(Congressional Research Service,CRS)就曾指出,人工智能技术虽然已经由美国国防部适用于美国军事领域,并且已经在伊拉克与叙利亚的军事行动中得到了运用,但是人工智能技术在很多领域(包括情报收集分析、网络行动、自动化驾驶等领域)的适用仍待发展,且这些新领域中的大量技术发展往往是在商业领域产生的,因此人工智能有关的新技术将为美国的军事一体化带来前所未有的挑战。③有基于此,美国众议院通过的《改革法案》提案,在“新兴与基础性技术认定和出口管制的规定”一章规定:“此类技术,虽未在任何美国有关出口管制的清单中列举,但是对美国而言,对于维护其相较于可能为美国国家安全、情报安全或任何其他领域的国家安全产生威胁之国家的技术进步,有着重要意义。”④最终发布的《改革法案》对于新兴技术进行了宽泛定义,其对于美国国家安全而言至关重要,且未被《国防产品法》及其修正案列举为在企业收购、并购时应当审批的关键技术。

---

① See 50 U. S. Code § 4817.

② Rotolo 等通过分析现有的对新兴技术的通常定义,认为“新兴”包括以下六种特征:全新性、快速发展性、一致性、显著影响力、不确定性及模糊性,参见 Daniele Rotolo, Diana Hicks & Benjamin R. Martin, *What is an Emerging Technology?*, Research Policy, Vol. 40, 2015, p. 1827 – 1843.

③ See Congressional Research Service, *Artificial Intelligence and National Security*, updated January 30, 2019.

④ Export Control Reform Act, 2018, H. R 5040, available at: https://www. congress. gov/bill/115th-congress/house-bill/5040/text, last accessed May, 19, 2022.

(二)《改革法案》关于新兴技术认定的"跨机构机制"设计

《改革法案》的一个重要特征,是在诸多方面设置了"跨机构机制",包括出口管制的管理、许可申请的审批与授予、新兴技术认定等。根据法案的规定,新兴技术的认定与出口管制也涉及多个部门的协同与合作,这种跨部门的机构设置主要体现在认定主体的组成、认定的程序、认定的信息来源这三个方面。

在对新兴技术进行宽泛定义的基础上,《改革法案》对于如何认定尚未在现有出口管理物项清单中得到确认的新兴关键技术,进行了一系列程序性规定。对于新兴技术认定的主体,《改革法案》规定,总统应当与商务部长、国防部长、能源部长、国务卿以及其他相关联邦机构领导协同,建立、领导一个常设的、持续性的"跨机构机制";对于新兴技术认定的信息来源,《改革法案》规定,前述设立的常设跨机构认定机制,应当考量的信息来源包括公开可得的信息、涉密信息,由国家情报总监提供的相关信息,外国投资委员会对公司收购和并购进行审批和调查而获得的相关信息;对于新兴技术认定的程序,《改革法案》规定,跨机构机制应当考量的因素包括,有关技术在外国的发展情况,采取出口管制之后可能对美国境内此类技术发展产生的影响,出口管制对此类技术在外国发展可能起到的限制效果。①

《改革法案》有关新兴技术出口管制的立法背景说明,其立法目的是维护美国的国家安全;而从《改革法案》关于新兴技术认定的跨机构设置以及跨机构机制在审定新兴技术类别时考量的信息以及因素来看,维护美国在特定技术领域的领先优势地位对于其国家安全至关重要。因此,《改革法案》针对新兴技术出口管制进行了特别立法规定。

(三)美国商务部产业与安全局认定的新兴技术类别

虽然《改革法案》没有对新兴技术的类别进行列举,但是《改革法案》立法过程的讨论、公众的评述表明,以下领域的新兴技术备受关注:网络安全、人工智能、机器学习、自动驾驶、3D打印、增广虚拟现实、基因编辑、金融科技、半导体、机器人技术、纳米技术以及生物技术等。同时,为了辅助前述新兴技术认定跨机构机制,为其提供认定所需的信息,美国商务部工业与安全局(Bureau of Industry and Security, BIS)于2018年11月19日,公布了一项"立法计划预通知"(Advance Notice of Proposed Rulemaking, ANPRM),其中包括几项涉及新兴技术的领域,以求公众的评述。

---

① See "Requirements to Identify and Control the Export of Emerging and Foundational Technologies", 50 U. S. Code § 4817.

2020 年 6 月 17 日，BIS 发布了首批根据《改革法案》认定的新兴技术清单，并依据这一清单更新了《条例》项下的“商业管制清单”①（Commercial Control List，CCL）。这些新兴技术分别涉及易制毒化学品、中东呼吸系统综合症冠状病毒等，与这些物项有关的研发、生产或使用的技术，也被列入 CCL、管控类别为“E”组，即作为“技术”进行管控。② 随后，BIS 又认定了新兴技术，并将与之相关的技术或软件分别列入 CCL“D”组（软件）或“E”组（技术）进行出口管制，涉及航空航天、生物技术、化学、电子、加密、地理空间图像和海洋领域。2020 年 10 月 5 日，根据《瓦森纳协议》，BIS 又认定了 6 项新兴技术，并将之列入 CCL，其中包括“用于为 5nm 生产精加工晶圆的某些技术”等与高端芯片制造密切相关的技术。③目前，得到 BIS 认定的新兴技术已经至少达到了 37 项。

三、与新兴技术相关的外国直接产品规则掣肘我国民航制造业

虽然目前得到 BIS 认定并列入 CCL 的新兴技术尚未有与民航制造业直接相关的，但是其中不乏与民航制造业可能产生间接关联的技术。与实实在在的产品不同，技术是无形的。技术可能被用于特定产品的生产，而附着于特定的产品被发布；技术亦可能随着现代公司复杂的股权结构而被层层掩护的大股东获得。美国《改革法案》与具体实施层面的《条例》，均体现了立法者在这些方面的考量——一方面针对技术的出口规定了多种形式，另一方面针对企业合作信息的披露也作了相应规定。《条例》不仅约束原产美国的产品之出口，在美国境外生产的产品，如果符合《条例》有关“外国直接产品规则”（Foreign Direct Product Rules，以下简称“FDP 规则”）的相关规定，也要受到《条例》规定的出口管制。FDP 规则即是直接与技术相关的规则，根据《条例》第 734 章第 9 节的规定，外国直接产品是指“外国生产的、位于美国境外的，基于美国原产的技术或软件的直接产品”或“外国生产的位于美国境外的产品，如果生产这一产品的工厂本身或其‘主要组成部分’，是特定‘技术’或‘软件’的‘直接产品’”。④ 可见，技术是《条例》项下 FDP 规则适用于外国产品的连接点。对于基于美国的技术生产于国外的产品，《条例》根据出口管制

---

① 包含在 CCL 中受管控物项，都有一个出口管制分类编码，该编码将出口产品分别按类别和用途进行分类。每一个编码都包括数字和字母：首个数字指代物项的一般类别（0～10）；首个数字之后的首个字母指的是组别（A－E）；字母之后第一个数字，代表的是该物项在条目中的管控类别。

② See “Commerce Control List (CCL) structure”，15 CFR § 738.2

③ See *Implementation of Certain New Controls on Emerging Technologies Agreed at Wassenaar Arrangement* 2019 *Plenary*，Federal Register，Vol. 85，no. 193.

④ “Foreign Direct Product (FDP) Rules”，15 CFR § 734.9.

的目的、产品所涉技术的类别和出口的目的对其进行出口管制。《条例》对于技术出口管制的这种类别化,使得我国民航制造业的供应材料获取、外国合作研发和整机出口都可能受到影响。

(一)供应材料获取困境

1. 与国家安全相关的FDP规则

《条例》第734章第9节(b)条,对有关国家安全的FDP规则进行了规定,如果一项外国生产的物项同时满足了该款规定的产品范围和出口目的地国家范围,则该外国生产的产品受《条例》调整。该条(i)款针对产品范围作了两方面的规定,两要件必须同时满足:外国生产的物项是美国原产的技术或软件的直接产品,且这种技术和软件的出口许可或许可豁免需要提供书面保证;此类外国生产的物项受国家安全管控。针对出口目的地范围,该条(ii)款规定,外国生产物项的出口目的地是被列于国家列表D:1、E:1或E:2的国家。我国被列为D:1国家。[①] 因此,一项产品生产即便是美国境外生产的,只要其是美国技术的直接产品且属于《条例》为国家安全管制的物项,其出口的目的地是中国,则应当受到《条例》的限制。与技术相关的FDP规则可能会持续对我国民航制造业的材料供应产生冲击。我国属于国家列表中的D:1类国家,而大量与航空制造业相关的我国企业被列入了实体清单[②],与技术相关的FDP规则将严重限制我国民航制造业的原材料供应渠道。

2. 实体清单FDP规则

《条例》第734章第9节(e)条,则基于出口最终用户是否被列入"实体清单",进行了更为严苛的规定。该条对于产品范围作了更为宽泛的规定。根据该条的规定,只要是基于特定受管制技术生产的美国境外产品,[③]则不论产品本身是否列入CCL成为被管制物项,该产品都符合了FDP规则。而对于最终用户范围,该条规定同样宽泛,外国生产的物项将被"纳入"或将用于任何由特定实体购买、订购的"部件""成分"或"设备"之"生产""开发",则满足最终用户范围的要求。值得注意的是,特定实体只要是交易过程中的一环即可,无论是作为"买方""中间承销方",还是作为"最终承销方"或"最终用户"。因此,对于实体清单FDP规则,《条例》简化了产品连接点,对交易对象所处交易环节进行了多样化的规定,且以包含了此类技术的产品在研发、产生的各个环节被使用的可能性为标准。

---

① See "Country Groups", 15 CFR Appendix Supplement No. 1 to Part 740.

② See "Entity List", 15 CFR Appendix Supplement No. 4 to Part 744.

③ CCL编码为3D001、3D991、3E001、3E002、3E003、3E991、4D001、4D993、4D994、4E001、4E992、4E993、5D001、5D991、5E001、5E991的特定技术。

通过修改《条例》有关直接产品的规则,掣肘我国科技产业的发展,是美国惯常的做法。目前《条例》中有关实体清单 FDP 规则,几乎完全是针对华为制定的,规则指向的实体也均与华为有关①,这些规则导致华为几乎没有可能获得高端芯片供应。虽然民航制造业目前受技术相关的 FDP 规则影响有限,但我们不可不居安思危。BIS 有权更新新兴技术的目录并修订《条例》的内容,作为我国高新技术产业重中之重且正在快速稳步发展的民航制造业,极有可能成为 BIS 的下一个关注对象,是我国民航制造业在《改革法案》语境下可能面临的供应链风险。

(二)外国合作研发风险

如前述,根据《改革法案》和《条例》所设立的法律框架,美国很有可能采取类似针对华为的出口管制手段,通过修改与技术相关的 FDP 规则遏制我国民航制造业的发展。而 2022 年年初俄乌冲突的爆发,使得我国民航制造业面临的风险进一步升级,这类风险主要集中在与俄罗斯相关的合作研发领域。

根据目前公开可得的信息,我国民航制造业将与俄罗斯相关企业合作,进行新一代宽体客机的研发和制造。2017 年 5 月 22 日,由中国商飞与俄罗斯联合航空制造集团(United Aircraft Cooperation,UAC)分别注资 50% 的中俄国际商用飞机有限责任公司(CRAIC)在上海成立,合资公司主要负责中俄联合研制新一代远程宽体飞机项目的运行工作。中俄远程宽体客机是在中俄全面战略协作伙伴关系深入发展背景下,两国企业在高科技领域开展务实合作的重大战略性合作项目。②

2022 年 3 月 3 日,BIS 为实施《条例》项下针对俄罗斯的制裁而修订的《条例》内容,在美国联邦公报(Federal Register)发布。这些修订涉及多个方面,其中在 FDP 规则方面,特别针对俄罗斯和俄罗斯军事最终用户增加了两项新 FDP 规则。③《条例》第 734 章第 9 节(f)条和(g)条分别对"俄罗斯/白俄罗斯 FDP 规则"以及"俄罗斯/白俄罗斯军事最终用户 FDP 规则"进行了规定。根据这两条规则,只要外国生产的产品是特定食品与药品之外的且是 CCL 中 D 组或 E 组的任何源自美国的技术或软件之直接产品,则当该产品之目的地是俄罗斯或白俄罗斯,或该产品将被纳入或将用于生产地或目的地为俄罗斯或白俄罗斯的任何部件、构成要件或

① 参见葛晓峰:《从华为案探究美国对中国出口管制的本质》,载《国际经济合作》2022 年第 1 期,第 60 页。

② 参见中国商飞公司新闻中心:《中俄国际商用飞机有限责任公司挂牌成立》,载中国商飞公司网站,https://www.comac.cc/xwzx/gsxw/201705/22/t20170522_5251594.shtml。

③ See *Implementation of Sanctions Against Russia Under the Export Administration Regulation*, Federal Register, Vol. 87, no. 42.

装备之生产、开发,或将被纳入、用于任何由《条例》第744章附件4中特定实体生产、订购或购买的"部件""成分"或"设备"之生产与开发,抑或特定清单实体是交易过程中的一环,无论是作为"买方""中间承销方",还是作为"最终承销方"或"最终用户"参与到交易中,则都认为该产品受《条例》调整。而由BIS同时更新的《条例》第744章附件4实体清单中,俄罗斯联合航空制造集团赫然在列。值得注意的是,《条例》第734章第9节(g)条对交易对象只是作了列举式规定,"买方""中间承销方""最终承销方""最终用户"作为参与交易的形式并非穷尽的。同时,《改革法案》对于产品出口的原因也进行了宽泛的规定,包括"采购订单、合同要求……,或是基于合资企业经营期间、协同开发协议或者类似的合作协议"等多种形式。

由于BIS近期修订《条例》,增加了直接针对俄罗斯的FDP规则,且俄罗斯联合航空制造集团被列入了实体清单,我国企业与该企业通过合资形式进行宽体客机研发的行为可能会间接受到美国出口管制的限制。例如,如果我国企业采购的供应商产品中包含受美国出口管制的技术,那么,即便我国企业已经获得了美国商务部的出口许可,仍有可能因为《条例》有关俄罗斯制裁的规定而受到美国出口管制的制约。特别是由于BIS将CCL编码为E类(技术)的物项全部列为限制向俄罗斯特定实体发布的内容,与之相关的外国直接产品也受同样限制,因此我国民航制造业与俄罗斯进行合作研发将面临较大阻碍。一旦我国民航制造业忽略了这些规则,违反了《改革法案》与《条例》,则可能受到美国的调查与处罚。关于美国出口管制规则相关的不法责任与处罚,涉及包括自然人与法人的多种主体,民事处罚、刑事处罚、刑事没收等多种处罚形式,以及包括"共谋"这一英美刑法特有罪名在内的多种罪名①,值得专门研究。本文主要研究我国民航制造业与外国合作研发可能面临的风险,对于处罚相关的具体内容不再展开论述。

四、中国民航制造业的风险防范与应对

上文对于《改革法案》有关新兴技术的新规定,以及《条例》如何运用与技术相关的FDP规则对源自美国的技术进行保护进行了论述,并分析了我国民航制造业可能面临的风险。本部分将探讨此类风险的防范与应对。

(一)加强对美国相关规则的梳理和研究

风险的防范以对规则的充分了解为前提。然而,美国有关出口管制的各种规则纷繁复杂,即便是美国国内的学者也认为,规则的复杂性、专业性使得对于该规

① See "Penalties", 50 U.S. Code § 4819.

则的全面掌握绝非易事。[①] 首先,就出口管制的规则,《条例》存在多个条款交叉引用的情况,例如在《条例》第734章与技术相关的FDP规则相关的规定中,会指向第744章附件4的实体清单、第740章附件1的国家清单和第774章的商业管制清单等。甚至同一条规定,可能会同时引用来自三个不同章节的内容。由于《条例》呈"网状结构"的立法模式,非专业细致的梳理不得致对其全面的了解。凡应对之策,须以全面的掌握为前提。因此,首先要对美国有关规则进行全面的梳理和研究。

在对规则进行梳理和研究的过程中,要加强实务领域与学术界的有效互动。《改革法案》与《条例》的规定不仅具有法学的专业性,还具有技术的专业性。就法律专业性而言,《改革法案》在"处罚"一章规定,违法主体和受刑事处罚主体不仅包括自然人,还包括法人;犯罪形式包括了英美法系特有的"共谋罪"(conspiracy),这种共谋包括自然人与法人的共谋。[②]例如,美国检方对华为及相关企业以及孟晚舟女士提起的起诉书,包括了数项与共谋相关的罪名,如"共谋欺诈罪""共谋实施电汇欺诈罪""共谋窃取商业秘密"等。[③] 这些涉及法学领域的专业学理,很多问题也在国内法学界有了比较深入的研究,我国民航制造企业应加强与学界的交流,以更好地了解在具体实践层面的风险。

就技术专业性而言,第774章商业管制清单所列举的管制物项,特别是第D、E类有关技术和软件的物项,都是以专业术语对技术进行描述。例如,2020年10月5日,由BIS列入CCL的D项与E项的软件和技术包括:为生产极紫外线而设计的计算机光刻技术(CCL编码3D003)、为加工生产5纳米晶圆而使用的技术(CCL编码3E004),对于法学专业学者而言难以准确理解这些术语,因此也很难判断我国民航制造业对于这些技术的依赖程度,尤其很难得知技术是否包含在供应商的材料中而间接被我国民航制造业使用。因此,对于规则的解读还需要技术领域的专业人员的参与。唯有实务界与学界有效沟通,才能将美国出口管制法的学理研究与民航制造业实际的风险预判和应对有效地结合起来。以下两点建议,都是在对美国国内的规则有了充分研究和梳理的前提下才能实现的。

(二)规则制定层面

除了对规则本身有深入准确的掌握,我国民航制造业也可以参与到规则制定

---

① See Stanley J. Marcuss & Michael B. Zara, *A Better Way Through the Export Control Thicket*, Santa Clara Journal of International Law, Vol. 14, 2016, p. 47 – 97.

② See "Penalties", 50 U. S. Code § 4819, (a)(2).

③ See United States of America v. Huawei Technologies Co., LTD, Huawei Device Co., LTD., Huawei Device USA Inc., Futurewei Technologies, Inc., Skycom Tech Co., LTD., Wanzhou Meng, Superseding Indictment, Cr. No. 18 – 457 (S – 3) (AMD), Count One, Two & Three.

的过程中。在BIS公布有关新兴技术和基础性技术的“立法计划预通知”(ANPRM)并寻求各方评论时,我国民航制造业一方面可以积极参与到新兴技术认定的立法评论中;另一方面可以利用新兴技术出口管制与新兴技术研发、商业利益之间的天然矛盾,通过游说影响美国民航制造业对于是否认定民航制造业相关技术为新兴技术并进行出口管制的态度,使得美国民航制造业企业也提出相应的立法评论,从而间接参与规则制定。

美国国内公众对于随《改革法案》同时公布的新兴技术ANPRM的态度比较消极,他们认为某些特定的管控是不具有实践可行性的。[①]针对美国政府目前对“新兴”进行界定的路径,不少学者提出了批评——他们认为目前美国采取的“从一般到特殊”的界定方法是有问题的,应当从特定具体技术的界定入手。也即,立法的要旨是,应当首先说明一项技术为何以及如何对国家安全造成了威胁,而目前立法采取的方式则是本末倒置。例如,一项对ANPRM的评论就一针见血地指出了这种悖论:ANPRM对于此类技术的定义,暗含着这样一种逻辑:此类技术尚未被列入CCL或由于其新兴性而尚未得到多边出口管制,而对此类技术出口管制的缺失导致了此类技术对国家安全可能产生的影响不能得到评估,这种本末倒置的定义有着明显的不确定性和模糊性,因此很难从出口管制的角度对新兴技术进行管理。[②]

美国国内学界与实务界的消极态度,为我国民航制造业在美国境内的游说提供了切入点。民航制造业是高端技术密集型产业,全球能够参与到民航制造的企业屈指可数,美国的民航制造业对发展势头良好的中国民航制造业有着一定的商业利益期待。例如,根据公开可得的信息,我国C919窄体客机的发动机供应商是由美国通用电气和法国赛峰合资的CFM公司,航电系统供应商是美国通用电气和中航工业成立的合资公司昂际航电,飞行控制系统的供应商是美国的霍尼韦尔公司,等等。如果美国将与这些供应商相关的技术纳入受出口管制的新兴技术,显然会导致这些企业商业利益的流失。这为我国民航制造业在美国供应商企业中进行游说,使其参与立法评论、避免相关技术被列入清单,提供了契机。

(三)风险应对层面

除了熟稔了解美国涉及新兴技术的出口管制规则、积极参与到新兴技术认定的规则制定层面外,我国民航制造业也应当对自身的业务内容进行缜密梳理,在风

① See Scott A. Jones, *Regulating the Future: Concerns over defining "emerging technologies"*, World Export Control Review, issue 79, 2019.

② See Scott A. Jones, *Trading Emerging Technologies: Export Controls Meet Reality*, Security and Human Rights, Vol. 31, 2020, p. 47 - 59.

险防范层面做好应对。与此相关,近年来应对美国出口管制以及其他国家与"企业社会责任"相关的法律规定,①学界与实务界均日益重视"供应链合规"的问题。

就《改革法案》以及BIS针对《条例》关于外国直接产品规则的屡次修改来看,对于特定源自美国的技术,无论其位于供应链的哪一环节,都可能随着BIS对《条例》的修改而受到美国的出口管制。如前所述,最近BIS增加了两项新FDP规则:《条例》第734章第9节(f)条和(g)条分别对"俄罗斯/白俄罗斯FDP规则"以及"俄罗斯/白俄罗斯军事最终用户FDP规则"进行了规定,对与特定目的地或特定用户相关的交易环节、交易对象、交易目的地作了极为宽泛的规定。可以说,只要一项产品包含由CCL列入D组或E组的任何源自美国的技术或软件,则无论该产品将会以何种方式、在交易的何种环节与俄罗斯/白俄罗斯或特定实体相关,都受《条例》调整。一旦违反,将要受到美国商务部的调查,由此可能产生违反《改革法案》的行政、民事与刑事责任。

因此,为了防范未来可能存在的风险,我国民航制造业应当做好供应链合规体系建设,其中包括但不限于:第一,制定企业内部关于供应链合规的政策、程序和控制措施;第二,建立供应商追溯体系,对于供应商的追溯应当尽量详细,如有可能应做到追溯至原材料源头;第三,在建立追溯体系的前提下,准备各层级供应商的合规证明文件,如承诺函、产地证明等;第四,从原材料采购到成品生产的完整生产流程和整套生产记录,尽量做到供应链任何环节都有据可循。应当说,建立企业内部的供应链合规制度和体系,是未来国内企业合规建设的大势所趋,这不仅是为了应对未来美国可能针对民航制造业制定的出口管制规则,也符合越来越多国家与企业社会责任相关的国内立法趋势,将为我国民航制造业未来布局全球打下基础。

五、结语

从前面的分析来看,《改革法案》以及《条例》目前现有的规则已经对我国民航制造业的发展产生了冲击。BIS未来对《条例》进行修改时,极有可能会针对我国民航制造业制定专门性限制规则。新兴技术非实物,可能会由于利用此类技术生产的产品之出口,附随产品而出口,因而存在给美国国家安全带来风险的可能。《改革法案》对于新兴技术的定义较为开放,分析《改革法案》对于新兴技术的规定,

---

① 例如,2015年3月英国通过了《现代反奴隶制法案》,根据该法案的规定,任何在英国有业务的本地或国际企业,只要年营业额超过3600万英镑,必须保证杜绝供应链上的非法劳动问题;2018年,公众环境研究中心(Institute of Public and Environmental Affairs,IPE)及其他环境保护组织披露我国企业小米的供应商非法排放废水,引发当时小米在香港交易所上市能否成功的担忧。

会发现一项技术是否应当受到出口管制并非绝对在于其“新兴性”,而在于其是否可能为美国国家安全带来风险。一项技术一旦被认定为新兴技术并列入CCL,会与《条例》所规定的外国直接产品规则密切关联。即便产品生产于国外,只要其中包含源自美国的技术,根据《条例》所规定的目的地规则、最终用户规则之不同,就会受到美国出口管制的约束。从目前美国的立法实践来看,BIS大有通过尽可能扩宽《条例》直接产品规则的连接点,而使得位于产品生产供应链每一个阶段的企业都受到出口管制。

民航制造业是技术密集型产业,我国的民航制造业面临的压力,一方面来源于BIS随时可能对《条例》作出的针对性修改而带来不确定性风险,另一方面近期BIS作出的“俄罗斯/白俄罗斯直接产品规则”的修改就已经使我国民航制造业的外国合作研发处于困境中。我国民航制造业应迎难而上,全面梳理掌握美国出口管制规则;在全面把握的基础上,利用全球产业融合、利益捆绑这一事实,对美国民航制造业进行游说,通过这些企业参与立法评述影响新兴技术的认定;最后做好企业内部的供应链合规制度和体系,应对未来可能产生的风险。

论国际法事件对于国际民航公约解释适用的影响

——以俄乌冲突为例

李亚凝[*]

一、问题的提出

习惯国际法和国际法的一般原则是国际法的渊源，前者着眼于国家的实践，而后者则着眼于各国法律共同的一般原则。两者与国际公约相互影响，不断促进国际规则的生成。

国际公约的制定往往是历史经验的总结，具有有限的前瞻性，因此其对于新问题、新情况的适应性，是需要通过各国对于国际法事件的态度、行动以及合意，不断地进行解释而得以成长。所谓国际法事件，指的是在国际活动中产生的无先例可循，且对于未来短期、中期、长期国际规则可能产生重大影响，且该影响直接或者间接影响国家利益以及人类命运共同体利益，需要一国政府明确立场与态度的、具有人为因素或不具有人为因素的突发事件。

俄罗斯与乌克兰武装冲突的加剧，以及由此所衍生的诸多单边制裁与反制裁措施，凸显了现代国家冲突已经从单纯的"武装战"到"武装战""经济战""法律战"的"综合战"。这不仅对于第二次世界大战之后所形成的国际规则的解释带来一定的

* 李亚凝，中国民航科学技术研究院（中国民用航空局航空安全技术中心）研究员，法学博士，中国民航大学硕士生导师。

不确定性,而且是对一个国家内部治理制度和外部环境制度的综合考验。

在这种考验之中,具有样本意义的是对于作为重要交通运输方式并凝结了诸项国际法制度的国际空中运输造成的影响,其中不仅包含常规风险,而且包含非常规风险。因此,俄乌冲突已经构成国际法事件,更准确而言是国际航空法事件,其不仅对于以《国际民用航空公约》(以下简称《芝加哥公约》)为核心的国际民用航空法体系的解释与适用带来冲突,而且也考验着我国参与国际治理的能力。

(一)国际民用航空法体系

国际民用航空法体系萌发和孕育于人类航空工业的勃兴,形成和发展于两次世界大战之间,在第二次世界大战之后逐渐成熟,如果以"法典"视角来审视,其至少包含以下几部分:

"总则"方面:1944 年 12 月 7 日订立于美国芝加哥的《芝加哥公约》确立了"二战"之后各国对于国际民用航空活动的基本共识,是国际民用航空公约的"基本法"。

"领空与航权编"方面:1944 年 12 月 7 日订立于美国芝加哥的《国际航班过境协定》与《国际航空运输协定》,由于涉及各国的领空主权以及航权的交换,因此未能得到大多数国家的认可。目前,世界上的主流国家一般采用双边航空运输协定的方式来进行航权的交换。

"承运人责任编"方面:1929 年 10 月 12 日订立于波兰华沙的《统一国际航空运输某些规则的公约》及其议定书,以及后续更新的 1999 年 5 月 28 日订立于加拿大蒙特利尔的《统一国际航空运输某些规则的公约》,由于两个公约的名字一样,一般将前者称之为 1929 年《华沙公约》,后者则被称为 1999 年《蒙特利尔公约》,两者是承继的关系。目前,两个公约对从事国际航空运输的承运人对于人身伤亡、财产损失以及延误等事项进行调整。

"民用航空器权利编"方面:1948 年 6 月 19 日订立于瑞士日内瓦的《国际承认航空器权利公约》(以下简称《日内瓦公约》)以及 2001 年 11 月 16 日订立于南非开普敦的《移动设备国际利益公约》(以下简称《开普敦公约》)及其议定书,其目的在于使民用航空器的所有权、占有权、抵押权、优先权以及其他权利在国际社会中得到普遍承认。

"国际航空刑事责任编"方面:众所周知的《关于在航空器内的犯罪和其他某些行为的公约》《制止非法劫持航空器的公约》《制止危害民用航空安全的非法行为公约》《制止与国际民用航空有关的非法行为的公约》及相关议定书共同对危害民用航空活动安全的行为进行规制。

(二)武装冲突期间国际民航业的核心诉求

从世界范围来看,民航业承载着国际运输的重要任务,一旦中断将会导致人员以及高价值物资流动中断,而这是全球化时代所无法承受的损失。以我国为例,改革开放以来,我国民航对世界民航增长贡献率超过20%,位居全球第一。《新时代民航强国建设行动纲要》提出从2021年到2035年,我国将实现从单一航空运输强国向多领域民航强国的跨越,期间民航综合实力大幅提升,形成全球领先的航空公司、辐射力强的国际航空枢纽、一流的航空服务体系、发达的通用航空体系、现代化空中交通管理体系、完备的安全保障体系和高效的民航治理体系。

因此,在武装冲突期间国际民航业的核心诉求是:

第一,保证生命与财产安全。经历过两次世界大战,保证航空旅客生命安全与财产安全成为以《芝加哥公约》为核心的国际民用航空法体系所要实现的目标之一。但是,即使在"二战"结束之后至今的历史上,也曾多次出现军事力量对于民用航空器的攻击行为,保证生命与财产安全成为民航业的首要目标。

第二,维护民用航空商业活动的正常运行。国际民用航空活动的本质是国际交通运输,以《芝加哥公约》为核心的国际民用航空法体系规定了大量关于促进与便利国际航空活动的规定。因此,维护商业活动的正常运行就是维护民航业的生命线。

第三,确保民用航空设备交易稳定。国际航空运输离不开作为生产工具的民用航空器,民用航空器的买卖、经营租赁、融资租赁等行为促使《日内瓦公约》《开普敦公约》等一系列公约的出现。因此,确保民用航空交易稳定就是确保国际交易稳定。

故此,有必要分析武装冲突对于国际民航公约适用产生的影响,从而有助于维护国际民航活动安全。

二、价值论之一:以生命与财产安全为核心

虽然航空器早在第一次世界大战中便被使用,但第二次世界大战真正证明了航空活动对于军事和民用的重要意义。武装冲突作为采用武器或者武力进行攻击的行为,无疑会对国际民用航空运输构成威胁。为此《芝加哥公约》第89条和第3条分条以互补的形式对此种行为进行了应对,第89条规定了主权国家可以依据战争法、武装冲突法与国际人道法(三者为广义的"战争法")实施相应的行动;同时,第3条分条第1款规定了避免通过武力过度影响民用航空活动。

2014年7月17日,马来西亚航空MH17民用航空器在俄罗斯与乌克兰边境被击落,这一事件使得对于民用航空活动的保护再一次成为国际民航界高度关注的内容。为此,国际民用航空组织(International Civil Aviation Organization, ICAO)于2014年即成立了冲突地区民航风险工作队,并连续召开四次会议研究冲突地区民

航面临的安全和安保风险。国际民用航空组织希望建立一个关于冲突区的预报机制,即各个缔约国自行向国际民用航空组织申报冲突区以及具有冲突风险的区域,而后在国际民用航空组织网站上公布,以防止战争和武装冲突对于民用航空活动的威胁。

但是,各国对于武装冲突以及对于民用航空活动威胁等冲突区核心概念的理解并不相同,并且更为严重的是,该制度将导致一国的申报可以在他国或者公海上空建立一个"冲突地区",这将极大地打破《芝加哥公约》所确立的领空主权与国际航空之间的平衡。所以,最终国际民用航空组织所构建的"冲突地区"方案未能得以实现。

(一)武装冲突时期与和平时期的冲突规范

《芝加哥公约》制定于第二次世界大战结束之际,对于已经形成的武装冲突规则予以尊重的同时,公约致力于构建和平时期的国际民用航空规则。《芝加哥公约》第89条规定"如遇战争,本公约的规定不妨碍受战争影响的任一缔约国的行动自由,无论其为交战国或中立国。如遇任何缔约国宣布其处于紧急状态,并将此事通知理事会,上述原则同样适用",从而界定了在战争状态以及紧急状态下缔约国的行动范围。

结合条文与历史可知,《芝加哥公约》第89条规定是一条冲突规范,该条界定了在战争和紧急状态下国际民航公约与国际人道法的适用关系,即一旦宣战或者宣布进入紧急状态,战争法将优先于国际民航公约适用,或者说《芝加哥公约》第89条明确了在和平时期的国际航空规则并不当然适用于战争状态。

(二)战争法、武装冲突法与国际人道法所确立的规则

战争法、武装冲突法与国际人道法是一组有着千丝万缕联系的概念。1648年《威斯特伐利亚和约》(The Peace Treaty of Westphalia)的签订,在确立了国家主权平等原则的同时,也承认国家在遵守宣战等程序的前提下具有发动战争的权利,因而造成了主权国家之间频繁的战乱。1929年生效的《巴黎非战公约》(Pact of Paris)禁止缔约国以战争作为推行国家政策的手段,希望用和平方法解决国际争端,但是各国均作出一定保留,实际上使得该公约并未达到其所希望的目的。两次世界大战使得国际社会认识到和平的重要性,1945年《联合国宪章》有了两大创新:一是将对于战争的规制扩大到武装冲突,避免了概念上的纠缠对于国际法适用的困难;二是规定了自卫权以及联合国安全理事会决议等合法武力手段。1949年《日内瓦第四公约》第2条规定了适用于各缔约国一切经过宣战的战争或者其他武装冲突,即使两国不承认自己处于战争状态也不例外。1971年,红十字国际委员会召

开适用于武装冲突的国际人道主义外交会议,国际人道法开始出现在大众的视野。不同于武装冲突法对于国家或组织使用武力的规制,国际人道法关注武装冲突期间平民、俘虏以及伤者的权利。

因此,笔者认为虽然在明确符合战争意涵的国家行为上,战争法的某些部分仍然起着作用,但是武装冲突法基本上已经取代了战争法,肩负起规制武装冲突行为的历史重任;国际人道法则是着眼于受武装冲突影响的个人或者群体的权益。故此,在本文中,笔者采用"武装冲突法"来指代战争法、武装冲突法以及国际人道法。

(三)武装冲突中主权国家所需要履行的义务

国际民用航空活动自出现以来一直遭受着武装冲突的潜在威胁,并且也经历了血与火的惨烈事件。这使得包括我国在内的大多数国家与相关国际组织致力于保证民用航空旅客、财产、民用航空器与民用航空活动的安全。

根据长期的国际实践以及国际社会所达成的共识,在武装冲突期间,主权国家需要履行相应的义务,确保将武装冲突的影响控制在必要的范围之内。

1.《日内瓦第四公约》所确立的义务:区分民用和军用目标

据媒体报道,此次俄乌冲突中,俄罗斯一直宣称为"特别军事行动"(special military operation),尚未进行宣战。这是否意味着相关的国际公约无法适用?特别是《芝加哥公约》第89条的适用前提为战争,或者宣布且通知国际民用航空组织的紧急状态。因此,如果未宣战,或者未宣布且通知国际民用航空组织的紧急状态,是否就不能适用《芝加哥公约》第89条的相关规定?

对此,我们可以援引《日内瓦第四公约》第2条第1款的规定,即"本公约适用于两个或两个以上缔约国间所产生之一切经过宣战的战争或任何其他武装冲突,即使其中一国不承认有战争状态",即使并未宣战也应当遵守相应的武装冲突规则,避免对于民用目标的攻击。

1949年之前的三个《日内瓦公约》仅规定了对于战斗人员的保护,而没有关注平民的保护问题。因此,1949年《日内瓦第四公约》开创了对于平民的保护。1977年,联合国通过《一九四九年八月十二日日内瓦第四公约关于保护国际性武装冲突受难者的附加议定书》(以下简称《日内瓦公约第一附加议定书》),议定书适用于国际性武装冲突。议定书第48条、第51条和第52条规定,武装冲突期间,应当区分民用目标与军用目标,避免对于民用目标的袭击。

因此,在发生武装冲突的时候,应当区分民用目标与军事目标,避免对于民用设施设备使用武力。在这里,如何辨识民用目标是关键,也是本文需要探讨的内容,将在下文中进行详述。

2.《芝加哥公约》第3条分条所确立的义务:避免对飞行中的民用航空器使用武器

《芝加哥公约》第3条分条是对于民用航空器免受攻击保护最为完善的条款,其具有以下特征:

首先,第3条分条明确了必须避免对飞行中的民用航空器使用武器,希望借此实现最大化保护从事民用航空活动人员的人身与财产安全的目的。虽然对于"武器"的定义,国际社会并没有特别明确的规定,但这并不妨碍其适用。

其次,第3条分条没有突破"二战"以来武装冲突法的规则框架,即《联合国宪章》所确立的两种合法使用武力的状态:一是安理会决议后的军事行动;二是国家出于自卫而进行的武力行为,对于飞行中的民用航空器而言,仍然是有效的。

最后,第3条分条并没有区分适用的状态,即无论在战争状态、紧急状态还是和平状态下,都需要避免对于飞行中的民用航空器使用武器。

(四)武装冲突中民用航空器免受武力攻击所需要遵循的义务

早在《关于管理空中航行的公约》(以下简称《巴黎公约》)时代,各国就确认了飞行员在进入他国国境时,需要发送相应的信号,以便识别。

1983年9月1日,大韩航空KAL007号民用航空器进入苏联领空,随即苏联空军Su-15拦截机起飞攻击,该民用航空器最终坠毁并造成巨大人员伤亡,该事件引起国际社会震惊。1984年5月10日,国际民用航空组织第二十五届大会以协商一致方式通过了《芝加哥公约》第3条分条。第3条分条的出现对于民用航空器避免受到武力的侵害起到了较为全面的保护作用,特别是该条的适用并没有像第89条那样规定了具体的战争或者紧急状态的状态限制条件。但是不能依据第89条认为武装冲突期间可以排除对第3条分条的适用。这是因为武装冲突法已经禁止对于平民的武力攻击,因此第3条分条适用于战争状态,且不能被第89条所排除适用是不言而喻的。

与此同时,民用航空器也需要履行相关的义务。笔者认为,至少要具备以下几个方面,才能避免遭受武力攻击。

1.外观条件

由于民用航空器存在被改装附加软件或者硬件设备,从而增加军事功能的可能性,因此,需要在外观上具有显著的标识,以便能够识别航空器的性质。根据《芝加哥公约》附件7《航空器国籍和登记标志》的规定,国籍标志或共用标志和登记标志必须涂在航空器上或用任何其他能保证同等耐久的方法附在航空器上。标志须保持清洁和随时可见。例如,我国的民用航空器在机身涂装"B-四位数字或字母"

来表示为中国国籍民用航空器，另在尾翼或腰线位置喷涂所在公司或者机构的名称以及标识。

因此，外观条件是表明民用航空器属性最直观的方式，但并不是判定航空器属性的唯一标准。例如，在大韩航空 KAL007 号事件中，虽然大韩航空 KAL007 号满足上述外观标识，但是苏联方面仍然根据该航空器行为作出了攻击的决定。

2. 行为条件

一般而言，民用航空器所从事的民用航空运输活动分为定期飞行和不定期飞行。根据《芝加哥公约》附件 2《空中规则》的要求，缔约国可以基于国家主权、防空原因等颁行与军事当局进行协调的规定，并且明确为便利与有关军事单位的协调，当缔约国空中交通服务机构作出要求时，在指定区域内进行飞行的航空器、进入指定区域飞行的航空器或沿指定航路进行飞行的航空器，要提交飞行计划。

一般而言，有关定期或季节性定期民航航班的预告可以从 ABC 世界航空公司指南或航空公司指南刊载的航空公司航班时刻表中获得，或者从已向有关空中交通管理机构申报过并由其存储的重复飞行计划中获得。而不定期的飞行，则需要根据《芝加哥公约》向飞入国申请不定期飞行许可。

3. 实质条件

除了航空器的外观与行为，还应当判定航空器的实质行为。航空器的实质行为指的是其飞行活动的真实目的，这往往是难以判定的。一旦被判定未经允许飞越他国领空，以及将民用航空器用于非民用目的飞行活动，就有可能受到合法的武力攻击。迄今为止，除了屈指可数的几例误击之外，大多数对于民用航空器的攻击，攻击方均声称其飞行目的并非民用。例如，在 1988 年伊朗航空 655 事件中，美国即声称该航空器不断下降高度，并朝向美国的航空母舰飞行，因此美国发射了两枚地对空导弹，摧毁了该航空器。

但是，与前述外观条件和行为条件不同，实质条件并非独立的，而是需要结合国际航空法事件发生时的多种因素综合考虑，才能得出相应的判断。但是也不排除相应的“造假”行为。例如，1981 年 6 月 7 日，以色列空军 14 架军用航空器奉命偷袭伊拉克首都巴格达东南方核反应堆，在经过约旦领空时，14 架军用航空器组成密集队形，在雷达上形成类似于民航机的信号，并向约旦报告为民航机，从而蒙混过关。

三、价值论之二：促进国际民用航空交通便利

在此次俄乌武装冲突期间，部分国家采取了关闭领空的方法来对另一国进行

制裁,与此同时相关国家也实施了关闭领空的反制裁。从具体内容来看,关闭领空的本质是限制特定国家的民用航空器在本国领空从事运营活动,其本质上凸显了国家的领空主权原则与国际航空运输之间的矛盾。

回顾历史,1784年,针对于刚刚出现的热气球,法国颁行了一项行政命令,除非经过许可否则不能从事热气球飞行活动。1919年《巴黎公约》的签订,确认了国家对于其领空享有完全和排他的主权。领空主权原则最终在1944年《芝加哥公约》中得到再次确认。与此同时,国际社会在尊重领空主权原则的前提下,对于国际航空运输达成了诸多共识。因此,领空主权原则与国际航空运输之间存在着一个微妙且容易被打破的平衡。

(一)与领空相关概念的辨析

分析关闭领空,首先需要分析与领空相关的法律概念。领空、空域、飞行情报区、管制区和管制地带是具有联系的一组概念,其特征与相互关系如下:

首先,根据《芝加哥公约》第1条和第2条,领空指的是一国主权、宗主权、保护或委任统治下的陆地区域及与其邻接的领水之上的空气空间。这种以领土界定领空的方式可以追溯到14世纪意大利法学家奇诺·达·皮斯托亚(Cino da Pistoia)"土壤属于谁,他也拥有天空"(Cuiusest solum, eiusestusque ad coelum)的主张。在界定了领空之后,以各缔约国相互承认国家对其领土之上的空气空间享有完全的和排他的主权的方式确立了国家领空主权原则。

其次,空域指的是可以用于民用航空器开展飞行活动的空气空间,既包括国际空域,也包括国内空域。由于地理与气象原因,一个国家的领空并不都是适于民用航空器飞行的,只有领空中的部分空气空间可以供民用航空器飞行,这部分空气空间是领空中的空域。根据民用航空器仪表飞行和目视飞行的需求,国际民用航空组织将空域分为A、B、C、D、E、F、G等7类空域,以便于开展不同类型的民用航空活动。

最后,为了规范飞行活动,空域中可以设置飞行情报区、管制区或管制地带,以便提供相应的导航服务。根据《芝加哥公约》附件11《空中交通服务》,飞行情报区指的是经确定将要提供飞行情报服务和告警服务的那部分空域,管制区指的是从地球表面上某一规定界限向上延伸的管制空域,管制地带指的是从地球表面向上延伸到规定上限的管制空域。

另外,由于民用航空器飞行活动的属性,如某一国将其本国领土上提供空中交通服务的责任委托给另一国,这种措施并不丧失国家主权。同样,提供空中交通服务国家的责任,仅限于飞行技术方面的问题,而不能超出属于使用该空域的航空器的安全和加速流通的问题。并且，对公海上空或主权未定的空域提供空中交通服务，必须根据地区航行协议予以确定。

（二）双边航空运输协定与提供空中交通服务的履行

通过前述分析可知，针对于特定国家的关闭领空适用于战争和紧急状态，而针对所有国家的关闭领空则需要基于军事需要或公共安全的理由。但是，这两种情况是否能够覆盖领空关闭的所有可能？

《联合国宪章》规定了国家主权原则，一国对于其领空当然享有主权，但是需要注意的是，国家并非孤立地存在于世界之中，而是需要与其他国家建立联系。以国际民用航空活动为例，国家关闭领空会带来两个问题：

一是双边航空运输协定的履行问题。由于国际航空运输的供给与需求的不一致，《芝加哥公约》以及两个国际运输公约试图采用统一规则来解决国家航空运输的努力并没有成功，世界上大多数国家的民用航空活动采用双边航空运输协定的方式展开。通过双边航空运输协定，国家可以交换航权，即相互允许航空公司的民用航空器飞越本国领空，或者在本国领土上开展经营活动。因此，一国单方面的关闭领空，意味着其明示不再履行双边航空运输协定中的义务，其是否有权利采取此种行动？

二是提供空中交通服务的义务履行。由于航空活动的自然属性，飞行情报区可能会跨越不同国家的领空，这就存在着当一国禁止他国的民用航空器进入本国领空从事航空活动的时候，是否要中止向其提供空中交通服务的权利？

（三）针对特定国家关闭空域须具有合理理由

在国际法实践中，由于领空主权原则的确立，主权国家自然可以关闭领空。值得注意的是，关闭领空实际上是禁止或者限制其他国家使用本国国内空域。根据针对的主体范围不同，可以分为以下两种：

1. 针对于特定国家的关闭领空：适用于战争和紧急状态

针对于特定国家关闭领空指的是主权国家仅限制特定国家的航空器飞入飞出本国领空或者在本国领空内从事航空活动。1949 年 5 月 24 日，以色列加入《芝加哥公约》，由于以色列和埃及仍然处于战争状态，因此埃及政府援引《芝加哥公约》第 89 条规定，禁止以色列的航空器飞越埃及空域。1948 年伊拉克政府宣布进入紧急状态，也曾援引《芝加哥公约》第 89 条规定，禁止以色列的航空器飞越伊拉克空域。

因此，从国际法实践来看，针对于特定国家关闭领空应当满足《芝加哥公约》第 89 条规定，即在战争和紧急状态下可以针对于特定国家关闭领空。

2. 针对于所有国家的关闭领空:基于军事需要或公共安全的理由

根据《芝加哥公约》第9条第1款的规定,主权国家基于军事需要或公共安全的理由,可以一律限制或禁止其他国家的航空器在其领土内的某些地区上空飞行,但对该领土所属国从事定期国际航班飞行的航空器和其他缔约国从事同样飞行的航空器,在这一点上不得有所区别。因此,较之针对于特定国家的关闭领空,针对于所有国家的关闭领空仅需要军事需要或公共安全的理由,并没有区分战争和紧急状态,抑或是和平时期。

另外,目前在国际法实践上,还有一种禁飞区(no-fly zone),其是为了解决人道主义危机,而在发生武装冲突的国家或地区的上空设置的飞行限制区,除非得到许可,否则飞入的航空器将会被武力驱逐。例如,根据联合国安全理事会第1973(2011)号决议,设立了利比亚禁飞区,飞行禁令不适用于以人道主义援助、撤离外国国民等为目的的航空活动,如表1-1所示。

表1-1 联合国的“禁飞区”与国际民航组织的四类区域之间的不同

<table>
<tr><th>区域名称</th><th>设立机构</th><th>时间范围</th><th>地理范围</th><th>区域规则</th></tr>
<tr><td>禁飞区</td><td>联合国</td><td>无</td><td>一个国家领土上空</td><td>限制使用</td></tr>
<tr><td>禁区</td><td rowspan="4">国际民用航空组织</td><td>无</td><td>一个国家的陆地或领海上空</td><td>禁止航空器飞行</td></tr>
<tr><td>危险区</td><td>规定时间内</td><td>可能对航空器的飞行存在危险活动的一定范围的空域</td><td>—</td></tr>
<tr><td>限制区</td><td>无</td><td>一个国家的陆地或者领海上空</td><td>根据某些规定的条件,限制航空器飞行</td></tr>
<tr><td>冲突区</td><td>无</td><td>可能危及民航运行安全的区域</td><td>由各国自行研判</td></tr>
</table>

(四)合理履行国际公约义务

部分国家采取了关闭领空的方法来限制相关国家的民用航空器运营,其目的在于制裁对方国家。

首先,从俄乌冲突的发展来看,实施制裁国家与被制裁国家并未处于武装冲突状态,被制裁国家的民用航空活动完全满足前述外观条件、行为条件与实质条件,并没有威胁到实施制裁国家的安全。因此,国家并不能以《联合国宪章》所规定的自卫作为拒绝他国依据双边航空运输协定在其领空开展民用航空活动的法律依据。

其次,双边航空运输协定仅规定了技术性争端的解决,并未规定国家由于争端可以采取关闭空域的措施。因此,当一国由于与另一国发生争端而采取关闭空域的措施时,实际上已经影响到了双边协定的履行。回顾国际法历史,在加布奇科沃和大毛罗斯工程案中,虽然当事国均不是《维也纳条约法公约》的缔约国,但是国际法院仍然以"习惯法"为由援引《维也纳条约法公约》作出判决,认为其第 61 条和第 62 条规定了两种不能履行的法定原因:一是发生了意外情况;二是出现了基本情况的改变。因此,国际法院认为本案当事国之一匈牙利基于政治局势变化所提出的情势变更的主张,与合同目的无关,并不能构成其不履行的理由。

最后,根据《芝加哥公约》附件 11《空中交通服务》的规定,一国将在其本国领土上提供空中交通服务的责任委托给另一国,这种措施并不会使其丧失国家主权。同样,提供空中交通服务国家的责任仅限于飞行技术方面的问题,而不能超出属于使用该空域的航空器的安全和加速流通的问题。提供国在委托国领土上提供空中交通服务要根据委托国的要求进行,附件 11《空中交通服务》建议委托国未经事先和提供国协商不要撤销或改变这些设施和服务。值得注意的是,附件 11《空中交通服务》提供国和委托国都可以随时终止双方之间的协议。因此,实施制裁的国家可以终止与被委托方关于提供空中交通服务的协议,但是不得因为本国原因而拒绝提供空中交通服务。

四、价值论之三:维护国际民用航空金融秩序

(一)全球民用航空器交易制度概述

民用航空器是开展国际民用航空活动的重要生产工具,其蕴含了诸多高科技,因此价值量极高。出于成本的考虑,航空公司往往采用融资租赁或者经营租赁的方式获取民用航空器。这种交易方式所产生的经济价值也吸引了大量的关联交易方参与其中,不仅包括提供融资服务的银行,也包括从事租赁服务的租赁公司。由于各国对于民用航空器交易征收税费的数额不同,因此催生出了特别目的公司(Special Purpose Vehicle,SPV),旨在享受公司注册地包括税收在内的政策优惠。

在一个典型的民用航空器交易中,出租方会在百慕大群岛、维尔京群岛等"保税天堂"设立一个特别目的公司,根据所在地法律,该特别目的公司享受税收优惠,出租方将民用航空器租赁给特别目的公司,特别目的公司再将民用航空器租赁给承租方,同时特别目的公司会将自己收取租金等的权利和义务一并转移给出租方。

与此同时,相关民用航空器需要取得国籍登记证、适航证和电台通信证。进行国籍登记,以便确定行政管理以及出现纠纷后的管辖;进行适航审定,确保民用航空器持续处于其设计目的,保证安全运行;取得电台通信证则是为了取得相应无线电频率以便进行通信。

(二)俄乌冲突对于全球民用航空器交易市场的影响

随着俄乌冲突的加剧,2022年3月11日,为了应对制裁,保证经济发展,俄罗斯国家杜马、联邦委员会通过《关于〈俄罗斯联邦航空法〉和俄罗斯联邦某些立法的修正案》,对涉及民用航空器的交易进行重要修正。

一是为了对冲相关国家通过终止融资租赁合同来制裁俄罗斯,本次修正了1998年《俄罗斯融资租赁法》第38条,规定当外国和国际组织对俄罗斯联邦公民和俄罗斯法律实体采取限制性措施有关的不友好行动时,适用特别经济措施,以保护俄罗斯联邦的国家利益,确保其金融适用的稳定性时,应考虑到终止和修改与外国法律实体的融资租赁协议条款的程序,包括改变外国法律实体根据这种合同结算和返还财产的程序。

二是为了前述目的,本次确定俄罗斯联邦政府以及授权的联邦政府部门有权执行《俄罗斯航空法》第61条第3款所规定的俄罗斯公民或俄罗斯法人以租赁或其他法律形式拥有民用航空器、发动机作为财产的合同,以及相应的国籍登记工作。上述修正使得俄罗斯联邦政府及其授权的联邦政府部门有权依据1998年《融资租赁法》第38条规定,决定对于跨境民用航空器以及发动机的交易,并且有权对于民用航空器进行国籍注册。

三是为了对冲相关国家对于在俄罗斯运营的民用航空器撤销适航证,本次修正了《俄罗斯航空法》第8条和第36条,简化和替代了民用航空器进入运营的相关适航审定要求。

媒体称,在冲突发生前,世界知名航空器租赁企业AerCap公司向俄罗斯运营商出租了135架飞机和14台发动机。目前,AerCap公司表示根据其所在国对俄罗斯的制裁,已终止了与俄罗斯航空公司的租赁协议,它只成功撤出了22架飞机和3台发动机,已确认俄罗斯和乌克兰境内的资产全部亏损,并对从航空公司收回的资产进行减值。这表明全球民用航空器交易已经受到了武装冲突所引发制裁的严重干扰。

(三)国籍双重登记所引发的民用航空器交易的履约和取回问题

民用航空器权利是保护民用航空设备交易的重要制度,其发展经历了三个阶段:第一阶段,主要依靠各国的立法对民用航空器的权利进行保护,但是,不同国家的制度不同,这对国际民用航空器交易造成了巨大的阻碍;第二阶段,各国希望通过《日内瓦公约》来实现各国相互承认的民用航空器权利登记制度,但是结果同样不尽如人意;第三阶段,各国通过《开普敦公约》与《移动设备国际利益公约关于航空器设备特定问题的议定书》(以下简称《航空器议定书》)以国际统一规则的形式,承认了民用航空器的一系列权利,建立了统一的权利登记机构,并且确立了缔约国政府机关的协助义务，一旦出现交易违约，债权人可以快速取回出租的包括机身和发动机在内的民用航空设备。

据媒体报道，俄罗斯共有现役民用航空器 861 架，其中有 695 架为波音公司和空客公司制造。在现役民用航空器中，有 515 架民用航空器来自俄罗斯境外租赁公司——AerCap、SMBC Aviation Capital、Air Lease Corporation 等。在此次俄乌冲突中，欧盟对于俄罗斯的制裁，导致位于爱尔兰的租赁公司不能再继续出租民用航空器给俄罗斯，并且需要中止既有的租赁合同。而俄罗斯则通过《俄罗斯融资租赁法》和《俄罗斯航空法》的修正来对相应的民用航空器资产进行控制。

首先，俄罗斯作为《开普敦公约》与《航空器议定书》的缔约国，需要遵守与履行相应的国际公约义务；其次，《开普敦公约》不影响国家或国家实体、政府间组织或其他公共服务的私人提供者依照该国法律扣留或扣押标的物，以向此种实体、组织或提供者支付与使用该标的物或另一标的物的服务直接有关的欠款的权利。因此，对于俄罗斯依据其国内法来对相应的民用航空器资产进行的公权力的控制，优先于依据《开普敦公约》与《航空器议定书》所登记的国际利益。

（四）国籍双重登记所引发的监管问题

国籍与权利是进行民用航空器交易的重要保障制度，国籍是民用航空器的“身份证”，用以确立国家对于民用航空器的行政管理。在侵权法中，民用航空器的国籍还是确定管辖权的重要连接点。另外，国际社会上相当多的国家都采用了国籍与权利登记全衔接或者半衔接的方式。俄乌冲突以来，由于欧盟的制裁与俄罗斯的反制裁，已有多架民用航空器出现了在俄罗斯与百慕大群岛进行双重登记的情况，此种情况将对在国际间飞行的民用航空器的行政管理以及纠纷解决带来巨大挑战。百慕大群岛虽然为英国的海外领地，但是除了外交与安全事务外，百慕大群岛享有极高的自治权力，这其中就包括百慕大群岛民航局拥有相对独立的对于民用航空器登记国籍的权力。

一般而言，国籍国履行对于民用航空器的人员执照、飞行规则、航空器运行和适航监管等职责。登记了双重国籍的民用航空器，有可能会接受不同国家的监管，甚至面临着不同国家不同法律制度之间的冲突风险。因此具有俄罗斯与百慕大群岛双重国籍的民用航空器会面临双重监管的问题。

首先，国籍登记是主权行为。由于各国国内法对于民用航空器国籍登记的要求不同，存在着双重登记的可能。例如，《俄罗斯航空法》第 33 条规定了民用航空器在俄罗斯进行国籍登记的要求，而百慕大群岛民航局依据 2013 年《海外领土空中航行令》第 16 条也享有对于相关民用航空器进行国籍登记的权力。因此，国籍登记的本质是主权问题,根据《联合国宪章》,尊重各国主权是国际共识,所以不能以一国的国籍登记行为来否定另一国的国籍登记行为。

其次,国籍登记需要遵循相关国际公约的义务。《芝加哥公约》第18条虽然规定了航空器在一个以上国家登记不得认为有效,但是并未明确如何解决这种冲突,而仅在第21条规定了国籍的转移程序,即缔约国登记的某一个航空器的登记及所有权情况提供给任何另一缔约国或国际民用航空组织,以及国际民用航空组织应将所得到的资料提供给其他缔约国的规定。但是,从国际民航业的发展历程来看,该条执行情况并不尽如人意,主要原因在于该条实施的前提是"如经要求",虽然国际民用航空组织专门成立了关于《芝加哥公约》第21条的工作队,但是对于此条的实施,各国仍然存在较大的分歧。

再次,具体到俄乌冲突所导致的双重国籍登记,因为航空制造技术掌握在屈指可数的工业大国手中,所以往往存在一些国家没有足够的能力履行安全管理职责的情况。因此,《芝加哥公约》第83条分条第1款规定,一国可以将其对于民用航空器的安全管理转移给另外一个国家。例如,根据1999年百慕大群岛与俄罗斯签订的双边适航协定,百慕大群岛政府仍然保留了适航监管的责任,但是将人员执照、飞行规则和航空器运行的监管职能转移给了俄罗斯。近期,百慕大群岛民航局发布声明,表示其将继续履行民用航空器国籍国的监管职责。虽然根据1999年百慕大群岛与俄罗斯签订的双边适航协定,适航监管责任均应由俄罗斯履行,但是人员执照、飞行规则和航空器运行的监管职能仍然存在争议。特别是百慕大群岛民航局声称俄罗斯已经撤回对《芝加哥公约》第83条分条的适用,因此,双方之间的协定不复存在。但是,笔者查询后并未发现俄罗斯撤回了对《芝加哥公约》第83条分条的适用。另外,即使一国撤回了对某一国际公约的条文适用,也不一定就当然导致其与其他国家签署的其他双边协定失效,否则将会导致大多数双边协定都处于不确定的状态,影响国际公约的正常履行。

最后,根据《开普敦公约》和《航空器议定书》,缔约国需要履行协助注销国籍和出口的义务。但是由于国籍双重登记,出租人需要向两个国家申请国籍注销。根据《开普敦公约》和《航空器议定书》,即当合同履行出现违约,承租人会向其所在国的政府提交一份《不可撤销的注销登记和出口请求许可书》,当承租人违约之际,出租人可以凭借《不可撤销的注销登记和出口请求许可书》要求承租人所在国政府注销民用航空器国籍,并且协助债权人将其出口到指定国家。因此,国籍登记国需要检验当事人是否已经备案《不可撤销的注销登记和出口请求许可书》,如果当事人并没有对其进行备案,则需要按照相应的国内法来操作。

五、结语:以国家利益和人类命运共同体为核心的方法论

(一)对于国际民航事件的处理方法

国际民航事件是一种国际法事件。国际民航事件在最初发生的时候,其关涉国际规则适用的事实细节往往是模糊的,以至于难以进行相应的判定。此时,如果贸然依据有限的事实进行判定,一旦未来事实发生变化将会导致极其被动的局面。

但是,这并不阻碍我们对于整个事件的模拟分析,即在事实尚不清晰的情况下,对于所有可能性逐个进行分析,以期涵盖所有事件发展趋势。

(二)对于国际民航事件的基本立场

当前我国航空运输规模已连续多年稳居世界第二,稳固的航空运输规模离不开稳固的国际民航规则的建立与维护,我国积极参加国际民用航空组织的各项活动和项目,在国际民用航空管理体系的建立和实施中发挥着积极的建设性作用,6 次连任代表航空运输方面占主要地位的国家一类理事国。截至 2020 年年底,我国与其他国家或地区签订双边航空运输协定 128 件,与 39 个国家或地区建立双边适航关系,现行有效的双边适航文件共 239 份。这意味着,我国制定国际民航规则标准的主导权和话语权在逐步增强。国际航空运输不仅是我国经济发展的重要支柱,而且是我国参与国际治理的重要方式。在处理相应的国际民航事件时,要做到如下几点:

首先,国家利益优先。国际民航事件的发生,往往会带来既有公约所确立的权利义务体系的变化,而这种变化是否会对我国的短期、中期和长期利益造成负面影响,是判定国际民航事件最重要的准则。大多数国际争议往往都是概念与规则之争,而公约的概念与规则通常是通过国际法事件来不断厘清的。因此,需要评估国际法事件对于与我国相关的国际公约的影响程度,周密分析,谨慎判断,始终把握国家利益优先这一根本标准。

其次,是否符合国际民航共同体利益。国际民航共同体是人类命运共同体的重要组成部分,单纯地强调国家利益而不考虑国际民航共同体的利益,将可能出现单边主义的风险。因此,也需要考虑大多数国家在国际民航运行中的正当诉求,并将此诉求与我国国家利益进行整合,综合考量,维护以联合国为核心的国际体系和以国际法为基础的国际秩序,从而共同应对全球性挑战。

因此,在事实细节尚不清楚的情况下,虽然无法对于国际民航事件本身进行判断,但是可以依据上述价值判定进行相应的事实条件判定,即在何种具体事实情况下我国应该持何种立场,从而使我国的国家实践不受制于国际民航事件的未来变化。

WTO 框架下大飞机产业认定上游补贴的标准和启示

孙 莉 鄢 灿*

一、引言

通过对上游零部件企业进行补贴，使得上游企业将接受的补贴利益传递至下游大飞机整机出口商，是隐蔽性较高的补贴方式。世界贸易组织（World Trade Organization，WTO）框架下，没有直接对上游补贴进行规制的法律文件，但是美国通过发起针对上游补贴的反补贴调查，实施反补贴措施的系列行为，使得WTO 专家组和上诉机构在处理案件的过程中，实质上接受了这一源于美国国内法规的概念。

大飞机的交易市场长期由美国的波音公司和欧洲联盟（European Union，以下简称“欧盟”）的空客公司进行双寡头垄断。为了以大飞机制造业为牵引，进一步拉动本国产业的发展，在全球占据更大的市场份额，使本国的产业在全球贸易体系中处于优势地位，美国等发达国家均对本国的大飞机制造业进行各种形式的补贴，以扶持产业的发展。① 与此同时，美国和欧盟也借助 WTO 体系下的反补贴规定互相发起了针对大飞机产业

* 孙莉，中国民航大学法学院讲师，法学博士，硕士生导师。鄢灿，中国民航大学法学院硕士研究生。

① 参见张超汉、刘静：《WTO 框架下美国大飞机补贴实证研究——以“欧盟诉美国大飞机补贴案”为例》，载《国际经贸探索》2020 年第 4 期，第 89 页。

的反补贴调查,并先后诉至 WTO 争端解决机构,双方开始了在大飞机制造领域长达数十年的补贴问题争端。直到 2019 年 3 月,WTO 的上诉机构对欧盟诉美国大飞机案作出终裁,双方的争端才告一段落。

值得注意的是,双方除了对典型的税收减免等补贴产生争议外,针对更为隐蔽的上游补贴、企业私有化等补贴利益发生传递的情形也产生了争议。在我国国产大飞机 C919 已经正式交付并走向出口之际,大飞机出口面临原有利益既得者发起反补贴措施的法律风险较大,需要提前进行研究,思考对策。本文通过找寻上游补贴概念产生的起源,结合现行《补贴与反补贴措施协议》(《Agreement on Subsides and Countervailing Measures》,以下简称《SCM 协定》)中的规则,梳理专家组和上诉机构在上游补贴争端案例中的观点,对大飞机产业中认定上游补贴的标准进行明确,期望对我国大飞机制造业的发展提供有益的借鉴。

二、认定上游补贴的起点和要件

"上游补贴"一词,最早出现在美国 1973 年米其林轮胎案的答辩状中,美国指出加拿大各政府部门引进米其林公司在诺瓦 · 斯库狄建立轮胎厂,从而给予低成本贷款、税收优惠、培训补助等多种形式的优惠政策。而"投资、生产和出口在使货物从一个国家进入另一个国家中是连接在一起的。政府可能在这一流程上的任何一点上直接或间接地给予补贴"。[①] 自此答辩状中的"上游补贴"概念开始被美国使用,但是此时上游补贴的概念只在美国商务部进行的反补贴调查实践中使用,未在美国的国内法中加以明确。直到 1984 年美国在《对外贸易法和海关法》中,正式将上游补贴制度纳入到国内法规范中。

多起由上游补贴引发的反补贴争端也被成员国提交至 WTO 专家组和上诉机构进行处理,这实质上使得上游补贴的概念被 WTO 所接受。以下将通过分析 WTO 框架下的补贴法律文件以及专家组和上诉机构的报告,对上游补贴制度在 WTO 框架下的法律依据以及认定规则进行分析。

(一)识别利益接受者是认定上游补贴的起点

《SCM 协定》第 1.1 条(a)款中,采用列举的方式列出了补贴的形式,并在第 1.1 条(b)款中明确上述形式需要"授予利益"才构成补贴。结合第 2 条中补贴专向性的规定,可以得出认定一项行为是否构成 WTO 框架下的补贴,要满足三个要

① 参见[美]布鲁斯 · E. 克拉伯:《美国对外贸易法和海关法》(上),蒋兆康等译,法律出版社 2000 年版,第 462 ~ 464 页。

件,即政府或任何公共机构提供的财政资助、授予一项利益、具有专向性。但是《SCM协定》对授予利益的对象和方式以及如何判断利益是否存在,并没有进行明确的规定。

为了明确分析"授予一项利益",在加拿大巴西民用飞机案中,上诉机构提出利益接受者的概念,"从逻辑上讲,'利益'只有在自然人、法人或者某一个产业群体事实上接受到某物时才产生"。① 根据上诉机构的意见,"利益"并不是一个抽象的概念,必须要有实际的利益接受者,且利益接受者是"自然人、法人或某个群体",即利益接受者不是产品的生产过程,而是从事经济活动、提供一定产品或服务的市场从业者。加拿大巴西民用飞机案的上诉机构还提出,认定补贴存在的标准主要考察的是,补贴是否使接受者处于一个"优于"其在补贴不存在的情况下会处于的市场地位和状态,如果一项财政资助提供的条件比接受者在市场上能获得的条件更为有利,就可以认为此项财政资助授予了一项优势。② 由此本案也明确了判断补贴"利益"的一个基本原则是,"看其是否给接受者带来了较正常商业待遇更优惠的交易条件,而且不以政府净支出的存在为前提"。③

《SCM协定》第五部分,规定了一国调查机关可以发起反补贴调查,并实施反补贴措施。实施的反补贴措施最大的救济意义在于"抵消"因补贴而对"国内相似产品"造成的损害。"国内相似产品"对调查机关确定被调查产品的范围起着界定作用。④ 若申请人向调查机关主张出口国的大飞机对本国的大飞机产业造成了损害,调查机关调查的对象是与本国大飞机相似产品的生产商。实践中,下游大飞机整机出口商获得的补贴,不仅包括补贴直接接受者获得的利益,而且还有上游大飞机零部件供应商传递的利益。也就是说,一项补贴可能对多个市场主体的经济地位产生影响,使多个主体获得市场优势地位。

"利益接受者概念的提出和界定,以利益为主线,将补贴获得者、利益接受者和反补贴税的最终承受者有机地联系了起来。"⑤"上游补贴"概念的提出,就是关注

---

① See Appellate Body Report, Canada-Measures Affecting the Export of Civilian Aircraft, WT/DS70/AB/R, 2 August 1999, p. 154.

② See Appellate Body Report, Canada-Measures Affecting the Export of Civilian Aircraft, WT/DS70/AB/R, 2 August 1999, p. 146 – 161.

③ 蒋奋:《论WTO〈补贴与反补贴措施协定〉中"利益"的判断标准——以加拿大和巴西的三起飞机补贴案报告为例》,载《法治研究》2007年第7期,第31页。

④ 参见单一:《规则与博弈:补贴与反补贴法律制度与实务》,北京大学出版社2021版,第260页。

⑤ 李仲平:《模糊与澄清:上游补贴利益传递分析的法律依据探析——以GATT/WTO裁决为样本》,载《国际经贸探索》2015年第1期,第103页。

到了补贴“利益”在多个主体间发生的传递问题。原则上,补贴的接受者、利益的获得者以及反补贴措施的承受者应当是三位一体的,但是当前两者发生分离时,承担最终反补贴措施的主体也发生了变化。也就是说,虽然下游产品的生产商未直接获得公共机构的补贴,但是上游投入品企业作为补贴的直接接受者,通过交易将获得的补贴利益全部或者部分传递给下游产品的生产商,下游产品的生产商也因此获得了补贴利益,补贴的直接接受者和利益的获得者之间发生了分离。此时,针对下游产品实施的反补贴措施范围,不仅要包括下游生产商直接获得的补贴,而且需要包括来自上游产品传递的部分。综上,正确识别补贴利益的接受者是分析上游补贴的起点。

(二)认定上游补贴的要件

WTO 框架下的法律规范,并没有直接认定上游补贴的条款。由于上游补贴的认定具有较高的技术性和事实依附性,很少有发展中国家在国内法中进行明确的规定。[①] 认定上游补贴多以美国商务部的实践以及美国国内法中的规定为依据。1984 年《美国对外贸易法和海关法》,主要通过以下三个要件对上游补贴进行认定:(1)向受到反补贴调查产品出口国的投入产品提供补贴。(2)投入产品受到的补贴使得被调查产品获得了竞争性利益。(3)对下游产品的制造或生产有重大影响。[②]

专家组和上诉机构在审理上游补贴案件的过程中,并未以《SCM 协定》中无上游补贴的明确规定为由,从而拒绝对涉及上游补贴的事项进行审查,而是在审理的过程中实质接受了美国国内法的规定,对上游补贴的规定进行了有条件的承认。这里需要考虑的一个问题是,专家组和上诉机构基于对上游补贴理解和运用而形成的报告,是否可以与普通法系中“先例”的法律地位相同,从而必须被后续裁决所遵守。上诉机构承认报告不具有“先例必须遵守”的性质,但是“相关时应当被考虑”,其能为后续案例提供合理预期以及指导。[③] 因此,专家组和上诉机构对上游补贴认定的报告是基于对 WTO 规则的解释而形成的[④],对进一步明确 WTO 框架下认定上游补贴的要件有重要的指导意义。

以下将结合美国国内法规以及 WTO 专家组和上诉机构的报告,对大飞机产业

---

① 参见朱广东:《国际贸易救济中的上游补贴的认定标准及启示》,载《对外经贸实务》2017 年第 1 期,第 41 页。

② 参见[美]布鲁斯·E. 克拉伯:《美国对外贸易法和海关法》(上),蒋兆康等译,法律出版社 2000 年版,第 466~467 页。

③ 参见韩立余:《WTO 争端解决中的案例法方法》,载《现代法学》2008 年第 3 期,第 128 页。

④ 参见韩立余:《WTO 争端解决中的案例法方法》,载《现代法学》2008 年第 3 期,第 123 页。

认定上游补贴的要件进行明确。

三、认定大飞机产业存在上游补贴的要件

大飞机产业的发展需要大量资金投入,对政府资金投入的需求较高,是高补贴行业。《SCM协定》除在第6.1条(a)款的脚注中,对补贴严重损害的判定中排除了大飞机适用从价补贴总额5%的标准,以及第8.2条(a)款的脚注中说明大飞机的研发投入在附件《民用航空器贸易协议》中进行规定外,《SCM协定》的适用范围并没有排除大飞机产业。

(一)上游投入品得到补贴

首先,大飞机产业的上游投入品范围仅限于材料等有形零部件产品,不包括无形的服务。虽然中间提供服务的上游供应商获得的补贴利益也可能会传递至下游整机生产商处,如将机身运输至总装线处的运输服务商等中间商;但是现行的《SCM协定》规制的对象是货物贸易,不包括服务贸易。且WTO框架下尚未建立服务贸易的补贴规则。在美国与加拿大小麦案中,否定了公共机构向运输小麦的铁路运输服务商提供的补贴属于上游补贴。① 因此,上游补贴中的投入品排除了提供无形服务的上游产品。

其次,大飞机产业的上游投入品与下游整机产品之间有着地域上的要求,即大飞机产业的上游投入品仅限于同一国领域内的产品,不包括从一国领域外进口的零部件。② 此种观点主要是基于,在实践中若对下游产品所有得到补贴的投入品均实施反补贴措施,可能会影响正常的国际贸易秩序,与《SCM协定》旨在保障国际贸易有序发展的出发点不符。此种观点下,上游补贴规制的范围排除了出口国自第三国进口的零部件对本国产品可能造成的补贴利益传递。尤其是在大飞机产业中,具备生产发动机等技术要求高的核心零部件能力的国家较少,新兴航空工业国家制造大飞机仍依赖进口。而具备生产能力的国家,正为现行大飞机产业的既得利益者,若其对此类进口的零部件发起上游补贴调查,只会对其本国零部件产业的发展造成阻碍。但需要注意的是,美国通过引入"国际财团"的概念,突破了上游补

① See Issues and Decision Memorandum for the Final Countervailing Duty Determinations of the Investigations of Certain Durum Wheat and Hard Red Spring Wheat from Canada, 68 FR 52747. 转引自李仲平:《美国上游补贴规则视域中的利益传递——在法律规范与自由裁量之间》,载《国际经济法学刊》2012年第1期,第119页。

② 参见曾富强:《反补贴争端中的补贴利益传递问题研究》,苏州大学2013年硕士学位论文,第11页。

贴需要限定在一国领域内的要求,"填补了投入产品生产国可能利用中间国规避最终产品进口国反补贴法适用的漏洞"。①

再次,上游投入品接受的补贴应当符合《SCM 协定》第一部分对补贴的要求,即由公共机构提供财政资助,授予一项利益,具有专向性。专向性检测是认定上游投入品接受的财政资助是否属于补贴的必要环节,但是对上游投入品接受的补贴传递至下游生产商进行专向性检测是否有必要仍存在争议。② 两次专向性检测无疑会使得对上游补贴的认定要求更加严格。

最后,依据《SCM 协定》第二部分和第三部分对上游投入品获得的补贴类型进行分析。第二部分包含出口补贴和禁止性替代补贴两种。上游投入品获得的补贴类型基本排除为出口补贴。主要原因在于,出口补贴多以产品的出口业绩等要求作为授予补贴的条件,国内下游产品生产商一般情况下很难获得因补贴产生的利益。③ 授予上游投入品补贴的条件是,将其用于下游大飞机整机企业使用,这种情况应当认定为是对下游产品的直接补贴,无须再借助上游补贴的概念对下游企业征收反补贴税。在墨西哥诉欧盟橄榄油一案中,专家组驳回了欧盟要求进行利益传递分析的抗辩,主要原因在于,专家组认为政府对橄榄种植者的补贴是以橄榄必定转换为橄榄油为前提的,因此可以视为对下游橄榄油生产商的直接补贴。④

当上游补贴为进口替代补贴时,一国通过使用补贴使本国的上游零部件具有较进口零件更有优势的价格,第三国直接发起对上游零部件的反补贴申诉和调查,在举证方面相对会比主张上游补贴承担较低的证明标准。⑤ 因此,虽然并未排除上游投入品接受补贴的类型为进口替代补贴,但在实践中针对上游产品接受进口替代补贴而发起反补贴调查的情况较少。

---

① 李仲平:《上游补贴规则:国际反补贴法的重大发展——基于美国商务部实践的考察》,载《国际经贸探索》2011 年第 10 期,第 67 页。

② 两次专向性检测使得美国商务部在实践中对上游补贴的认定较为严格,调查结果多为否定性的裁决。因而美国国内的生产商质疑商务部的执法能力以及两次专向性检测的合法性。在政治利益的影响下,美国国会在上游补贴规则中对这一问题进行了回避,也即两次专向性检测不构成认定上游补贴的必备要件。但是美国商务部在后续的实践当中仍然坚持进行两次专向性检测的做法。主要原因在于只有对竞争性利益也进行专向性检测,才符合可抵消补贴的要求。

③ 参见李仲平:《美国上游补贴规则视域中的利益传递——在法律规范与自由裁量之间》,载《国际经济法学刊》2012 年第 1 期,第 119 页。

④ See Brazil-Measures Affecting Desiccated Coconut, WT/DS22/AB/R, 17 October 1997, p. 14 – 17.

⑤ See Sherzod Shadikhodjaev, *How to Pass a Pass-Through Test: The Case of Input Subsidies*, Journal of International Economic Law, June 2012, p. 629 – 630.

（二）下游大飞机整机生产者获得竞争性利益

上游投入品获得的补贴不能等同于下游产品补贴。同样的,也不能仅通过上游投入品接受了补贴,就推定下游产品必然存在补贴利益,关键是要看上游投入品获得的补贴利益是否传递给了下游产品。

补贴的接受者是具体从事经济活动的市场主体。补贴利益不是直接附加在产品上的,而需要从利益接受者角度判断其是否存在。具体到上游补贴中,需要从下游生产商角度进行考量,判断其是否从上游补贴中获得了利益。

因此,需要对上游投入品获得的补贴利益是否以及在多大程度上传递给下游产品进行分析。在认定上游补贴的反补贴调查过程中,进行利益传递分析是最核心的规则。利益传递分析在WTO框架中的法律依据以及具体规则,会在下一部分进行详细论述。

（三）上游零部件对下游整机构成显著影响

上游补贴是通过对上游投入品进行补贴,从而在实际上对下游最终产品产生了补贴效果。针对“如何既能防止对最终商品进口国反补贴税法的规避,又不至妨碍最终商品的国际贸易,就成为对上游补贴予以规制必须平衡的两个相互矛盾的目标”①,美国提出:“当上游投入品的补贴对下游产品产生显著影响时,才需要进行反补贴法的规制。”显著性要求不仅是认定上游补贴的要件,也是发起反补贴调查中“合理理由”的一部分,是启动调查程序的要件。

但是无论是美国的国内法还是WTO争端解决报告,均未对重大影响或显著影响进行明确的规定,主要原因是显著性影响的判断具有较强的事实依附性,需要在个案中综合分析,加以认定。大飞机产业需要多部门进行合作,整机的总体造价高。上游零部件与整机的价格之间达到何种比例关系,以及传递的利益对整机价格的影响达到何种标准,才符合显著性影响的要求,都是需要在个案中进行探讨的问题。

四、认定大飞机产业获得竞争性利益的核心规则:利益传递分析

利益传递分析是在补贴接受者与利益接受者发生分离的情形下,明确反补贴税的承担者的方法,这是认定上游补贴的核心规则。利益传递分析主要关注的两个要点是利益是否发生传递,以及利益在多大程度上发生了传递。第一个要点需

---

① 参见李仲平:《美国上游补贴规则视域中的利益传递——在法律规范与自由裁量之间》,载《国际经济法学刊》2012年第1期,第122页。

要对“是否”作出明确的分析，而不仅仅是一个简单推定。第二个要点则主要解决反补贴税数额的计算问题。①

（一）利益传递分析的必要性：不可直接进行推定

专家组和上诉机构在解决有关上游补贴案例中，明确了不可直接推定补贴利益在上下游产业间发生传递的基本原则，进行利益传递分析是证明上游补贴的必要环节。

在美国对加拿大猪肉案中，美国商务部对来自加拿大的生猪肉和冷冻猪肉制品征收反补贴税，随后加拿大肉类联合会针对美国对猪肉制品征收反补贴税的行为，提交至 WTO 专家组进行解决。加拿大作为原告，主张相关补贴仅仅给到了上游生猪的生产商，并未给到鲜猪肉、冷冻猪肉等猪肉制品的生产商，因此美国商务部对猪肉制品的生产商征收反补贴税时，必须要证明上游生猪生产者接受的补贴利益传递到下游猪肉制品商，即必须进行利益传递分析。②

美国商务部则认为，根据 1930 年《美国关税法》中第 771A 条和第 771B 条的规定，在下游产品对投入产品存在实质性的依赖，以及投入产品对下游产品仅增加有限价值时，就可以对这两个独立的经济过程进行虚拟合并③，即通过扩大化解释“同类产品”来规避进行利益传递分析的义务。④ 具体到本案中，美国商务部认为下游猪肉制品的生产商是对上游生猪制品的简单整理，仅进行了有限的增值，所以应当将生猪产品和猪肉制品看作是相同产品，对生猪的补贴可以直接看作是对猪肉制品的补贴，直接推定利益发生传递，不需要进行利益传递分析。

本案的专家组并未支持美国将生猪产品和猪肉制品合并为同一产业的观点，认为两个产业是独立运作的。《SCM 协定》第 6.3 条中征收反补贴税的目的是“抵消”损害，因而只有确定上游生猪的补贴对下游猪肉制品传递了补贴利益，造成国内相似产业的损害，才可以对猪肉制品征收反补贴税。需要具体分析给予生猪生产者的补贴是否使猪肉制品生产者支付的价格低于其向同等市场供应者支付的价格，并产生了市场竞争优势，才能认为对猪肉制品生产商进行了补贴，从而进一步

---

① See Sherzod Shadikhodjaev, *How to Pass a Pass-Through Test*: *The Case of Input Subsidies*, Journal of International Economic Law, June 2012, p. 627 – 628.

② See WTO Panel Report: United States-Countervailing Duties on Fresh, Chilled and Frozen Pork From Canada, WT/DS7/R, 11 July1991, paras. 4. 4 – 4. 11.

③ 参见［英］鲁卡 · 如比尼：《补贴和国家援助的概念：世贸组织法和欧共体法之比较》，连文怡等译，中国法制出版社 2020 年版，第 354 页。

④ 参见李仲平：《美国上游补贴规则视域中的利益传递——在法律规范与自由裁量之间》，载《国际经济法学刊》2012 年第 1 期，第 124 页。

实施反补贴措施。[①]

美国加拿大软木Ⅳ案再次明确了原则上不可以直接推定补贴利益在上下游产业间发生了传递。美国主张,虽然加拿大政府的补贴仅授予给了砍伐木材的生产商,但是砍伐者将木材出售给加工木材产品的生产商,使再制造商从中获得补贴利益。这一行业中,包括锯木厂、再生产商等在内的主体都将受了补贴的木材作为投入品继续进行生产,从而在对伐木者的补贴当中获得了补贴利益。[②] 加拿大则认为,美国商务部直接推定利益发生传递的行为,违反了 WTO 的规则。专家组和上诉机构均支持了加拿大的主张,认为在本案中,如果原木砍伐者将木材卖给的是不相关下游加工商,就需要进行利益传递分析来确定补贴利益是否传递给下游企业。[③] 调查机构不得直接推定向上游产品的生产商提供的补贴可以自动传递给下游产品的生产者,调查机构应当研究证明的正是上游生产商获得的补贴是否全部或者部分传递给下游生产商,使其获得了补贴利益。

在美欧大飞机案(DS353)中,欧盟提出波音公司的零部件供应商将以税收优惠形式获得的补贴利益,传递给了下游的大飞机企业。专家组在考察波音的生产模式后,认为欧盟应当证明利益发生了传递,而不能直接进行推定。[④] 在本案中,专家组从《SCM 协定》的第三部分对进行利益传递分析的法律依据作出解释时,将利益传递分析视为《SCM 协定》第5条和第6条规定的"因果关系"分析中的一个环节。也就是调查方有必要通过利益传递分析,来证明对上游零部件的补贴行为与下游整机产业的损害之间存在因果关系。因欧盟未能证明利益在波音零部件供应商和大飞机整机生产企业之间发生了传递,专家组对欧盟的此项反补贴诉请未予支持。

WTO 争端解决机构在上述案例报告中,作出需要进行利益传递分析的主要依据是《SCM 协定》第五部分,第19.1条规定只有在确定补贴的存在及计算出具体数额后,才能实施反补贴措施。同时,第19.4条规定征收的反补贴税不应当超过接受的补贴,结合《1994年关税与贸易总协定》(General Agreement on Tariffs and Trade,GATT1994)第6.3条及脚注36的规定,可以得出反补贴税的最大救济意义

---

① 参见单一:《规则与博弈:补贴与反补贴法律制度与实务》,北京大学出版社2021年版,第141页。

② See WTO Panel Report: United States-Final Countervailing Duty Determination with Respect to Certain Softwood Lumber from Canada WT/DS257/R,17 February 2004,paras. 7.91 – 7.99.

③ See WTO Panel Report: United States-Final Countervailing Duty Determination with Respect to Certain Softwood Lumber from Canada WT/DS257/R,17 February 2004,paras. 140.47 – 156.59.

④ See WTO Panel Report: United States-Measures Affecting Trade in Large Civil Aircraft-Second Complaint,WT/DS353/R,31 March 2011,paras. 7.289 – 7.300.

在于“抵消”因补贴造成的损害。对上游补贴进行利益传递分析,符合上述条款中实施反补贴措施的基本原则和救济意义。

同时,在依据上游补贴对下游产品征收反补贴税时,需要对利益传递的数额进行计算。在墨西哥诉欧盟橄榄油案中,墨西哥作为调查机关,认为《SCM 协定》第 1.1 条(b)款不能推导出调查机关需要承担利益传递分析义务的结论,主要原因在于此款仅说明补贴需要授予一项利益,没有涉及利益的计算问题。但专家组和上诉机构在争端解决的过程中发现,若不进行利益传递分析,无法证明下游产品获得了补贴利益,从而符合补贴的要件。只有在符合补贴的要件的前提下,即满足第 1.1 条(b)款的要求后,才能接着进行第二部分或第三部分中的补救措施,将《SCM 协定》第 1.1 条(b)款作为进行利益传递分析的法律依据之一,是具有合理性的。

综上,对上游补贴进行利益传递分析符合 WTO 框架下制定补贴制度的基本原则,且有充足的法律依据。

(二)利益传递分析的前提条件:非关联实体间的公平交易

利益传递分析的前提是,上下游企业之间的交易是非关联实体之间进行的公平市场交易。如果上下游企业为关联企业,调查机关可以提出一个反驳的推定,即双方进行的是非公平交易,不需要再进行利益传递分析的论证。在美国加拿大软木案以及美国对原欧共体某些产品案中,专家组和上诉机构报告原文,对进行利益传递分析的前提条件使用的单词是“arm's length transactions”,但是对于这个单词的确切含义,仍存在着争议。

在美国加拿大软木案中,美国认为进行利益传递分析需要同时满足两个条件,公平市场价格交易和非关联企业。① 若有一条不符合,就无须进行利益传递分析,直接推定利益发生了传递。而加拿大则认为,美国提出的两个条件实际限缩了利益传递分析的使用。加拿大认为,对于一切非关联企业间进行的交易,无论其是否为公平市场交易价格,均应该进行利益传递分析。砍伐原木的上游企业与木材加工厂等下游企业之间,是独立的非关联企业,应当进行利益传递分析。本案的专家组和上诉机构在报告中组合使用了“arm's length”和“unrelated”,重点考虑了企业之间的关联度,认为美国商务部提出的还需要考察交易是否公平的标准是多余的。②

① See WTO Panel Report: United States-Final Countervailing Duty Determination with Respect to Certain Softwood Lumber from Canada, WT/DS257/RW, 20 December 2005, para. 4. 52.

② See Sherzod Shadikhodjaev, *How to Pass a Pass-Through Test: The Case of Input Subsidies*, Journal of International Economic Law, June 2012, p. 634.

而在美国、原欧共体相关产品反补贴案(DS212)以及美国诉原欧共体大飞机案(DS316)中,"arm's length"的含义则侧重于公平市场交易。专家组和上诉机构使用"arm's length privatization"来论证私有化中的利益传递时,提出以公平市场价格进行的私有化,已经耗尽了私有化前公司获得的补贴利益,并针对美国对于"arm's length"提出的质疑,提出这一用词在本案中的侧重点是公平市场交易。"与美国加拿大软木案不同的主要原因在于,私有化后的两个企业不具备关联性。"①

虽然上述案件中对应的利益传递的形式不同——上游补贴和国有企业私有化,但均需要进行利益传递分析。进行利益传递分析的前提条件主要包括以下三种:"第一,如果投入产品生产商和被调查产品生产商之间的交易为非正常交易,则不需要进行补贴利益的传递分析;第二,如果投入产品生产商和被调查产品生产商存在关联关系,也不需要进行补贴利益的传递分析;第三,如果投入产品生产商与被调查产品生产商之间的交易是在遵循正常交易规则的基础上进行的,则应当进行补贴利益的传递分析。"②

上下游企业存在关联关系时,不需要进行利益传递分析的主要原因在于,可以推定这种情况下双方进行的是不公平的市场交易。市场经济中从业者以追求经济利益最大化为目的,上游企业在与下游企业无关联关系时,不太可能会低于市场价格将产品出售。仅当上下游企业间存在关联关系时,上游投入产品的生产商才有很大的可能以比市场价格更加优惠的价格,将产品出售给下游生产商。③ 但是上述结论是在市场经济运行中一个可以反驳的推论,上游企业也可以为占据更多的市场份额,选择将获得的补贴的一部分让渡给无关联的下游企业。调查机构在关联企业发生上下游交易时可以推定存在利益传递,此时被调查方可以通过举证证明支付了公平市场价格来反驳这种推定。因此,即使在第二种情形讨论的是上下游企业的关联关系,核心关键词仍为"公平市场交易"。

综上,进行利益传递分析的前提条件是非关联实体间的公平市场交易,其中核心点在于"公平市场交易",也即理论上认为公平的市场价格可以阻断上下游企业间的补贴利益传递,因此需要进行利益传递分析,从而确定在实际上补贴利益是否

① See Sherzod Shadikhodjaev, *How to Pass a Pass-Through Test: The Case of Input Subsidies*, Journal of International Economic Law, June 2012, p. 635.

② 张目强:《WTO框架下上游补贴利益传递分析及对我国的启示》,载《安徽大学学报(哲学社会科学版)》2013年第3期,第101页。

③ See Sherzod Shadikhodjaev, *How to Pass a Pass-Through Test: The Case of Input Subsidies*, Journal of International Economic Law, June 2012, p. 635.

以及在多大程度发生了传递。上下游企业之间是否存在关联关系仅是判断下游企业支付的价格是否为市场公平价格的一个间接证据。上下游企业存在关联关系时，调查机关不需要承担利益传递分析的义务，在非公平交易存在的可能性较大时，调查机关提出一种可以反驳的推定，从而将证明责任转移给被调查方，由被调查方来举证证明利益未发生传递。

(三)利益发生传递的认定标准：市场竞争性优势

在加拿大巴西航空器案中，专家组既明确了利益必须要存在接受者，又明确了是否授予了利益应当从接受者角度来判断，其是否处于一个比没有接受补贴时更加优势的市场地位，而不应当从政府的财政支出角度来认定。① 在美国热轧铅铋案(DS138)中，专家组在考虑了 GATT1994 第 6.3 条以及《SCM 协定》第 10 条的脚注后认为，判断“利益”应当以在市场上获得该项直接或间接补贴给予的优势所需要的条件为准。② 对补贴利益的确定应当以市场作为比较的基准，因此下游企业是否获得了上游企业传递的利益，也应当以市场为衡量基准，判断其是否获得了竞争性优势。但是无论是在理论上还是在实践中，对于以何种市场作为衡量利益的基准，仍存在较大的争议。

在具体争端中，计算补贴利益的核心是基准的选择，各方当事人会提出使用更有利于己方市场的基准。“《SCM 协定》第 14 条 d 款‘基于政府购销行为发生时当地市场行情来确定的适当报酬’之措辞，说明市场价格基准原则上指国内市场价格。”③一国内部又可以细分为政府的价格、国有企业的价格和私人企业的价格。在以追求经济利益最大化为目的的经济人假设理论中，应当首选一国内的私人企业价格作为基准。④

但是在具体的争端中，成员国指出在政府或国有企业实际影响或控制了国内市场价格时，国内的市场价格已经被扭曲，应当选取外部市场价格作为比较基准。在美国加拿大软木案中，美国商务部认为加拿大政府实质上控制着国内的原木市场价格，私人原木企业的价格也受到政府的影响，在政府对国内市场具有“实质性影响”时，使用受影响的国内私人企业价格作为比较基准，会陷入事实上的循环。因此，应当选取美国私人企业伐木的费用作为外部基准进行比较，判断加拿大的木

① See Appellate Body Report, Canada-Measures Affecting the Export of Civilian Aircraft, WT/DS70/AB/R, 2 August 1999, para. 149.

② See Panel Report, WT/DS138/AB/R, 10 May 2000, paras. 6.66 – 6.69.

③ 蒋奋：《论判定补贴利益的市场价格基准》，载《政法论坛》2017 年第 2 期，第 84 页。

④ 参见蒋奋：《论判定补贴利益的市场价格基准》，载《政法论坛》2017 年第 2 期，第 84 页。

材加工商是否以及在多大程度上获得了上游企业的补贴利益。上诉机构支持了美国的观点,认为被调查国国内的价格是主要的基准,但并不是唯一的基准。按照《SCM 协定》第 14 条的规定进行利益计算时,可以根据个案中的情形,选取使用外部市场基准。① 上诉机构接着指出,使用外部市场基准的前提应当是“政府作为相同或相似货物供货商,在市场中占据主导地位,并扭曲了买卖交易发生地国内的私人价格”②,即仅依据政府在内部市场起主导作用不足以排除适用国内私人企业的价格,调查机关需要进一步证明政府的补贴行为已经扭曲了国内市场价格,才能适用外部市场基准进行“利益”判断。

此外,关于选择何种外部市场基准并没有具体的规定,上诉机构在中国诉美国部分双反案(DS379)中,澄清对于外部市场的选取是在个案中进行具体判断的,没有统一的适用标准。③《SCM 协定》将市场基准选择的自由裁量权赋予调查机关,而调查机关选取的市场基准往往体现出保护国内贸易的价值取向。在对中国发起的多起反补贴调查中,调查机关指控中国的国有企业作为公共机构,严重扭曲了中国内部的市场价格,需要选取外部市场作为“利益”的比较基准。

因此,在对依据上游补贴进行利益传递分析时,应当重视调查国选取的市场基准的依据以及程序,要求其有充分的证据来论证基准选择。

五、上游补贴认定规则对我国大飞机产业补贴的启示

由于大飞机产业在一国工业体系中具有重要作用,投入大量直接和间接补贴以扶植产业的发展是航空工业发达国家的一贯做法。为了打破工业发达国家对大飞机产业领域的垄断,新兴航空工业国家在发展大飞机产业的初期,需要投入大量的资金进行研发和市场开拓。然而,大飞机产业受到《SCM 协定》的严格规制,不能实施明显的违反补贴规制的行为。随着《SCM 协定》第 31 条对不可诉补贴的五年期限已过,即使是大飞机产业中的技术研发补贴也成为可诉补贴,存在被实施反补贴措施的法律风险。

探索较为隐蔽的补贴方式,通过对处于供应链上游的零部件进行补贴,扶植产业发展,成为航空工业新兴国家规避反补贴规则,进行补贴的一种方式。然而对“上游补贴予以规制必将成为国际反补贴规则和各国反补贴体系变化中一个不可

① See Appellate Body Report on US-Softwood Lumber IV, WT/DS257/AB/R, paras. 96 – 97.

② See Appellate Body Report on US-Softwood Lumber IV, WT/DS257/AB/R, para. 103.

③ 参见单一:《规则与博弈:补贴与反补贴法律制度与实务》,北京大学出版社 2021 年版,第 139 页。

回避的趋势”[①]。因此,即使采用上游补贴的政策,也需要注重方法策略。基于对上游补贴认定规则的研究,对我国大飞机产业的补贴提供以下三点建议。

(一)独立大飞机供应链的上下游企业

将大飞机产业上下游企业进行独立,要求调查机关必须进行利益传递分析。将大飞机产业的上下游企业进行独立,即零部件的供应商与整机集成出口企业之间为无关联企业。目前,我国的 C919 采用“主制造商—供应商”研制模式,即中国商用飞机有限责任公司作为主制造商,将发动机、机体、机载系统等各大部分进行外包采购,再进行整机集成和销售。正如本文的论证,认定大飞机产业存在上游补贴核心规则是需要进行利益传递分析。而进行利益传递分析的前提是非关联实体间的公平交易。若上游供应商和下游的整机集成的企业为关联企业,调查机关可以推定上游企业获得的补贴传递给了下游企业,因此,需要由被调查企业来举证证明上下游企业间未发生补贴利益传递。

反之,若大飞机产业的上下游企业为无关联的企业,调查机关要认定中国商用飞机有限责任公司作为大飞机的出口商获得了上游零部件供应商的补贴利益时,需要由调查机关承担举证责任,进行利益传递分析。虽然美国是最早提出“上游补贴”概念的国家,当其作为反补贴调查机关成员国时,倾向于将一个产业链条内的生产者作为一个整体,将上游产品获得的补贴视为对下游产品的直接补贴,或者推定上下游间的交易不是基于公平市场价格进行的,从而不需要承担对上游补贴进行利益传递分析的举证责任。这也从侧面反映出,利益传递分析的过程较为复杂,需要耗费大量的司法以及行政资源。

因此,当我国的大飞机产业上下游企业为无关联企业时,需要由发起反补贴调查的机关进行复杂的补贴利益发生传递的证明,加大其针对上游补贴指控事项的裁决难度。

(二)警惕最佳可得信息原则的应用

最佳可得信息原则,是指当事人在调查过程中,不按照调查机构的要求,未在合理的时间内提供相关的资料和信息,调查机关可以在无原始资料的情形下,通过“现有事实”进行推定裁决。[②] 最初这一原则仅应用在反倾销调查中,但在《SCM 协定》第 12.7 条接受了这一原则后,最佳可得信息原则在反补贴中也开始适用,并有

---

① 李仲平:《上游补贴规则:国际反补贴法的重大发展——基于美国商务部实践的考察》,载《国际经贸探索》2011 年第 10 期,第 67 页。

② 参见李仲平:《“最佳可得信息”原则:变相为贸易惩罚工具?》,载《WTO 经济导刊》2006 年第 6 期,第 60 页。

成员国在国内的竞争法中进行了明确的规定。欧盟在2022年11月出台的《反外国补贴法》第14条规定,当被调查企业或者提供补贴的第三国存在提供不完整、不正确或误导性的信息或未能在委员会规定的时限内提供所要求的信息等不合作行为时,委员会可应用现有的事实进行裁决,且程序的结果可能比该企业的合作更不利于它。

具体到上游补贴的认定,上游企业是否有义务配合调查机关的取证调查,上游企业的不配合行为是否等同于被调查的下游企业的不配合调查,能否运用最佳可得信息原则来认定上游补贴的存在以及补贴利益在上下游企业间发生了传递,都是需要探讨的问题。实践中,由于反补贴程序针对的是下游企业,且需要进行利益传递分析的企业为无关联的上下游企业。上游企业没有法定的义务去配合调查机关的取证调查,仅根据双方的合同,下游企业也无权利要求上游企业提供信息,配合调查。且大飞机产业的产业链条较长,上下游企业数量众多。在上游产品生产者信息缺失的情形下,调查机关依据最佳可得信息原则,仅根据已获得的事实就作出裁决,会使下游被调查企业处于较为不利的地位。①

此外,由于最佳可得信息原则在具体适用中,并没有关于"合理期限"以及不配合调查的具体行为的统一规则,使得调查机构在运用时享有较大的自由裁量权。在认定上游补贴调查的程序中,滥用最佳可得信息原则进行推定"利益"的传递,实质上是将利益传递分析的举证责任转移给被调查方,增加被调查企业"自证清白"的难度。

因此,我们需要警惕最佳可得信息原则的适用。当调查机关要求提供大飞机产业的上游投入产品的相关资料时,应当要求其明确详细地告知所需要资料的范围以及调查的期限。同时,若在收到提供资料的要求时,发现规定的期限过短,与要求提供资料的复杂性不相匹配时,应当尽早主张延长期限。最后,即使在规定时间内,下游生产商未能完整提供所要求的相关资料,也要积极主张已经尽了最大努力提供资料,调查机关应当"酌情使用"最佳可得信息原则。②

(三)参与并引导上游补贴规则的制定

我国已经意识到在大飞机产业中可能引发的补贴问题争端,同时,我国作为第三方成员参与了WTO专家组和上诉机构对美欧大飞机反补贴争端案的审理过程,对大飞机产业易受到指控的补贴类型有所了解。

---

① 参见单一:《规则与博弈:补贴与反补贴法律制度与实务》,北京大学出版社2021年版,第145页。

② 参见李仲平:《"最佳可得信息"原则:变相为贸易惩罚工具?》,载《WTO经济导刊》2006年第6期,第61页。

反补贴措施需要规制上游补贴已成为共识，但是由于上游补贴的专业性以及技术性较强，各国应对上游补贴的能力差距较大。我国作为第三方参与部分上游补贴争端案件的审理，应增强应对上游补贴的能力，及时了解各方对于上游补贴认定的最新观点和标准。

我国应当重视 WTO 争端解决的场合，积极发表意见，提升中国对上游补贴规则制定的影响力和话语权。虽然多哈回合贸易谈判未能达成最终协议，但是，主席案文第 14.2 条明确了补贴利益不可直接进行推定的原则，但是主张采用世界市场价格来确定被调查产品获得上游产品是否比市场商业化的条件下更优惠，即主张使用外部基准进行补贴利益的衡量，这使得我国在反补贴领域面临的处境比在反倾销领域更加不利。① 我国应当重点关注 WTO 争端解决机构在处理上游补贴利益传递案件中的动态进展，作为第三方国家积极参与并发表意见，主张判定上游补贴的利益基准选择应当有充分依据，就利益传递规则的制定提出中国方案。

六、结语

大飞机产业作为产业链条长、需要多部门协作的行业，在一国工业体系乃至改变全球产业链条的分工中，都具有重要意义。WTO 规则对补贴行为的严格规制与新兴航空工业国家需要提供大量补贴扶植大飞机产业的发展之间，存在不可避免的矛盾。通过对大飞机产业的零部件供应商进行补贴，将补贴利益传递给下游整机生产商的上游补贴，为大飞机产业补贴提供了一种新的思路。因而，需要对 WTO 框架下的上游补贴规则进行研究，以增强应对反补贴调查的能力。

在认定大飞机产业上游补贴中，正确识别利益接受者是分析的起点，核心的认定规则就是进行利益传递分析。我国可以通过将大飞机产业上下游企业进行独立，以避免调查机关直接推定补贴利益发生传递。同时，需要警惕最佳可得信息原则在上游补贴认定中的适用，积极参与到 WTO 争端解决机构处理上游补贴争端的程序中，以及在多边贸易谈判中提出中国方案，重视 WTO 作为影响国际法规则制定的重要平台作用，提升我国在上游补贴规则制定中的话语权，保障我国大飞机出口产业的利益。

---

① 参见张斌：《多哈回合规则谈判中的补贴利益及其计算基准问题评析》，载《世界贸易组织动态与研究》2009 年第 7 期，第 17～21 页。

无人机侵权中受害人救济路径研究*

王锡柱**

一、引言

无人机等智能产品具有广泛的应用空间,但也将人类置于各类不确定的风险之中。无人机既可能产生传统航空器引发的风险类型,又可能产生区别于传统风险的新风险。例如,无人机可能像传统航空器一样发生撞击或者坠落,损害公民的人身财产权益,同时其又可能在算法和数据的驱动下收集公民的个人信息,对公民的信息和数据隐私等权益造成损害。与传统产品侵权相比,无人机等智能产品侵犯的公民权利类型和侵权方式更加多样,侵权责任主体认定和因果关系判断更加错综复杂。随着技术的持续发展,无人机的应用范围将更加广阔,产生的风险也随之增加。在智能时代,分析无人机等智能产品可能侵害的公民权益类型,并将侵权方式类型化,在此基础上思考应对智能产品侵权的救济路径是保障公民权益的重要课题。研究无人机产品侵权的受害人救济路径,探索受害人侵权救济路径,并分析传统侵权救济路径与新型路径各自的适用范围与衔接方式是智能时代公民权益保障的重要议题,也是提升社会公众对无人机接受程度的重要路径。

---

* 基金项目:天津市普通高校人文社科重点研究基地中国民航大学航空法律与政策研究中心开放式基金项目(项目编号:HKFYZCYJZX202103)。

** 王锡柱,中国民航大学法学院副教授,法学博士,硕士生导师。

二、无人机侵权：风险的扩展及叠加

科学技术的浪潮不断向前推进，各类产品亦在一次次科技浪潮中不断更新迭代。当今社会，第四次工业革命进程已经开启，包含自动驾驶技术在内的智能技术推动着产品形态的转化，无人机等智能产品成为这一时期的代表性产品。与传统产品类型相比，无人机等智能产品具有诸多新型特征，其在传统产品的基础上加载了智能技术，使得此类产品可继续发挥传统产品的功能。在无人机等智能产品发挥功能时，可能造成新型权利的侵害，也可能通过新型方式侵害传统权利。智能时代的产品侵权形势发生了变化，侵权指向的权利类型和方式不断变化，无人机等智能产品侵权形式日益复杂，权利面临的风险也持续叠加。

第一，无人机等智能产品是在传统产品的基础上出现的产品类型，是在产品演进过程中的更新迭代，其依旧可以发挥传统产品的功能，且依旧可能引发传统产品类型引发的权利损害。就无人机而言，一方面，其属于航空器范畴，需进入空域飞行才能发挥其产品功能，实现产品本身的价值。但是在其进入空域飞行之后，可能发生与传统航空器类似的撞击事故或者遭遇故障坠落。例如，2012 年 9 月，厦门某公司无人机紧急着陆时与陈某轿车相撞，无人机与轿车都有不同程度损坏。① 另一方面，虽然无人机无须驾驶员在驾驶舱内驾驶，但其依旧可以进行载人活动，在撞击或坠落时，可能造成无人机上或者是与之相撞的航空器上的人身财产损失。同时，无人机也可能发生炸机事故，最终坠落造成地面人员的人身财产损失，甚至可能引发火灾或者其他次生灾害，加剧人身财产损失。例如，2018 年 4 月，山东某山区因市民违规使用民用无人机发生故障坠落导致森林火灾。② 所以，在智能产品时代，产品虽具备了智能属性，但是依旧是在功能层面实现其原有产品的价值，在功能导向下运行，也需要以原有的运行场景作为依托，可能与传统产品类型一样对使用者与第三人造成损害，侵害他人权益，并进一步导致侵权损害赔偿救济问题，这是智能产品与传统产品风险的相似之处。

第二，无人机等智能产品是对于传统产品的更新迭代，其使用与驱动模式发生了变化，在智能驱动与数据支持的背景下，此类产品可能导致新类型权利的损害。权利之所以成为权利，需要具备两种性质：一是对人具有价值；二是存在侵害的可

---

① 参见李亚凝：《综合交通运输体系下无人机安全运行法律制度研究》，载《中国法律评论》2018 年第 2 期，第 169 页。

② 参见刘明远：《民用无人机社会风险防控与法律监管》，载《行政管理改革》2019 年第 8 期，第 44 ~ 49 页。

能性,此时才是确立权利并对其进行救济的理论与现实前提。无人机产品的产生使得潜在的利益处于被侵害的风险之中,因此,以此种利益为客体的权利被置于立法之中,这是现代社会权利扩张的原因所在。无人机属于智能产品,其智能属性促进了潜在利益向权利的转化。人工智能使个人信息的获取更加具有广泛性,并逐渐常态化,个人信息更易被商业化控制与非法利用,个人信息的非安全状态成为一种普遍现象。① 这在无人机使用层面上亦有突出表现,无人机以智能驱动与数据支持为运行支持,在数据支持的模式下,用户数据被收集,甚至第三人的行为数据都被同步于无人机云平台中,此时,用户数据或者第三人数据成为可能被侵害的对象,而个人信息成为一种权利。无人机产品还可以通过对个人的生物信息及其特征进行分析,实现精确打击,个人的生物信息也可能受到侵害。因此,无人机等智能产品的发展使得潜在利益成为侵权行为指向的新对象,引入了新型权利损害的可能场景,公民原本不会受到损害的权利产生了受害的可能性。鉴于自动驾驶等智能技术的持续发展,还存在其他可能尚未显现出的权利被侵害,此时应当对无人机等智能产品可能造成的侵害予以持续关注,将可能遭受损害的权益进行类型化处理,并分析可能遭受的权利损害以及可能存在的防止机制或者是事后的权利救济路径,在促进无人机产业发展的同时保障公民权利。

第三,无人机等智能产品在使用过程中还可能通过新的方式侵害传统的权利。智能产品具备了智能性,但是其绝非技术与产品的简单叠加,而是发生了质的变化。在智能时代,智能产品可继续发挥原有产品的基础功能,但是又通过技术上的提升将功能的实现方式进行了优化,拓展了产品的适用与运行场景。产品功能和实现功能方式的转变同时导致了产品侵权方式的变革,可能通过与传统侵权方式有别的侵权方式侵害原有权利。无人驾驶航空器在跟踪、监视、记录方面具有得天独厚的优势,对公民隐私权威胁极大。无人驾驶航空器正朝着微型化方向发展,隐蔽性强,公民不易发现无人驾驶航空器跟踪自己,更难以觉察无人驾驶航空器采集个人信息。相较于传统航空器而言,无人机驾驶员不在驾驶舱中,有的无人机甚至只有百余克,重量低、体积小的特性赋予其较强的匿名移动能力,技术上的提升可以使其悬停在公民住宅上方,也可以持续跟踪公民,在被发现时,又能够迅速离开,使其成为移动的摄像设备。同时,无人机的智能属性使其能够精准跟踪特定对象,持续收集对象隐私。而且,无人机除了配置高分辨率的摄像头和麦克风外,还可以

① 参见李宏弢:《人工智能时代个人信息保护的新面向——以法文化价值为视角的考察》,载《学习与探索》2019年第12期,第75页。

搭载热成像设备。[①] 无人机通过新方式侵犯个人隐私的能力不容低估。正是无人机本身独特的物理属性与其具备的智能技术，使得这一智能产品可以通过新的方式实现对于公民隐私权这一传统权益的侵害。而且，无人机可通过无直接接触的方式损害公民的人身权与财产权，还可能通过数据干扰方式实现对于航空器的劫机，利用无人机从事危害公众人身财产安全的行为。恐怖组织利用无人机运载武器或者进行射击也被认为是无人机危害的一种。[②] 无人机系统还可能受到网络攻击失去控制，危害国家安全。网络攻击已经成为一个全球性问题，由于航空器越来越依靠信息和交流技术，利用网络攻击航空器有多种路径。利用网络侵入无人驾驶系统，使其进入人口稠密地区以及危险区域看起来并不是遥不可及。[③] 无人机自诞生之日起便具有明显的军事属性，其飞行事关国家安危，其在民事领域得到大规模应用之后，不良用心者意图用于军事，以新的形式侵害国家安全的传统领域，对此应予以充分重视。在智能时代，无人机产品使用场景得到扩展，运行方式有所改变，通过场景的扩展和方式的改变，可以衍生出侵害权益的新模式，对此应当予以注意。

无人机等智能产品在发挥传统产品功能的同时，也具备了新的功能，而且对于功能的实现方式进行了革新。在这一背景下，由于新类型产品所具有的功能优势和功能实现方式的友好性，此类智能产品的应用场景持续增加。与此同时，此类智能产品的应用风险亦将随着产品应用范围的扩充而不断扩散，并与原有风险相叠加，第四次科技革命时代中以智能技术为驱动的新型产品对于公民的权利造成了新的威胁。无人机等智能产品延续了传统产品风险，同时侵权的对象和方式又有所扩张。在智能产品持续发展的背景下，智能产品侵权扩张的趋势将持续推进。在智能产业发展的背景下，为保障公民权利，应当思索智能产品时代智能产品侵权救济路径的可适用性和引入新的救济路径的必要性与可能性。

三、无人机侵权救济：沿袭传统或革新

无人机等智能产品的应用场景越来越广泛，其隐含的风险和造成的损失也将

---

① Chen Siyuan, *The Regulatory Framework for Aerial Imaging by Recreational Users of Drones in Singapore*, Singapore Academy of Law Journal, Vol. 29, No. 1, 2017, p. 152 – 153.

② Chen Siyuan, *The Regulatory Framework for Aerial Imaging by Recreational Users of Drones in Singapore*, Singapore Academy of Law Journal, Vol. 29, No. 1, 2017, p. 128.

③ Benjamyn I. Scott ed., *The Law of Unmanned Aircraft Systems: An Introduction to the Current and Future Regulation under National, Reginal and International Law*, The Netherlands, Kluwer Law International, 2016, p. 67 – 70.

随之显现,并呈现出不断增加的趋势。在这一进程中,采取鸵鸟政策不过是自欺欺人。面对无人机等智能产品的侵权风险,传统侵权救济路径难以妥善保障受害人利益。无人驾驶引发的事故涉及交通工具所有人、驾驶人、生产者、保险公司甚至无人驾驶工具等多方主体。侵权损害分配责任的合理性,需要结合无人驾驶工具的特性重新厘定。[①] 因此,在传统侵权损害救济路径基础上进一步寻找新的侵权损害救济制度来应对智能产品应用中出现的新问题,对于受害人提供有效的救济,是智能时代法学领域需要重点关注的问题。

在无人机等智能产品侵权时代,侵权救济路径的确定在很大程度上仍旧是对于侵权风险进行分配的过程。在侵权风险的分配过程中,无人机产品损害救济路径既可能沿着传统的侵权损害救济路径行进,也可能是为应对智能产品发展设计出新路径。其中,存在以下几种分配路径。第一种路径是将风险分配给受害人,由受害人进行自我救济。第二种路径是将风险分配给风险行为的施加人与引入者。第三种路径是将风险分配给社会,由社会来消化侵权救济成本。第四种路径是由人工智能本身作为责任主体来承担责任,这是在无人机等智能产品发展中引入的一种新型风险分配模式。每一种分配路径又包含细分路径,详述如下。

第一,无人机等智能产品侵权救济的第一种路径是受害人自我救济。受害人自我救济路径,是指在发生侵权事故或者损害时,由权利受影响的主体自主采取措施或者自己担负风险,负责损失。此种方式大体可以细分为两种路径,一种是事前救济路径,权利主体对于存在侵害自身风险之虞的智能产品采取防护措施,或者直接阻止其进入可能影响自身权利的范围。例如,居民对于进入私人住宅上空或者附近的无人机采取干扰、驱逐、击落等手段,避免人身财产安全的损害。另一种则是事后的自我救济手段,在发生权利损害之后由受损主体自己负担损失。这主要是因为在侵权事故的发生过程中,受害人故意借助智能产品对自身实施侵害,导致自身损失的,受害人自担风险的方式依旧具有适用空间。例如,在无人机自动飞行时,行为人突然出现于无人机用户合理设定的路线之中,并故意干扰无人机的合理运行,无人机配备的识别与避障设备来不及感知或者设备被破坏,导致行为人自身的损伤,此时损害风险的合理负担者应为受害者自身,由于行为人将自身置于此种危险境地,即使在法律救济路径中对于无人机等智能产品应用行为采取严格责任模式,也不妨碍在特殊情形下将行为人自担风险作为选项之一。但是,此种情形仅

① 参见袁曾:《无人驾驶汽车侵权责任的链式分配机制——以算法应用为切入点》,载《东方法学》2019年第5期,第29页。

能在极为特殊的情形下适用，而非常态，立法者在立法时，应当对其适用的情形进行严格限定，避免损害受害人的利益。在智能产品时代，由于无人机等智能产品应用的智能化技术具备了更大的不可预测性，技术和行为人谁更具可归责性越来越不明朗，此种路径的使用应谨慎。

第二，无人机等智能产品侵权救济的第二种路径是继续沿着传统的侵权责任路径进行演进与适用，由无人机这类科技风险的引入者按照《产品质量法》《消费者权益保护法》《民法典》的要求承担风险，赔偿受害者损失。现有研究大多采取此种传统法教义学的进路，根据侵权法、产品责任法及刑法的规定对其在自动驾驶环境中的可适用性进行检验。[①] 在这种模式之下，路径又可进一步细分为两种类型。其一，由产品的生产制造和设计者承担责任。按照《产品质量法》《消费者权益保护法》的要求，由销售者和生产者在符合产品质量瑕疵时承担相应的侵权责任，补偿受害者的损失。其二，由无人机等智能产品的所有者或者使用主体对于受害人承担侵权责任，这是《民法典》规定的侵权责任承担模式。在智能时代，此类侵权救济路径仍有广泛的适用空间，原因主要在于两个方面。一是此类主体依旧可以通过自身行为影响产品。例如，生产或者销售环节的疏忽导致瑕疵产品流通，用户仍可以通过干预智能产品对第三人造成损害，甚至可能故意利用智能产品伤害他人。二是即使上述主体并未刻意实施损害，但由于上述主体因产品销售或者生产而获利，第三人因产品使用受损，利益获取者补偿利益受损者存在合理之处。因此，仍有必要通过对智能产品生产、销售、使用主体施加责任，实现对于受害者权益的保障，推动产品的安全使用。

第三，无人机等智能产品侵权救济的第三种路径是将损害风险分配给社会系统，由社会中的不特定人群来共同应对风险，消化损失。此种救济路径主要是通过政府、社会、市场来实现，其具体的实现路径表现有三种形式。其中，第一种形式是以政府为中心，通过政府的救济来进行，主要是按照福利国家的方式进行行政给付。政府作为社会的“管理者”，同时其也对人民的人身、财产权利及生活安宁负有“执政者”的基本保障责任，由其承担相应的责任在一定程度上也具有合理性。[②] 这种形式主要是通过政府财政支付实现对于受害者的救济，应用范围应受严格限定。在由政府负担风险，担负救济职责时，应对救济条件、程序、金额计算方式进行明

① 参见王莹：《法律如何可能？——自动驾驶技术风险场景之法律透视》，载《法制与社会发展》2019年第6期，第99页。

② 参见张新宝、岳业鹏：《大规模侵权损害赔偿基金：基本原理与制度构建》，载《法律科学（西北政法大学学报）》2012年第1期，第122页。

确,保障公众的知情权。第二种形式是以社会为中心,主要通过建立专门的社会救济基金来实现对受害人权益的保障。在专门的基金制度中,需要分析具体的专项基金来自何处,在这方面可由具体的生产者与销售者共建基金,在销售收入中拿出一定比例的资金作为专项资金,在赔付时进行赔偿。第三种形式是以市场为中心,主要是通过普遍的产品保险来应对无人机等智能产品侵权扩张问题。因此,航空运输公司从有人驾驶飞机改为无人机的过程中,保险行业也可能会因此受益。① 通过无人机等智能产品责任保险等保险制度方式的构造,对于具体的投保人和受益人进行确定,确定投保的主体与受益的主体,以及受害人的求偿程序,明确发生事故后受害人是否可以直接向保险公司求偿。在投保人方面,若风险程度极高,可以规定必须由生产者投保或者由使用者购买强制投保;但是在风险程度较低时,更宜将保险类型设置为市场导向的自愿投保路径。

第四,无人机等智能产品侵权救济的第四种路径是在传统的侵权责任法的路径外进行变革。这种变革可以是增加责任主体类型,将智能产品拟制为新的主体,将其作为直接的行为主体与责任主体进行监管,由智能产品自身承担责任。实际上,从智能技术的发展趋势来说,智能产品可以具有相应的自主学习与行为能力,在这一层面上理解,智能产品在一定程度上具备了作为行为主体与责任主体的前提,且在算法的支持下,具备自主意志和自主行为能力只是时间问题,因而此类产品确实有可能摆脱单纯法律客体的地位,成为一种新型的主体。然而,现在对于人工智能是否可作为主体仍在讨论之中,且争论者之中,持否定论者居多,对于其主体资格远未达成共识。即使人工智能可以作为行为主体,其是否可成为类似于自然人的主体,同时其能否成为直接的责任主体,如何落实其责任能力,其承担责任的资金来源于何处,又是在何种情形下应当由无人机等智能产品主体自身来承担责任,这都尚未明确,仍需一定时间进行探讨。

在无人机产业快速发展的背景下,多种可能的侵权救济路径共同存在,对于保障受害人的权益具有重大价值。但是,各类侵权救济路径既有适用的优势,又存在不足之处,通过比较各类路径的适用情形,分析其可取之处和不足之处,明确各自的适用界限,可作为智能产品侵权救济中的重要议题来对待。

四、无人机侵权救济路径的比较与分析

无人机等智能产品的出现与大规模应用冲击的是整个制度化的法律体系,传

---

① See Brian F. Havel & John Q. Mulligan, *Unmanned Aircraft Systems: A Challenge to Global Regulators*, DePaul Law Review, Vol. 65, No. 1, 2015, p. 116.

统侵权救济制度继续存在，却无力应对一些新状况，制度的变革与新救济路径的引入已是不可避免。就无人机而言，其作为智能产品时代的代表，融合了人工智能、航空器、机器人等技术，又被称为空中机器人。然而，机器人的行为将是非线性的，实际上是不可预测的，侵权制度被用来将大部分责任推给那些被认为应当承担责任的人，这是一项旨在将大部分责任推给那些由于存在合理机会来控制或预见风险而被认为应当承担责任的人的侵权制度，但其却无法胜任这项任务。[①] 在传统路径无法妥善应对新型产品侵权救济的背景下，可在立法中引入新的路径以对受害人进行相应的救济，但是，传统路径与新型路径相比又各有优劣之处。

第一，受害者自我救济、自担风险、自我负责的路径对于受害人提前做好自我防护措施，减少风险所指向的权利主体的损害具有积极意义，且或许能够推动权利主体安全意识的提升，及时防止更大损失的发生，降低智能产品的监管成本。但是，这种路径在现实中的可操作性与实际效果并不理想。就无人机的事前救济而言，权利主体的驱逐、干扰、击落等手段需要专门的技术和设备支持，且可能对于航空安全造成不可预测的损害，亦可能在后续引发更多纠纷，其可行性与实践效果有极大不确定性。就事后的自我救济模式而言，实际上是将风险完全分配给受害人，这在受害人故意损害自身权利时固有其适用空间，但是从法治发展角度而言，其适用空间在长时期内呈现出逐渐压缩状态，并且仍被持续压缩。传统的侵权责任中，过错责任占据绝对主导地位是存在的风险分配方式之一。进入工业化社会之中，各种客观风险的存在导致风险控制成为难题，以过错为主导的责任分配方式开始转向结果责任，无过错责任、高度危险责任等归责方式开始出现，并逐渐普遍化。况且，在智能产品侵权中，受害人本身可能未参与风险性行为，无法选择是否置身事外，其只是风险行为的承受者，被动承受无人机等智能产品侵权带来的后果，将受害人自行承担风险的适用范围扩大并不公允。因此，在全面依法治国的背景下，这一路径的适用范围极为狭窄，无法成为具有普遍性的路径，可在必要时将其作为特殊的例外规则。

第二，风险的引入者承担责任可能会更为有效地贯彻无人机产业发展过程中的收益与风险一致性、行为与责任主体一致性等原则。遵从此种侵权救济路径，有利于生产者、销售者、使用者采取风险应对策略，在源头上控制风险，在减少受害人的损失与节省监管成本上具有明显优势。这一路径适用的合理性在于生产者与销

① 参见[美]柯蒂斯·E. A. 卡诺：《运用传统侵权法理论“迎接”机器人智能》，载[美]瑞恩·卡洛、[美]卡洛·迈克尔·弗鲁姆金、[加]伊恩·克尔编：《人工智能与法律的对话》，陈吉栋、董惠敏、杭颖颖译，上海人民出版社2018年版，第54～81页。

售者因产品在市场中的流通而获得利润,而使用者获得的是使用收益,或者因无人机使用而获得的其他效益。在这种模式的侵权责任救济路径中是生产者与设计者的危险责任,其将智能产品引入到了社会之中,是风险的源头,而使用者则直接在社会中应用智能产品,以达到特定的目的,此时也会在目的中获益,无论是金钱的还是其他种类的利益。受害人则因产品流通与使用遭受了具体的损害。由引入风险的获利者救济遭受风险的损失者合乎法理、情理,亦顺应了侵权责任的演进路径。但是,这一路径在应对智能产品侵权时却又面临诸多问题。其一,当真正完全的自主智能机器人发生事故、造成损害,证明缺陷、因果关系等事项将成为受害人难以逾越的法律障碍。① 对于生产者等产品主体承担责任的路径而言,产品主体限于技术以及人工智能的自主性,可能导致法律层面的因果关系链被切断,最终难以或者根本无法证成法律上的因果关系,强行适用此种模式可能导向科技即是罪恶的逻辑,限制智能产品相关产业的发展。其二,就无人机等智能产品所有者承担责任而言,所有者可能无法控制此类产品,自主或者半自主程序的设计可能早已切断了行为者与受害人之间的因果关系。如果因系统问题或者瑕疵而导致自动驾驶事故,将事故归因于使用者是不公平的。② 因此,在自动驾驶场景中,由行为者承担损失亦未必符合行为与责任主体一致原则。

第三,通过政府、社会、市场分散智能产品侵权风险的路径亦存在优势与不足。以公共平台分散风险似乎是一种可选择模式,对于降低产业发展的风险,缓冲产业压力,推动产业发展具有重大的价值。但是,在无人机等智能产业的发展过程中,通过政府救济有诸多限制,且以政府基金救助权益受损者,纳税人缴纳的税务被用于支持特定行业降低风险,其合理性存疑。由社会和市场承受智能产品侵权风险亦有不足之处,社会对于风险的承受可采取救济基金模式,但是资金的来源如何确定,其运用应遵守何种程序和条件,受害者何时有权向基金会寻求救济,救济额度如何确定,基金使用受到何种限制都是尚未解决的问题。同时,以保险制度为代表的市场承受风险模式也存在不足。保险行业面临的无人机等智能产品风险具有极大不确定性,保险费率、保险额度的合理确定是重大疑难问题,一旦发生智能产品的系统性风险,如在算法演进下导致出现对人类的大规模损害现象,保险业将被置于旋涡之中。在自动驾驶场景中,传统的以驾驶员为主导的交通工具运行模式发

① 参见司晓、曹建峰:《论人工智能的民事责任:以自动驾驶汽车和智能机器人为切入点》,载《法律科学(西北政法大学学报)》2017年第5期,第172页。

② 参见陈磊:《自动驾驶汽车交通事故侵权责任问题研究》,载《中国科技论坛》2019年第12期,第148页。

生转变,自动驾驶系统开始接过了交通指挥棒,运行方式的转变导致了风险的重大变化。责任风险发生变化后,固守原有的保险架构,显然不合时宜。[①] 另外,在自动驾驶场景中,无法预测的风险可能导致保险公司在发生事故后无力负担因无人机产品大规模侵权而产生的巨大经济损失,从而可能使得保险业经营者退出市场,导致保险行业的衰落。

第四,无人机等智能产品本身作为责任主体的模式或许能够开辟此类产品侵权救济新路径,解决生产者、销售者、使用者对产品的弱控制状态而产生的现实问题,对于未来民法主体与侵权责任法的演进而言,值得尝试。这种路径已经被一些学者提出。有学者认为,历史地看,法律可以赋予公司等法人地位,甚至承认非法人组织(如合伙)也享有一定的法律地位,未来在时机成熟时亦可赋予智能机器人法律地位,届时人们现在担心的很多责任问题都可以得到较好地解决。[②] 但是,目前来看,这一尝试的最终方向尚不明确,且结果更是极不明朗。无人机等智能产品与传统产品类型相比,具有一定程度的智能性,这固然改变了智能产品的决策与行为模式,使其在一定程度上具备了自主决策与行为的可能性。但是,就无人机等智能产品的主体性认定而言,否定意见居多,且即使其具有行为主体的身份,侵权救济最重要的问题却不在于此,而在于如何实现救济,更重要的问题在于智能主体是否具有独立的可对于损害进行赔偿的金钱。现在的讨论远未解决这一问题。因此,将智能产品拟制为新的主体,作为直接的行为主体与责任主体进行监管,由智能产品自身承担责任的探讨中所回避的责任能力与自身财产的处理问题虽然是一种可能的选择路径,但是要将这一路径予以制度化还有很长的路要走。

五、无人机侵权救济路径法律制度构造

在产品模式转型时代,无人机等智能产品侵权救济的各类路径有其自身的适用范围与优缺点,侵权救济的传统路径尚在延续,且仍可在大部分情形下适用,而新路径的生成尚未有确定日期。随着无人机等智能产品的规模化生产进程逐渐开启,有些已经投入市场,在广泛的应用场景中具备了更多不确定性,侵权问题已不容忽视。然而,与现实需求相配套制度的完善是一个缓慢推进的过程,与其等待新制度的最终完善,不如通过整合现有资源构建合理产品侵权救济制度。

---

① 参见邢海宝:《智能汽车对保险的影响:挑战与回应》,载《法律科学(西北政法大学学报)》2019 年第 6 期,第 31 页。

② 参见司晓、曹建峰:《论人工智能的民事责任:以自动驾驶汽车和智能机器人为切入点》,载《法律科学(西北政法大学学报)》2017 年第 5 期,第 173 页。

法律不能罔顾自动驾驶技术现实,一厢情愿地进行理想化的制度界分。理解自动驾驶技术的原理与风险特征,理性应对自动驾驶的风险场景,探讨衡平风险与科技创新的中庸之道,是人工智能科技革命与自动驾驶技术进步对法学提出的划时代任务。① 无人机等智能产品侵权救济的几类可能路径已在上文予以阐述,但是其各自存在不足之处,希望借助单一手段解决无人机这类智能产品侵权的全部问题并不现实。在这种制度背景下,不妨将眼光从单一路径转向综合路径,在产品侵权救济制度的完善上,从制度的综合性着手,明确各路径的适用界限与范围,并探寻各类救济路径之间可能的衔接方式与衔接点,以受害人利益保障、行为与责任主体一致性、风险利益均衡为指导原则,构建合理的救济体系。在整个制度体系之中,应当将受害人权利保障置于突出地位,在此基础上观察是否可以匹配到适当的路径,使不当行为的实施主体承担最终责任,同时在保障公民权益的基础上不至于对智能产品的生产与发展造成过度限制,实现风险责任均衡性。

为实现以上目标,可对于无人机等智能产品侵权救济路径进行立体构造,不是非此即彼的关系,而是可以同时适用,在互有重点的前提下进行补充与衔接。具体言之,在不同的侵权情形下选择适当的责任主体与补偿方式,若单独路径不足以补偿或者由单一主体承担责任有失公允,则应寻求建构合理的衔接点,将主导路径与引入路径连接起来,实现对于受害人的保障。在具体的构造中,可按照下列方式构建。在侵权救济的构造之中,可将无人机等智能产品侵权救济路径分为四个层次,各层次之间相互分工,各有侧重;同时,在进行分工的基础上对于无人机等智能产品应用中的受害人提供应有的保障,实现风险均衡。

第一,在无人机等智能产品侵权损害救济的第一层次的路径中,着重贯彻风险自负原则,在各层次路径中,这一层次路径具有优先适用性。各类侵权救济应当在各自的范围内承担自身的责任,明确自身的权利与责任范围,在具有风险或者事故发生后采取相应由责任主体负责的制度。此为贯彻风险自负原则的最基本要求。这一层次是沿着传统的侵权救济路径,在传统侵权责任体系内进行设计的。其一,在存在设计或者生产缺陷,或者因销售商疏忽致使存在缺陷的产品进入市场与社会,导致用户在使用中发生风险,对用户和第三人造成损失时,由生产设计者、销售者承担责任,对于被侵权人予以补偿,对其实施救济。其二,用户或者操作者借助无人机等智能产品故意侵犯他人权利,或者放任此类产品带来的危害,且不采取必

① 参见王莹:《法律如何可能?——自动驾驶技术风险场景之法律透视》,载《法制与社会发展》2019年第6期,第111～112页。

要而合理的措施的,受害人可以采取自救措施对此类产品进行干扰与打击。在造成侵权事故导致他人损失时,则应当将产品使用者作为责任主体,使其承担相应的赔偿与救济责任。其三,受害人自身明知产品风险且故意将自己置于危险境地,借助无人机等智能产品损害自身利益的,若其他主体不存在过失,由受害人自担风险。其四,在各方主体皆无过错,而是由未知原因导致产品损失时,应当采取严格责任的路径,以将风险分配给生产设计主体为原则,同时可采取限额责任的方式避免产业发展遭受无法承受的经济压力。所以,智能产品侵权救济路径的第一层次的责任仍然是在传统的侵权法体系和框架内继续以过错责任为主导归责形态。这一层次的无人机等智能产品侵权救济路径与方式在智能产品生产与应用的初期仍有巨大的适用空间。科学技术发展到现在,智能产品仍然是在一种弱人工智能状态下进行生产,在这种状态下,不宜将传统侵权责任路径完全抛弃,而是将相关的路径进行勾连与衔接。一方面,对于不符合产品安全的产品引入主体施加侵权责任,促进技术的转化与提升。另一方面,生产设计主体通过制造人工智能产品而获益,在其造成风险时,也应当采取补偿措施。

第二,无人机等智能产品侵权损害救济的第二层次路径,是在不具有或者无法确定归责主体时,将风险分配给行为参与者,这是以保障受害人权益为核心的救济体系。在这一层次中,可能存在无人机等智能产品算法的自主演进导致的损害,此时可能的救济路径可分为以下两种。其一,采取严格责任制度,由市场中的生产者与销售者或者使用者承担相应的救济责任。智能产品本身具有的科技风险未被充分认知,上述主体属于风险引入者,且在其中获益,因此根据行为、风险、责任一致性原则,可由其承担责任。尤其是企业经营者能够改善自动驾驶系统的功能,其可从中获取经济利益,应顺应正义要求承担损害赔偿责任。① 其二,无人机等智能产品本身作为责任主体承担风险对受害人损失进行相应的赔偿。此时另一可能的制度设计路径在于,在智能产品本身的算法演进产生的自我决策与行动导致的风险中,可以对于智能产品本身进行归责,将其作为可能的责任主体,但是救济主要以补偿损失为原则,但在其无财产来源的情况下,其适用空间受到较大限制。对此,解决路径之一是设立专门的基金,将来源于无人机产品使用中产生的效益按比例提取一部分作为责任承担的最终资金,在发生事故时作为赔偿来源。

第三,无人机等智能产品侵权救济损害的第三层次是市场分担模式,意在采取

① 参见陈磊:《自动驾驶汽车交通事故侵权责任问题研究》,载《中国科技论坛》2019 年第 12 期,第 154 页。

保险的方式分散智能产品运用的风险,由保险业对于智能产业造成的损失进行保险保障,提升赔偿的保障能力。在保险模式中,各类产品主体和使用者都可在不同层面进行投保。例如,智能产品的生产设计者可以对于产品投保产品责任险;使用者可以投保智能产品运营险,保障运营过程中风险的补偿;还可由智能产品风险资金的运营者进行投保,在智能产品被归责时,也可实现保险的转接。

第四,无人机等智能产品侵权损害救济的第四层次是公共救济模式。在这一模式之中,侵权损害救济以受害人权益保障为中心,未将确定责任主体环节作为中心,而是直接由公共机构或者基金承担责任,在发生损害时即可请求救济。在这一层次内,因无人机造成的侵权责任救济亦可分为两种主要路径。其一,由政府这一公权力机构采取公共救济的模式,对于受害人提供保障,主要是通过行政救济、行政给付的方式进行,主要适用于政府支持的特定智能产业,而非所有智能产业侵权皆可进行请求。但是,当受害人权益受损程度达到政府补助或者救济的范围时,则可依据其他立法对其进行救济。其二,社会中的基金模式,此种模式可以是整个智能产品行业或者无人机等特定智能产品行业设定的侵权损害救济金。基金可以由整个智能产业共同出资;为了提升特定行业应用的无人机产品的社会接受程度,可以由行业协会、行业内经营者、慈善机构等主体出资;属政府支持的亟待发展的产业,还可以由政府投入部分资金。

无人机等智能产品侵权救济的四个层次路径之间是相互独立的,各种路径首先在各自的范围内负责相应的风险和救济责任。但是,四个层次之间又非绝对独立的,而是相互之间存在优先关系,也存在相互衔接的可能。在优先关系层面,基本上可按照从第一层次到第四层次的顺序,第一层次优先适用,第四层次仅是在其他层次不能满足的情形下再作为最终选择,所以,从第一层次到第四层次是一个有顺序的适用过程,而非绝对平行的平均分配关系,这应当引起充分注意。在具体的优先关系确立中,根据受害人利益保障、行为与责任一体性、风险利益均衡等指导性原则,将第一层次到第四层次作为不同层阶的路径,其中第一层次应当是首先予以考虑的路径,在发生其不能涵盖的范围时再考虑上一层次的适用可能性,只有前面的层次都不能适用时才继续向更高的层次推进。

无人机等智能产品侵权路径的衔接关系,则是在一种路径不足以解决受害人充分保障的问题时,通过相应制度路径的组合实现对于受害人救济水平的提升。以无人机为例,在生产者的生产过程中,由于存在当时忽视的系统技术问题,导致大批无人机存在缺陷,并造成了大规模侵权,此时生产商自身的能力不足以实现充分救济,可通过产品责任制度进行保障实现技术的提升;若受害人仍旧无法得到充分的救济，还可以在基金和社会救济的层面上进行保障，这是制度的衔接。在这种衔接与组合过程中，低层次手段的应用并不足以实现完全保障，但是上一层次的手段也不排除低层次手段的应用，而是几种制度衔接起来实现保障。这是无人机产品侵权救济制度体系之中的重要问题，值得注意。

无人机等智能产品侵权救济路径并非绝对不变的，相反，其呈现出相应的制度弹性，在具体的适用中还可能存在转化关系。无人机产品侵权救济路径之中各不同层级的路径的关注重点并不相同。这主要是随着技术发展产生的不同层次的技术性问题的差异，随着技术风险的变化，产品运行方式将从弱智能逐渐向强智能方向转化，在这一过程中，人对于无人机产品的控制能力将呈现出持续弱化的趋势，产品本身成为行为决策者，并且自主化能力不断提升。在这种背景之下，无人机等智能产品自主性持续提升，算法不断演进，最终可能导致侵权救济各层级路径之间的关系发生转变。在无人机等智能产品发展初期，产品属于弱智能产品，生产主体与运营主体仍然可能对智能产品实施控制，或者故意利用，产品本身也会存在技术缺陷。在无人机产业应用初期，其智能化特征尚不够明显，可继续在传统法律框架内改善制度。在尽量减少对现行法规进行大规模调整的基础上，结合无人驾驶工具的实际对侵权责任法规作出修改，妥善解决无人驾驶工具侵权责任问题。① 此时，第一层次仍居于主要地位。然而，在日趋复杂化的智能技术社会、在虚拟世界和现实世界深度融合的世界中，权利的主体、权利的内容、侵权者及其责任的确定越来越困难，智能技术越发展，人际、人机关系越复杂，利用传统法律手段分析权利、义务、责任也就更加困难。② 随着自动驾驶等智能产品的技术发展及普及，产品智能属性越来越明显，智能产品本身的主体性将会成为讨论和研究的重心；同时，由于智能产品风险的系统性存在，第三层次和第四层次救济路径也会占据越来越重要的地位。到后期，在智能产品侵权救济制度中，现在占据主导地位的第一层次救济路径可能仅作为一种补充性救济制度存在。当然，理念现实还需对接。立法者或者法院最终选择何种方案，需要从法经济学、实证主义、功用主义等角度进行全方位的论证，以便实现法律平衡各方利益的价值。③

---

① 参见袁曾：《无人驾驶汽车侵权责任的链式分配机制——以算法应用为切入点》，载《东方法学》2019 年第 5 期，第 38 页。

② 参见齐延平：《论人工智能时代法律场景的变迁》，载《法律科学(西北政法大学学报)》2018 年第 4 期，第 45 页。

③ 参见司晓、曹建峰：《论人工智能的民事责任：以自动驾驶汽车和智能机器人为切入点》，载《法律科学(西北政法大学学报)》2017 年第 5 期，第 172 页。

六、结语

无人机等智能产品大规模进入市场只是时间问题,其可能引发的侵权问题也将随之具体化。智能技术科技发展中隐含的风险将人类置于危险境地,可能损害产品使用者或第三人权益,在权利保障视角下,立法者必须寻找无人机等智能产品侵权救济的适当路径。通过明确各类救济路径的适用界限与范围,寻找各路径的适用场景与衔接方式是一个可供选择的模式。制度发展过程是一个理论与现实相互作用,不断发现问题、解决问题的过程。智能产品生产与制造技术的发展进程不断推进,应用场景日益广泛,由此导致的侵权问题也将日渐增多,各类侵权救济路径能否实现其任务,各类救济路径之间的衔接效果能否经受住时间的考验仍待进一步检验,智能产品侵权救济是否会革新侵权救济范式也有待持续探索。

民用无人驾驶航空立法研究

——以隐私权保护为视角*

刘　佳　宋钰滢**

2022年8月22日,中国民用航空局(以下简称“民航局”)公布了《民用无人驾驶航空发展路线图V1.0》,旨在进一步明确民用无人驾驶航空发展定位、目标与路径,促进我国无人驾驶航空高质量发展。2022年9月20日,民航局公布了《民用无人驾驶航空法规标准体系构建指南V1.0》,该指南旨在进一步促进我国民用无人驾驶航空发展,发挥法规标准在新兴行业发展中的引领和支撑作用。随着经济与科学的发展,我国民用无人驾驶航空从商业领域到社会公众领域都开始得到应用,到2021年中国民用无人机注册数量已高达83.2万架。根据智研咨询发布的相关报告,我国民用无人机行业将保持增长。①

无人驾驶航空的飞速发展,除了给人们的生活带来一系列便利之外,也带来了许多问题,尤其是对他人隐私权侵犯问题愈演愈烈。民用无人驾驶航空侵犯隐私权与传统隐私侵权不同,

---

* 基金项目:国家社科基金项目“人工智能语境下算法共谋的反垄断问题研究”(项目编号:19CFX066)。

** 刘佳,中国民航大学法学院副教授,法学博士,硕士生导师,研究方向:国际航空法、网络法。宋钰滢,中国民航大学法学院硕士研究生,研究方向:国际法学、航空法学。

① 参见《2022—2028年中国民用无人机行业发展前景分析及市场需求预测报告》,载智研咨询2022年6月14日,https://www.chyxx.com/industry/1112353.html。

现有的隐私权保护法律体系无法满足民用无人驾驶航空语境下保护隐私权的需要。因此,对民用无人驾驶航空侵犯隐私权问题进行立法研究,不仅有利于完善新技术规制相关的立法体系,规范民用无人驾驶航空器的使用,推动民用无人驾驶航空的稳健发展,而且有利于根据民用无人驾驶航空独有的特点提出有针对性的立法规制建议,在鼓励新技术发展与实现隐私权保护之间寻求平衡,从而促进社会总福祉的实现。

一、民用无人驾驶航空器引发的隐私权保护问题

(一)民用无人驾驶航空器概述

国际上关于无人驾驶航空器的概念规定在《国际民用航空公约》(Chicago Convention on International Civil Aviation,以下简称 Doc7300 号文件)中,阐释为"任何无人驾驶而能飞行的航空器"。① 对于民用无人驾驶航空器的定义,2017 年中国民航局发布的《民用无人驾驶航空器实名制登记管理规定》规定:民用无人驾驶航空器,又称为"民用无人机",是指没有机载驾驶员操纵、自备飞行控制系统,并从事非军事、警察和海关飞行任务的航空器。不包括航空模型、无人驾驶自由气球和系留气球。② 根据上述定义,不难看出,民用无人驾驶航空器属于无人驾驶航空器的一种。我国立法中的定义主要是从飞行用途上进行界定,可以将无人驾驶航空器划分为军用无人驾驶航空器与民用无人驾驶航空器。民用无人驾驶航空器的所有权人可以是个人、依法设立的法人和其他组织。③ 实践中,根据"拥有者"职能和性质的不同,民用无人驾驶航空器的使用目的和工作内容也有所不同(见图 2 - 1)。在 2023 年 2 月发生的美国击落中国民用无人飞艇事件④中,我国用于收集高空气象数据的民用无人飞艇因不可抗力飞入美国领空后被击落,这里的无人飞艇的"使用目的"是科研气象研究,显然属于民用无人驾驶航空器。美国针对我国民用航空器非法使用武力,显属违反国际法的行为。

---

① 《国际民用航空公约》第 8 条无人驾驶航空器规定:"任何无人驾驶而能飞行的航空器,未经一缔约国特许并遵照此项特许的条件,不得无人驾驶而在该国领土上空飞行。"

② 参见《民用无人驾驶航空器实名制登记管理规定》(编号:AP - 45 - AA - 2017 - 03)第 1.4.1 项。

③ 参见《民用无人驾驶航空器实名制登记管理规定》(编号:AP - 45 - AA - 2017 - 03)第 1.4.2 项规定:"民用无人机拥有者是指民用无人机的所有权人,包括个人、依据中华人民共和国法律设立的企业法人/事业法人/机关法人和其它组织。"

④ 参见《外交部就美方宣称击落中国无人飞艇发表声明》,载外交部网站,https://www.mfa.gov.cn/web/zyxw/202302/t20230205_11019861.shtml。

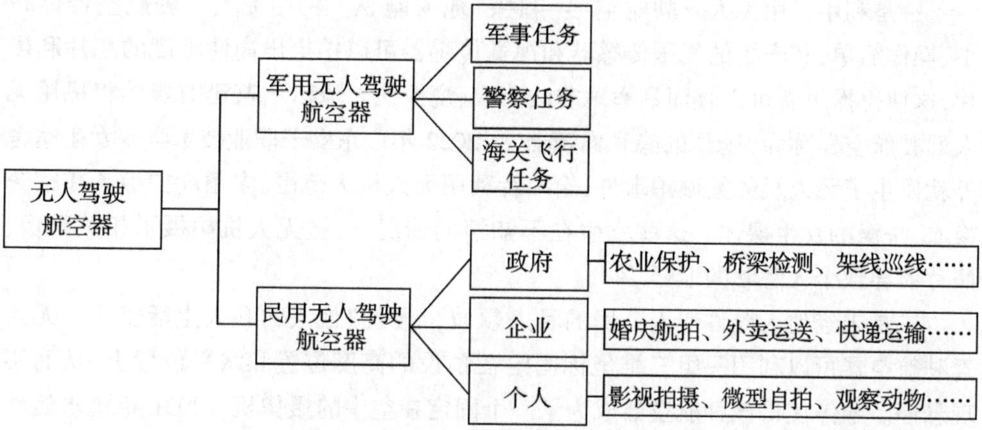

图2-1　无人驾驶航空器分类

(二)民用无人驾驶航空器侵犯隐私权的类型化

隐私权最早在萨缪尔·D.沃伦(Samuel D. Warren)和路易斯·D.布兰代斯(Louis D. Brandeis)的《隐私权》(The Right to Privacy)一文中出现,定义为个人在通常情况下决定他的思想、观点和情感在多大程度上使别人知悉的权利,每一个人都有决定自己的所有事情不被公之于众、不受他人干涉的权利。[①] 2021年1月1日我国正式施行的《民法典》将人格权单独成编,在第1032条中专门规定了自然人享有隐私权,将"隐私"界定为"自然人的私人生活安宁和不愿为他人知晓的私密空间、私密活动、私密信息";同时,对侵害隐私权的手段进行列举,包括但不限于"刺探、侵扰、泄露、公开等方式"[②]。具体到民用无人驾驶航空领域,随着人工智能、互联网、遥控等科学技术的进步,民用无人驾驶航空器取得高速发展,在给人们的生活和工作带来便利的同时,问题也随之而来,其中,对于隐私权的侵犯成为不可忽略的一个问题。

民用无人驾驶航空器侵犯个人隐私权,主要是指民用无人驾驶航空器的操作主体,在使用或操作机器的过程中,有意识或无意识地侵害其他公民隐私权的行为。实践中,根据目前民用无人驾驶航空器侵犯个人隐私权的现有案例,笔者试图将民用无人驾驶航空器侵犯隐私权的行为根据侵权行为手段的不同类型化为以下三种情形:

① 参见[美]萨缪尔·D.沃伦、路易斯·D.布兰代斯:《隐私权》,宦盛奎译,北京大学出版社2014年版,第20页。

② 《民法典》第1032条规定:"自然人享有隐私权。任何组织或者个人不得以刺探、侵扰、泄露、公开等方式侵害他人的隐私权。隐私是自然人的私人生活安宁和不愿为他人知晓的私密空间、私密活动、私密信息。"

一是利用民用无人驾驶航空器“刺探”他人隐私。民用无人驾驶航空器体积小、操作简单,其配备的气压传感器和视觉传感器可以拍摄出高清晰度的相片和影片,这使得操纵者可以轻而易举地非法获取、窥探他人隐私①,甚至有媒体将民用无人驾驶航空器称为“隐形的隐私偷窥器”。2022年广东女子职业技术学院女生宿舍外就发生了无人机频繁偷拍事件,偷拍者利用无人机大范围、多角度拍摄了在宿舍换衣、洗澡的女生裸体。这些女生在不知情的情况下,被无人机拍摄了相关录像、照片而导致个人隐私的泄露。②

二是未经他人允许侵入公民的私人领域,“侵扰”他人的私人生活安宁。无人驾驶航空器可以利用一组三维坐标固定在预设的高度位置和水平位置上,从而实现悬停。悬停使得该种航空器成为了一个固定在空中的摄像机。2021年跳水运动员全红婵获得奥运冠军后,陆续有人在视频网站上上传了一些利用民用无人驾驶航空器拍摄的其老家的视频,甚至有些是在其老家院子中悬停进行拍摄的房屋内部照片。这不仅侵犯了全红婵的个人隐私权,也对她的住宅安宁产生了影响。③

三是收集他人隐私并非法“泄露、公开”甚至获利。此种情形主要发生在“狗仔”偷拍著名人士身上,基于民用无人驾驶航空器的便捷性和公众人物隐私的高经济价值性,“狗仔”会在利用民用无人驾驶航空器拍摄到公众人物及其家属的隐私信息之后,非法曝光他人隐私以达到获利的目的。美国《时代》周刊在2020年7月23日报道英国哈里王子夫妇向法庭起诉,状告英国狗仔队利用无人机偷拍其儿子阿奇并出售。④

(三)民用无人驾驶航空器侵害隐私权的特殊性

由于无人驾驶航空器可以搭载各种高清摄像头和其他传感器设备,可以实现对地面目标的高精度、高清晰度拍摄和监控,从而导致更加严重的隐私权侵害。不仅如此,无人驾驶航空器还可以在空中自由飞行,可以轻松地进入私人领域或禁飞区域。近几年,随着大量网络服务平台的兴起,隐私权泄露的可能性也大大增加

① 参见王耀:《利用无人机实施违法犯罪行为的侦查和防范对策》,载《北京警察学院院报》2020年第3期,第47~48页。

② 参见《广东一高校女生宿舍疑遭无人机偷拍,学校:已抓到部分嫌疑人》,载光明网,https://m.gmw.cn/2022-03/09/content_1302837006.htm。

③ 参见吴涛、熊嘉艺、周自扬:《全红婵家一天被2000多人打卡,无底线蹭流量的“网红”分明是“网黑”》,载微信公众号“新华每日电讯”2021年8月10日,https://mp.weixin.qq.com/s/i4GRg4Hu_2eq8AfQiwI0iQ。

④ 参见《哈里王子夫妇怒了!狗仔队每天出动三次无人机偷拍其儿子》,载上游新闻,https://www.cqcb.com/headline/2020-07-24/2737708_pc.html。

了。基于前述三个原因，民用无人驾驶航空器对隐私权的侵害问题作为一个运用新型工具和设备的新兴问题，有许多区别于传统隐私权侵害的特点，这使得隐私权侵害更加难以避免和防范。

1. 侵权主体具有双重性

无人驾驶航空器最典型的特点就是“人机分离”，双重主体中的一方是民用无人驾驶航空器自身所有的视觉传感系统，另一方是操纵民用无人驾驶航空器的人员。在这种新型侵权中，人和机器的实际距离可以变得很远，侵权人和实施侵权行为的设备的实体联系变得不那么紧密了。这种“人机分离”的特点导致被侵权人在看到“机”后，无法第一时间找到“机”背后的“人”。2017 年西安一男子利用无人驾驶航空器直播偷拍女子裸居画面，当地飞友联合将其飞机击落，然而却无法依此抓住该偷拍者。① 因为此时机器与人是分离的，无法迅速通过一方来定位另外一方。

2. 侵权手段具有隐蔽性和科技性

无人驾驶航空器的自主飞行功能可以使其在空中高速飞行，在隐秘拍摄的同时迅速逃离；其配备的高清摄像头、激光雷达等高科技设备，可以实现高精度的监视、追踪等功能。大疆无人机作为民用无人驾驶航空产品中的佼佼者，其经典型号 Mavic Mini 重量仅为 245 克，尺寸仅为 140mm × 140mm × 53mm，大概只有一个巴掌那么大，却可以拍摄 1200 万像素的照片和 4k 视频。通过简单的终端控制，操纵者只需坐在家中即可远程侵犯他人隐私权。这极大方便了民用无人驾驶航空器在短时间内，收集大量实时清晰的画面和视频信息然后迅速逃逸，在降低侵权行为被发现可能性的同时，增加了反向追踪的难度。而公民甚至可能意识不到设备的存在。公民对于飞越头顶的民用无人驾驶航空器是否在偷拍、偷摄并不知情和明确。即使发现了机器的存在，也不清楚是谁在操纵。②

3. 侵害对象的不特定性

在民用无人驾驶航空器侵害隐私权事件中，很多被侵害主体是不特定的，具有广泛性③，因拍摄范围和拍摄角度可以覆盖大面积地区，所以被拍摄的对象可以是不确定的几个人或一群人。在前文提到的几个案例中，广东女子职业技术学院偷

---

① 参见《男子无人机直播偷拍女子裸居　飞友将其飞机击落》，载凤凰网资讯，https://news.ifeng.com/a/20170705/51380210_0.shtml。

② 参见王聪、饶智韬、刘满果、詹增昌：《无人机走私案件的分析与取证》，载《中国公共安全（学术版）》2018 年第 3 期，第 96 页。

③ 参见余达红、刘娟：《民用无人机引发治安问题的思考》，载《江西警察学院学报》2019 年第 6 期，第 43 页。

拍事件最为典型。侵权人在使用民用无人驾驶航空器进行偷拍时,并没有确定其要偷拍的具体对象,而是拍到谁的隐私就侵犯了谁的隐私权。

4. 侵权后果的严重性

对于被侵犯隐私权的个人来说,会导致心理上的恐惧感和相关个人权益的侵犯;对于充斥着这种行为的社会来说,也会造成十分恶劣的社会影响。2022年香港特区警方首次发现一男子利用无人机偷窥酒店住户,并且发布不雅视频,一个小型无人机内存里就有超过20段不雅视频。① 这种进行私生活恐怖袭击的犯罪事件,会让被拍摄的人感到巨大的羞耻心和不安感,进而造成精神上不可逆转的伤害。同时,因为可以一次性拍摄大量的人,导致影响到的人数相对传统隐私侵权来说是巨大的,会造成社会上人人自危而导致社会动乱。因此,我们需要认真思考和探讨如何保护人们的隐私权,同时推动无人驾驶航空技术的健康发展。

二、我国民用无人驾驶航空器隐私权保护的相关立法现状

(一)我国民用无人驾驶航空器隐私权保护的国家相关立法

我国现有的立法根据层级可以分为民航法律、民航法规、民航规章和民航规范性文件。现将相关的法律法规按照年份作以下梳理,见表2-1。

表2-1 我国民用无人驾驶航空器隐私权保护的国家相关立法一览表

年份	名称	具体内容
2022年	《民用微轻小型无人驾驶航空器系统运行识别概念(暂行)》	对使用过程中的运行识别数据进行规定
2021年12月	《民用无人驾驶航空器操控员管理规定》(征求意见稿)	对可能的侵权主体——操控员进行规定
2021年4月	《民用航空法》	在法律层面首次规定无人驾驶航空器
2020年	《民法典》	第1032条规定自然人享有隐私权,第1238条规定民用航空器致害责任
2018年	《无人驾驶航空器飞行管理暂行条例》(征求意见稿)	第六章规定了相关法律责任
2017年	《民用无人驾驶航空实名制登记管理规定》	通过航空器登记来确定可能的侵权主体

① 参见《港媒:香港警方首次发现有人用无人机偷窥,26岁男子被拘捕》,载环球网2022年11月4日,https://baijiahao.baidu.com/s? id=1748560983778142136&wfr=spider&for=pc。

续表

年份	名称	具体内容
2017 年	《民用航空空中交通管理规则》	将“无人驾驶航空器”明确写进条文中
2016 年	《民用无人机驾驶员管理暂行规定》（征求意见稿）	对可能的侵权主体——驾驶员进行规定
2007 年	《中华人民共和国飞行基本规则》	要求航空器严格遵从飞行空域
2003 年	《通用航空飞行管制条例》	驾驶民用无人机应当取得相关资质

通过对表 2－1 的分析可知，这些法律法规的出台和实施，为公民隐私权的保护提供了一定的法律保障。然而现有的国家相关立法对于无人驾驶航空隐私权保护的适用并没有明确规定，同时在实践中保护此种隐私权也需要借助先进的技术手段，如加密技术、安全传输技术等。综上来看，这些国家相关立法在实践中难以有效地保障公民受到无人驾驶航空侵犯隐私权时的个人权益。

（二）我国民用无人驾驶航空器隐私权保护的地方相关立法

民航地方政府规章作为地方人民政府制定的规范性文件，具有贴近当地实际情况的优势。深圳的民用无人驾驶航空产业发展领先于其他城市，深圳作为全国首个享有经济特区立法权的城市，对民用无人驾驶航空器的规制是最为完善的。现将相关的地方政府规章按照年份作以下梳理，如表 2－2 所示。

表 2－2　我国民用无人驾驶航空器隐私权保护的地方相关立法一览表

年份	名称	具体内容
2021 年	《深圳市民用无人机管理暂行办法》（征求意见稿）	确保用户登记，实现“人机绑定”
2019 年	《深圳市民用微轻型无人机管理暂行办法》	第四章规定了法律责任
2019 年	《浙江省无人驾驶航空器公共安全管理规定》	第 13 条第 5 项直接规定了不得“偷窥、偷拍个人隐私”
2018 年	《新疆维吾尔自治区民用无人驾驶航空器安全管理规定》	第 31 条第 6 项直接规定了不得“偷窥、偷拍个人隐私”
2017 年	《无锡市民用无人驾驶航空器管理办法》	第 14 条第 7 项直接规定了不得“偷窥、偷拍个人隐私”
2017 年	《四川省民用无人驾驶航空器安全管理暂行规定》	第 20 条第 6 项直接规定了不得“偷窥、偷拍个人隐私”
2017 年	《重庆市民用无人驾驶航空器管理暂行办法》	第 16 条第 6 项直接规定了不得“偷窥、偷拍个人隐私”

通过对表2-2的分析可知,这些地方相关立法可以在一定区域内规范和管理相关人员使用无人驾驶航空器的行为,保障公共安全和个人隐私。尤其是深圳市出台的《深圳市民用微轻型无人机管理暂行办法》在第四章"法律责任"中,详细规定了对于无人机生产企业、无人机所有人和无人机操控者违法需要承担的不同责任。然而,这些地方相关立法位阶偏低,执行难度也比较大。

三、我国现有民用无人驾驶航空器侵犯隐私权立法中存在的问题

(一)《民法典》对于民用无人机侵犯隐私权的侵权责任认定困难

1. 侵权责任主体难认定

民用无人驾驶航空器从设计、生产、售卖到使用的过程,根据时间线的不同可以将主体分为设计者、生产者、销售者(经营者)、所有者和操纵者,以及贯穿始终的无人机平台。

我国《民法典》第1238条前半句规定,"民用航空器造成他人损害的,民用航空器的经营者应当承担侵权责任"。根据该规定,民用航空器的经营者是民用航空器致害责任的唯一侵权主体,这对于不同过程中不同的法律关系来说,过于狭隘。该规定将经营者作为全过程的侵权主体,对于经营者来说也是不公平的。而且民用无人驾驶航空器有其自身的特点,不能全部照搬民用航空器的规定。①

侵权行为的主体,是指实施侵权行为的人,包括自然人和法人。民用无人驾驶航空器虽然有主体双重性的特点,但是航空器自身作为一种物体,在现行法律规定下是不能作为侵权主体的。在实践中,侵权主体主要应是操纵航空器的人,即操纵者。然而也正因为"人机分离"的特点,实际操纵者和航空器的距离往往不是很贴近,有时可以达到七公里。这就造成了只见"机"不见"人"的情况,发现了侵权行为却找不到侵权主体。有些操纵者见到受害人发现自己在偷窥后,往往会选择直接抛弃航空器来迅速切断自己与航空器的联系,使得被侵权人无法找到侵权主体。2017年7月西安一男子利用未登记的民用无人驾驶航空器直播一女子在家裸居的画面,警方根据市民举报和网友提供的线索,经过大量走访调查工作才将其抓获。②

当民用无人驾驶航空器的所有者和操纵者为同一人时,侵权责任主体的认定比较简单,即操纵者。但是当民用无人驾驶航空的所有者和操纵者不是同一人时,

---

① 参见张凌寒、杜婧:《民法典背景下无人机侵害个人隐私的法律规制》,载《西北工业大学学报(社会科学版)》2020年第3期,第88~89页。

② 参见《男子利用无人机直播女子裸居画面　被行拘10日》,载中国新闻网,https://www.chinanews.com.cn/sh/2017/07-06/8271018.shtml。

侵权责任主体到底是谁呢？实际情况下，航空器所有者可能雇佣他人进行了侵犯隐私权的行为，航空器所有者可能因为出租、出借或者被盗窃、被抢夺等原因丧失了对航空器的实际控制权。这种情形类似于《民法典》中机动车所有人、管理人和使用人不一致的情形。然而机动车交通事故属于特殊侵权行为，不能直接适用其条款。因此在此类情形下，我们仍然需要通过分类讨论来立法确定侵权责任的主体。

2. 侵权归责原则不恰当

我国《民法典》侵权责任编第 1165 条规定："行为人因过错侵害他人民事权益造成损害的，应当承担侵权责任。依照法律规定推定行为人有过错，其不能证明自己没有过错的，应当承担侵权责任。"但是在民用无人驾驶航空器侵犯隐私权中，因为其侵权手段具有隐蔽性和高科技性，被侵权人很难举证证明民用无人驾驶航空器操纵者具有主观过错。

在实践中，操纵者的主观心理也是多样的，可以分为以下四种：第一种是操纵者本身就具有侵犯他人隐私权的故意。第二种是操纵者在操纵过程中意识到可能会侵犯他人的隐私权，但是坚信自己能够避免。第三种是操纵者既没有侵犯他人隐私权的故意，也没有意识到可能会侵犯他人的隐私权并坚信自己能够避免，但是侵权行为发生了并且造成了危害后果。第四种是操纵者仅仅设定了民用无人驾驶航空器的固定程序，并没有对航空器进行其他控制，但是侵权行为发生了并且造成了危害后果。前两种的侵权主体是操纵者，后两种的侵权主体可能是泄露数据的无人机平台①。

正是因为侵权责任主体具有复杂性，不同的侵权主体，适用的归责原则应当是不同的。在上文所述的四种情况中，前两种可以适用过错责任原则，因为操纵者有过错。但是后两种若适用过错责任原则，对于操纵者来说是不公平的。因为他既没有对侵权行为有过错的意思表示，更没有恶意。因此在这两种情形下，适用何种责任归责原则，是需要进行进一步考虑的。

侵犯他人隐私权还包括泄露他人隐私，在实践中，泄露者的心理状态也可以分为两种：第一种是操纵者以故意或过失的心态收集他人隐私，同时主观故意泄露他人隐私并非法获益。第二种是操纵者以故意或过失的心态收集他人隐私，但是主观无意泄露了他人隐私。第一种情形是法律明文规定的情形，应当依法追究责任。② 第二

① 无人机平台，即无人机云系统，是指轻小民用无人机运行动态数据库系统。

② 参见张凌寒、杜婧：《民法典背景下无人机侵害个人隐私的法律规制》，载《西北工业大学学报（社会科学版）》2020 年第 3 期，第 86～87 页。

种情形可能是泄露数据的无人机平台造成的,也有可能是窃取数据的黑客造成的,在这种情形下,操纵者需要承担的是全过程的责任,还是收集隐私的责任?也是需要在立法中进一步探讨和规定的。

3. 侵权免责事由规定不明确

《民法典》规定了民用航空器的免责事由,即第1238条后半句:能够证明损害是因受害人故意造成的,不承担责任。由此可知,我国目前对于民用无人驾驶航空器侵犯个人隐私权,是没有针对性的侵权责任免责事由的。

《民用航空法》规定了,应当承担责任的人证明损害是完全由于受害人或者其受雇人、代理人的过错造成的,免除其赔偿责任。《民用航空法》还规定了,损害是武装冲突或者骚乱的直接后果,依照本章规定应当承担责任的不承担责任。这种情形对于民用无人驾驶航空来说比较苛刻,只有在"武装冲突或者骚乱"的情况下才可以使用。在这种情况下,无人机的操纵者也是需要保护的一方。但是这是对于民用航空器的宽泛规定,不是针对民用无人驾驶航空器的,在实际中难以使用。

(二)《刑法》对于民用无人机侵犯隐私权的罪名缺失

根据我国《刑法》的相关规定,对于侵犯隐私权的行为,主要可以适用的罪名有以下三个:非法搜查罪;侵犯公民个人信息罪;非法使用窃听、窃照专用器材罪。但是就民用无人驾驶航空器侵犯他人隐私权来说,每个具体罪名都有其局限性。

就非法搜查罪来说,该罪要求客观上实施了对他人身体、住宅非法搜查的行为。这里的搜查既包括对他人身体的搜查,如摸索、掏翻等;又包括对他人住宅的搜查,如搜索、翻看、检查、挖掘等。但是民用无人驾驶航空器作为一种物体,是无法完成"搜查"这个动作的。

就侵犯公民个人信息罪来说,该罪的行为内容主要包括出售行为和提供行为,"出售"是指将自己掌握的公民信息卖给他人,从中牟利的行为。而民用无人驾驶航空器侵犯他人隐私权的过程包括"收集—出售"两方面,侵犯公民个人信息罪只能规制后半部分,而对于前半部分无能为力。

就非法窃听、窃照专用器材罪来说,该罪属于结果犯,非法使用窃听、窃照专用器材,造成严重后果的,才构成本罪。所谓严重后果,是指由于行为人非法窃听、窃照行为而致使窃听、窃照对象伤、亡、受重大财产损失,严重损害国家政治利益等情形。这对于民用无人驾驶航空器侵犯个人隐私权来说是不合适的,因为民用无人驾驶航空器侵犯隐私权造成的主要是隐私权主体的精神损害,而精神损害又不符合非法窃听、窃照专用器材罪的"严重后果"。

虽然《刑法》及《刑法修正案(十一)》相比以前来说,对于个人隐私权的保护已经有了很大的进步,但是在实际适用中,其规制仍然不足。刑法的谦抑性要求立法者应当力求少用甚至不用刑罚,这是现代法治社会所追求的价值目标。但是为了有效规制愈演愈烈的民用无人驾驶航空器侵犯个人隐私权的现象,应当在刑罚层面立法规定对应的、合适的罪名。

(三)规制无人驾驶航空器法律的上位法缺失,配套的法规、规章不完善

就现有的民用无人驾驶航空器隐私权保护立法来看,已有的规范层级不够高且太过杂乱,同时尚未形成完善的法律体系。从法律层级来看,目前适用的层级最高的法律仍然是1995年通过的《民用航空法》,但是该部法律只对航空器作出规定,而没有根据社会发展对无人驾驶航空器、民用无人驾驶航空器进行相应的规定,法律真空明显。① 而且该法对于航空器的规定也不能直接套用在民用无人驾驶航空器上。实践中,无人机侵权案件往往只能参照民用航空器的通用规定类比执行,但民用无人驾驶航空器在规格和标准上都与一般航空器存在差异。这不仅阻碍了被侵权者的维权路径,给无人机管理造成困难,同时也不利于各方主体承担责任。

而由于民航法规、民航规章和民航规范性文件制定主体多种多样,导致低阶法又多又杂,适用起来比较麻烦。专门对民用无人驾驶航空器进行规定的具体文件,主要堆积在民航规范性文件中,但是民航规范性文件法律位阶较低②,不能起到统筹的作用,适用范围较小。各个省、市制定的地方规章,只能在该地区适用,不具有广泛性。

从法律整体来看,虽然目前我国对于民用无人驾驶航空器的规范已经有了一些规定,但是不全面,没有形成完整的体系。没有上位法的引领,下位法出现了互相矛盾的场景。例如,2022年北京市公安局发布的《关于加强北京地区"低慢小"航空器管理工作的通告》第2条要求:禁止单位、组织和个人利用无人机、"穿越机"等"低慢小"航空器进行各类未经审批的飞行活动和施放气球活动,范围是"北京市行政区域内从地面至无限高"。2016年中国民航局空管行业管理办公室的《民用无人驾驶航空器系统空中交通管理办法》第4条第1款规定:"民用无人驾驶航空器仅允许在隔离空域③内飞行。"这两份文件对于飞行自由和规定禁飞区的条款产生

① 参见栾爽:《无人机法律规制问题论纲》,载《南京航空航天大学学报(社会科学版)》2017年第1期,第35页。

② 参见宋丁博男:《民用无人机侵犯公民隐私权的法律规制》,载《重庆大学学报(社会科学版)》2022年第4期,第196~197页。

③ 隔离空域,是指有其他有人驾驶航空器同时运行的空域。

了冲突。可以说,在民用无人驾驶航空器不断发展的情况下,民用无人驾驶航空器立法体系的建设刻不容缓。

四、我国民用无人驾驶航空器隐私权保护的完善建议

(一)完善民用无人驾驶航空器隐私权保护已有的相关立法

让民用无人驾驶航空器融入现有的航空立法体系,是国际民用航空组织和各国民航主管部门面临的现实问题,在了解和借鉴别国经验的前提下,完善我国已有的立法,最主要的是在《民用航空法》中增加一章,专章对民用无人驾驶的相关方面进行规定。2023年6月由国务院、中央军委发布的《无人驾驶航空器飞行管理暂行条例》首次在顶层设计上对无人驾驶航空器操控规范、飞行管理、法律责任等方面进行了较为系统和全面的规定,但对公民隐私权的保护除了在第34条第7、8款进行了原则性和兜底性的规定,并未对具体规则予以细化。作为"有望成为我国对无人机飞行进行监管的高位阶、综合性、系统性、基础性的立法",该条例有必要进一步修订与完善,从而在较高位阶的行政法规层面对侵犯公民隐私权内容予以规制。

同时,要将民用无人驾驶航空器侵犯个人隐私权问题与《民法典》《刑法》《民用航空法》等法律的内在原则和精神相结合,明确民用无人驾驶航空器侵犯隐私权的立法原则、责任主体、归责原则、免责事由及相关的罪名。

1. 明确民用无人驾驶航空器隐私权保护的立法原则

美国2015年的《总统备忘录:提升国内使用无人机系统的经济竞争力,同时保障隐私权、民权和公民自由》和《保护无人机系统项目中隐私、民权和公民自由的最佳实践》都是依照《美国无人机隐私指南》的原则制定的,这些原则包括:告知义务、谨慎义务、使用和共享限制、使用目的限制和确保安全、遵守法律五条总体原则。因此在我国的立法中,要先确定民用无人驾驶航空器的立法原则。首先,立法要坚持原则性和灵活性相结合的原则。对于无人驾驶航空器的立法是多方面的,包括空域适用、飞行模式、运行监管等方面。在坚持对隐私权进行立法保护的原则下,对民用无人驾驶航空器隐私权保护进行具体的规定。其次,立法要坚持责任相称的原则。把公平原则和比例原则深化在立法的全过程和全方面,使得侵权主体既无法逃脱法律的制裁,也不用过度承担不属于他的责任。再次,立法要坚持隐私权合理期待原则。公民对自己的隐私权享有合理期待,英国法官在进行法律判断时常常会考虑到行为发生的场合、行为人的目的、权利人是否同意等。例如,疫情期间运用无人驾驶航空器对公民进行监管,就不能超出权利人的合理预期。最后,立法要坚持体系化原则。把民航法律、民航法规、民航规章和民航规范性文件进行整

合和适用,对于已经有的规定不再进行重复性规定,避免法律的重叠。

2. 确定民用无人驾驶航空器侵犯隐私权的责任主体

根据民用无人驾驶航空器"人机分离"的特点,责任主体是其中的"人",根据时间线的不同可以分为设计者、生产者、销售者(经营者)、所有者、操纵者和无人机平台,那么谁才是真正的责任主体呢?

对于生产者、销售者来说,可以依据《民法典》侵权责任编和《产品质量法》的相关规定,违反国家对于航空器的生产标准,没有严格履行出厂检验义务,导致民用无人驾驶航空器存在缺陷造成他人人身、财产损害的,应当承担法律责任。①

对于无人机平台来说,如果对用户的数据进行收集、储存,并且有获益行为,则需要承担责任。②

对于所有者、操纵者和使用者的规定,虽然不可以直接适用《民法典》中机动车所有人、管理人和使用人不一致时的侵权责任,但是可以参照机动车的规定来进行立法。在立法中要注重"实际控制权",由真正的控制主体来承担责任。民用无人驾驶航空器因租赁、借用等情形导致所有者和操纵者不是同一人时,造成他人损害,属于航空器一方责任的,由操纵者承担赔偿责任;所有者、操纵者对损害的发生有过错的,承担相应的赔偿责任。盗窃、抢劫或者抢夺的民用无人驾驶航空器造成他人损害的,由盗窃人、抢劫人或者抢夺人承担赔偿责任。同时,要加强民用无人驾驶航空器驾驶员的登记。

3. 明确民用无人驾驶航空器侵犯隐私权的归责原则

《民法典》规定的侵权行为的归责原则有过错原则、无过错原则和公平责任原则。一般一类事件统一适用一种归责原则。但是由于民用无人驾驶航空器侵犯隐私权的复杂性,应当根据不同的侵权主体适用不同的归责原则。

对于生产者和销售者,应当适用无过错责任。无人驾驶航空器生产者主要生产的是机体、动力装置、任务载荷等,摄像机就是任务载荷的一种。因为生产者和销售者主要面临的问题是产品缺陷,在此情形下致害人员无过错仍应当承担民事责任。例如,生产者在生产过程中,其摄像机和图传系统有其固有的缺陷,导致数据泄露,就需要按照无过错原则承担相应的责任。

对于所有人要区分两种情况。第一种是所有者和操纵者为同一人的,应当适

① 参见王雯:《无人机的产品损害证明责任分配》,载《南京航空航天大学学报(社会科学版)》2021年第1期,第98~99页。

② 参见黄煦淇、洪晟:《民用无人机领域数据与飞行安全法律规制研究》,载《信息技术与网络安全》2022年第6期,第32~33页。

用过错推定原则,因为如果按照主观过错来区分,难以判断行为人实施侵权行为时的主观方面。第二种是所有者和操纵者不是同一人的,就按照实际控制人来判断。对所有人适用过错原则,对操纵者适用过错推定原则。① 因为此时所有人几乎丧失了对民用无人驾驶航空器的控制权,此时,所有人相当于汽车所有人和使用者分离中的汽车所有人,可谴责性很低。

对于操纵者和无人机平台应当适用过错推定原则。根据《民法典》第1165条的规定,侵犯隐私权应当适用过错责任原则,没有过错就不承担民事责任。但是在实践中,侵权主体的过错难以举证说明。因此应当适用过错推定原则,在隐私权人能够证明违法行为和损害事实之间具有因果关系的情况下,如果侵权人不能证明自己对损害的发生无过错,就从损害事实的本身推定侵权人在致人损害的行为中有过错。

4. 增加民用无人驾驶航空器隐私权保护的免责事由

在确定免责事由的过程中,应当平衡操纵者的飞行自由②和公民对于隐私权的合理期待。这种主观的隐私权认为,只要个人具备主观上的"合理期待",他就可以享有相应的隐私权。但是就新兴的民用无人驾驶航空产业来说,其发展是快速而无法阻止的,国家为了促进和推动民用无人驾驶航空产业,会给予其相应的自由。若是把立法重点放在公民对于隐私权的合理期待上,就要缩小免责事由;若是把立法重点放在促进无人机发展上,就要扩大免责事由。因此,对于民用无人驾驶航空器的免责事由,需要立法进行具体的规定。

笔者认为,目前在无人机发展的起步阶段,为了鼓励新技术的创新发展与进步,应当在已有的规范中,增加两个免责事由:一是权利人同意。隐私是不愿被他人知晓的信息,如果权利人同意,那么该个人信息便不再属于隐私的范畴了。在疫情时代,社区经常使用民用无人驾驶航空器来对公民进行监管。③ 例如,利用无人驾驶航空器配备的热成像传感器测量公民的体温;或者是利用无人驾驶航空器查看相关人员是否隔离在家,没有出门。此时让渡了相关个人信息的公民并不仅仅是一户或几户人家,而有可能是一栋楼或几栋楼的居民。因此,如果民用无人驾驶航空器的实际控制人在收集公民的相关信息前已经获得了同意,那么实际控制人

① 参见王竹:《特殊侵权行为中受害人过错制度的适用研究——以〈侵权责任法〉第六章到第十章为中心》,载《河南财经政法大学学报》2012年第1期,第80~81页。

② See Fred D. Jr., Fagg, *Airspace Ownership and the Right of Flight*, Revista Juridica de la, Universidad de Puerto Rico, 1932, p. 107 – 108.

③ 参见郭迟、王梦媛、高柯夫等:《面向重大公共卫生事件的位置服务技术——以COVID-19疫情为例》,载《武汉大学学报(信息科学版)》2021年第2期,第151~153,156页。

就可以免除侵权责任。二是丧失实际控制。民用无人驾驶航空器所有人因为出租、出借、盗窃、抢夺等丧失了对航空器的实际控制,所有人既没有侵犯他人隐私权的故意和过失,也对隐私侵权的行为一无所知,因此应当免责。

5. 在我国《刑法》立法中新增民用无人驾驶航空器侵犯隐私权的相关罪名

对于现有《刑法》的非法搜查罪、侵犯公民个人信息罪和非法使用窃听、窃照专用器材罪三个罪名在适用中各有缺陷的问题,增设"非法使用民用无人驾驶航空器侵犯公民隐私罪"。基于四要件理论对于该罪的构成要件阐述如下:犯罪客体是公民的个人隐私,因此该罪应增加在《刑法》分则第四章"侵犯公民人身权利、民主权利罪"中。犯罪主观方面,为故意和过失。犯罪客观方面,行为主体在未经合法批准的情况下,以"作为"的方式实施了危害行为,在实际生活中最为突出和典型的行为方式是偷拍、收集他人隐私信息。这个行为最终造成了严重的危害结果。犯罪主体则是达到刑事责任年龄,具备刑事责任能力的自然人和单位。

(二)制定民用无人驾驶航空器隐私权保护配套的行政法规、规章和行业标准

保障公民相关隐私权,要在立足我国基本国情的基础上,借鉴相关域外经验,制定、完善配套的行政法规、规章和行业标准。这些法规、规章和标准应当明确民用无人驾驶航空器的数据采集、存储以及使用,规定民用无人驾驶航空器操纵者、使用者应当遵守的隐私保护措施。同时,加强对民用无人驾驶航空器的监管和管理,确保其能合法、规范地发展。只有这样,才能在保护公民隐私权的基础上,推动民用无人驾驶航空业不断发展。

1. 加快制定民用无人驾驶航空器相关的上位法

随着民用无人驾驶航空技术的不断发展和应用,当前已有的国家相关立法已经不足以完全解决现有的问题。因此,要加快制定相关的上位法,促进民用无人驾驶航空器的健康发展,加快制定具有全局规划性的《无人驾驶航空器适航审定标准》(CCAR-92 部),为民用无人驾驶航空发展服务。与此同时,要因地制宜推进地方立法,目前只有几个省、市、地区出台了地域性的民用无人驾驶航空器管理规定。因此,各省、市要制定本土化的民用无人驾驶航空规制。地方立法有利于因地制宜地解决当地民用无人驾驶航空器侵犯隐私权的独有问题。① 例如,杭州的民用无人驾驶航空器主要应用于外卖输送等无接触配送方面,因此应当对该过程中侵犯隐私权的情况进行详细的规定。而深圳的民用无人驾驶航空主要产业是关于设

① 参见张婷婷、张玉洁:《我国民用无人驾驶飞机监管立法的地方经验与制度完善——以深圳等地的 8 个政府规章为分析样本》,载《山东大学学报(哲学社会科学版)》2019 年第 3 期,第 125 页。

备制造和数据处理的,那么应当对数据安全和保护方面进行详细的规定。

2. 健全无人机平台数据保护的相关立法

无人机平台作为数据的收集、整合中心,在处理相关数据时,要对隐私数据采取保护措施。《欧盟通用数据保护条例》可以为我国保护无人机平台收集的数据提供新思路,①采用配套立法来规范无人机制造商和运营商的行为,要求其在生产和运营中严格遵守有关隐私保护的规定。此外,在无人机平台中设立数据保护官,来处理特殊类型的个人数据。同时规定强制性的数据泄露报告,一旦发生关于个人隐私的数据泄露事故,就要及时通知相关的政府机构。还要建立对无人机平台规定具体的问责机制,要求数据收集者、处理者承担起对数据的安全保障义务,采取必要的措施保护个人隐私。

3. 完善民用无人驾驶航空器配套制度及行业标准

美国在2015年就制定并出台了《民用无人机隐私安全指南》,在2016年制定并颁布了《小型无人机条例》,这些文件对民用无人驾驶航空器的驾驶员进行隐私权的法律普及,同时要求他们在飞行中注意对隐私权的保护。② 因此,我国在解决民用无人驾驶航空器侵犯个人隐私权的问题时,要完善民用无人驾驶航空配套制度,同时建立起全过程的有效监管,督促无人机行业和相关企业自觉遵守相关行业标准,通过行业标准来加强行业自律与规范。

在完善相关制度及标准时,要把握"人、机、环"三种管理要素,平衡"飞行自由"和"隐私权保护"两项法律价值。在《民用无人驾驶航空法规标准体系构建指南V1.0》的引导下,采用"1 + N + X"的管理模式,即一部规章、N份规范性文件及政策文件、X份技术标准的管理模式,推动民用无人驾驶航空器隐私权保护的发展。

五、结语

立法总是具有滞后性。民用无人驾驶航空器在给人们的日常生活带来便利的同时,也对现有的立法提出了新的要求。隐私权作为公民享有的基本人格权,对于每一位公民来说都至关重要。通过对民用无人驾驶航空器侵犯隐私权特点的了解,借鉴域外已有的法律经验,在《刑法》《民法典》中补充相关内容,同时制定、完善

① See Rachel, L., Finn, David, & Wright, Privacy, *Data Protection and Ethics for Civil Drone Practice: a Survey of Industry, Regulators and Civil Society Organisations*, Computer Law & Security Review, June 2016, p. 578.

② See Claudia Stocker et al., *Review of the Current of UAV Regulations*, Remote Sensing, May 2017, p. 3 – 4, 10 – 11.

新的法律法规,为构建民用无人驾驶航空器立法体系添砖加瓦。只有把保障公民隐私权多角度、全方面贯彻落实到民用无人驾驶航空器发展的进程中,才能有效保护公民的隐私权,促进民用无人驾驶航空产业的健康发展。

机票超售告知义务的合理履行

欧蓝柠*

一、引言

机票超售,是航空旅客运输业长期存在的现象。在机票超售的情况下,旅客完成机票购买,并不意味着旅客一定能如约搭乘机票所载航班。很多旅客并不了解“机票超售”这一现象,致使近年来因机票超售所引发的纠纷逐年增加,例如,严某某、杨某某等人与中国东方航空公司合同纠纷案①,苏某某与中国联合航空有限公司、携程旅游有限公司侵权责任纠纷案②,李某某、戴某某、曾某某诉中国东方航空有限公司、去哪儿网有限公司、

---

* 欧蓝柠,天津大学法学院博士研究生,研究方向:民商法学、航空法学。

① 参见深圳市宝安区人民法院(2018)粤0306民初19602-19608号民事判决书。在该案中,法院认为航空公司未尽到告知义务。虽然基于航空公司运输成本、维系客源等考量,机票超售具有一定的合理性;同时,机票超售在国际上属于国际惯例,且中国法律并未明令禁止。但是,航空公司依据其官网中的声明,以及民航局公开发布的《公共航空运输航班超售处置规范》,主张其履行了所谓的告知义务并不恰当。对于普通旅客而言,该形式的告知方式欠缺具体性、明确性,并不能在旅客购票的过程中有效地达到提示效果。因此,法院认为该航空公司并未尽到经营者告知义务。

② 参见北京市丰台区人民法院(2017)京0106民初10号民事判决书。在该案中,法院认为航空公司并没有尽到告知义务。因联航公司仅在自己官网,并且是不明显的位置进行了公示。旅客需要通过点击“运输总条件”链接,才能查询并了解到机票超售规则。其次,在委托第三方进行机票售卖时,也并未向原告说明该航班存在机票超售的情况。携程技术公司作为一个购票平台,法院认为难以认定其在机票超售问题上存在过错,故携程技术公司不承担连带赔偿责任。综上,法院仅认为联航公司没有尽到经营者的告知义务。

云南机场集团有限公司航空运输财产损害责任纠纷案①,王某与中国东方航空股份有限公司航空旅客运输合同纠纷案②,李某某与云南祥鹏航空有限责任公司航空旅客运输合同纠纷案③,均为机票超售所引发的纠纷。

通过梳理上述机票超售的经典案例,我们可以明确机票超售告知义务的"履行时点"为"缔约时"。但是,关于"机票超售"告知义务的合理履行仍存在机票超售告知义务主体不明、履行告知义务的场地和方式不清、合理履行告知义务的判断标准缺失等问题亟待解决。

二、机票超售告知义务关联规定之评析

(一)中国机票超售告知义务的规制现状

关于机票超售的告知义务,我国《民法典》《消费者权益保护法》《民用航空法》《公共航空运输旅客服务管理规定》均有直接或间接规定。

1.《民法典》中可适用于机票超售告知义务的规则分析

在民法领域,告知义务属于合同附随义务的一种,其由诚信原则衍生而来。例如,《民法典》第496条规定的格式条款的提示与说明义务,涉及航空运输合同中关于机票超售这一现象的告知义务之履行。《民法典》第500条第3款规定,当事人在订立合同过程中,违背诚信原则造成对方损失的,应当承担赔偿责任;以及《民法典》第509条第1、2款规定,当事人应当按照约定全面履行自己的义务。当事人应

① 参见昆明铁路运输法院(2016)云7101民初2号民事判决书。在该案中,法院认为被告东方航空公司以及去哪儿网旅行社未尽到告知义务。首先,机票超售导致旅客不能按时登机的后果,仅在办理登机牌、确定座位号结束前才能知晓,而机票超售对于旅客正常出行具有重大影响,应对购买机票的旅客予以特别提示。其次,去哪儿网作为航空客票网络销售平台,原告在其网站购买机票时,该平台并无该航班机票是否存在超售情况的提示,原告在不知情的情况下购买了具有超售情况的机票。最后,航空公司通过其官网以及民航局官网进行"旅客须知"及"航班超售告知书"的告知与公示,但该做法欠缺明确性与指向性。此外,由于机场集团公司不是机票销售代理企业以及网络机票交易平台的监管部门,也不是航空公司机票销售的共同体或监管部门,所以法院认为机场集团公司不应承担法律义务。故东方航空公司以及去哪儿网旅行社未尽到经营者的告知义务。

② 参见上海市浦东新区人民法院(2015)浦民一民初6762号民事判决书。在该案中,法院认为东方航空公司并未尽到告知义务。东方航空公司通过官网和民航局官网进行机票超售的公示,欠缺明确性与指向性,在原告购票的过程中并不能予以有效提示。而机票超售对运输合同的履行具有重大影响,应当在旅客购票的过程中予以特别提示,使旅客了解并进一步考虑是否继续购买存在超售情况的机票。因而,法院认为本案的被告未尽到其相应的告知义务。

③ 参见昆明市官渡区人民法院(2014)官民一初1746号民事判决书。在该案中,法院认为虽然祥鹏公司客票背面有提示旅客查看运输总条件的文字内容,并且其上报并经民航局批准的《旅客、行李运输总条件》在网上进行了公示,但超售导致旅客不能按时登机的后果,只有旅客在办理登机牌、确定座位号时才能知晓,因此航空公司的提示不具有相应的效果。

当遵循诚信原则,履行通知、协助、保密等义务。这里的“诚信原则”便涵盖了缔约时合理告知义务的履行。根据《民法典》第820条的规定,承运人迟延运输或者有其他不能正常运输情形的,应当及时告知和提醒旅客;由此造成旅客损失的,承运人应当承担赔偿责任,但不可归责于承运人的除外。机票超售便是极可能导致“不能正常运输的情形”,故承运人应当及时告知和提醒旅客,此处也体现了机票超售的告知义务。

但是,关于机票超售告知义务的主体范围、履行方式以及合理履行告知义务的判断标准,并无详细规定,依然存在较大的解释空间。

2.《消费者权益保护法》中可适用于经营者机票超售告知义务的规则

在《消费者权益保护法》中,告知义务主要集中于经营者义务这一章节,例如,《消费者权益保护法》第18条与人身、财产安全相关产品的告知义务,《消费者权益保护法》第20条、第21条的经营者一般告知义务,《消费者权益保护法》第26条格式条款的告知义务,第28条特殊购物方式情形下经营者告知义务,《消费者权益保护法》第29条个人信息相关告知义务。相较于《民法典》,《消费者权益保护法》中关于告知义务的规定,更为明确具体。

但是,对于未尽机票超售告知义务的相关法律后果,《消费者权益保护法》也并没有明确的规定。

3.《民用航空法》中可适用于机票超售告知义务的规则

与民航领域息息相关的是《民用航空法》。《民用航空法》中同样存在告知义务的相关规定,即《民用航空法》第110条规定旅客航程的最终目的地点、出发地点或者约定的经停地点之一不在中华人民共和国境内,依照国际航空运输公约的规定,应当在客票上载有该项声明。该项规定是针对于航空承运人告知义务的相关规定。

但是,《民用航空法》中并无机票超售告知义务的详细规定。倘若出现机票超售现象,无法依据《民用航空法》第110条进行解释与适用。

4.《公共航空运输旅客服务管理规定》中有关机票超售的规则

2021年,新版《公共航空运输旅客服务管理规定》(以下简称《新客规》)走进大众视野。为解决机票超售这一热点问题,《新客规》新增加专章第7章,来对航班超售进行专门规范。

《新客规》具有一定的进步之处。依据《新客规》第43条的规定,承运人应在运输总条件中明确机票超售的相关规定,包括:(1)告知机票超售信息;(2)征集自愿者程序;(3)优先登机规则;(4)被拒载乘客的赔偿标准、方式和服务标准。由此可见,《新客规》对机票超售的程序、处理流程以及结果补救都进行了详细规范,延展到了后续旅客被拒载的后果承担。同时,还恰当考虑了征集志愿者程序、特殊人群优先规则,以及被拒载旅客的财产赔偿。需注意的是,这里的"赔偿"与《公共航空运输旅客服务管理规定(征求意见稿)》中的"补偿",虽只有一字之差,但改变了以往对机票超售而拒载旅客的性质认定,违约才会涉及赔偿,而补偿并无此含义。

但是,《新客规》第43条仅提到"在运输总条件中告知机票超售信息",而并未有如何履行机票超售告知义务的详细规定。告知义务人应以什么方式来履行机票超售之告知义务?其告知义务的履行限度为何?如何判断告知义务人是否尽到了合理的告知义务?以及机场集团公司、第三方机票销售平台,是否同样应承担机票超售的告知义务?上述困惑,《新客规》同样未给予我们答案。

(二)欧盟对机票超售告知义务的相应规制——以欧盟为镜鉴

1.欧盟规则体系中有关机票超售告知义务的相关规定

欧洲联盟(European Union,以下简称"欧盟")航空活动历史悠久,其航空类规则较为成熟,能为中国机票超售告知义务规则的完善带来借鉴意义。

首先,明确承运人告知义务的履行方式。欧盟1997年颁布的《航空承运人责任条例》(No. 2027/97,以下简称"欧盟97条例"),第6条详细规定承运人责任限额以及预先支付的相关规则,须公示于承运人的办事处、旅行社、值机柜台以及网络售票点,并以易于理解的语言提供给旅客;属于欧盟境外的航空承运人,应在位于欧盟成员国境内的办事处、旅行社以及值机柜台明示上述信息。① 值得一提的是,仅在运输单据或同类型的文件中说明了责任限额,不能视为提供充分信息。② 换言之,欧盟97条例要求承运人不仅限于在运输单据上,而且须在办事处、旅行社、柜台以及网点,以易于理解的语言明示旅客相关信息,以此视为告知义务的履行。

其次,明确告知义务主体的范围。2002年欧盟以889/2002条例作为对97条例的修订,规定在欧盟境内,承运人在其网点——包括电话售票形式与互联网售票形式,应提供给旅客有关承运人责任承担的说明,且在必要时给予旅客书面通知。该通知包含,航班延误、旅客伤亡等情形承运人责任承担之内容。③ 欧盟02条例基

① See Publications Office of the European Union: Council Regulation (EC) No 2027/97 of 9 October 1997 on air carrier liability in the event of accidents, https://op. europa. eu/en/publication-detail/-/publication/39ce2b6f-ded7 -4126 -8d02 -e2bd42365543/language-en.

② See Lorne S. Clark, *European Council Regulationg (EC) No. 2027/97: Will the Warsaw Convention Bite Back?*, Air and Space Law, Vol. 26, Issue 3, 2001, p. 137 -149.

③ See Legislation. Gov. UK, Regulation (EC) No 889/2002 of the European Parliament and of the Council of 13 May 2002 amending Council Regulation (EC) No 2027/97 on air carrier liability in the event of accidents (Text with EEA relevance), https://www. legislation. gov. uk/eur/2002/889/adopted.

于《蒙特利尔公约》而修订,相较于97条例,虽然该条例中告知义务的范围限于责任承担方面,且未有针对于机票超售告知义务的规定,但其以书面形式进行告知的明确化,具有一定的进步之处。

最后,进一步拓展告知事项的范畴。欧盟261/2004条例第14条规定,欧盟境内的承运人(包含境外承运人),应当履行告知旅客所享有权利的义务。① 解读该条例,一是将航班拒载等情形纳入其中,机票超售所可能引发的后果,就属于航班拒载的一种情形。二是在出现旅客被拒载等情形时,规定旅客可向柜台或登机口索要"书面"通知,该通知包含赔偿金与补救措施等内容。三是明确了承运人告知义务的履行须以清晰、易懂、合理的方式。针对于特殊群体,如盲人,履行告知义务须以合理方式进行,否则不视为履行了告知义务。同时,最新的欧盟2015/2302条例②对降价、损害赔偿与索赔时效进一步作出了详细规定。

2. 对完善中国机票超售告知义务的启发

经上述分析可以看出,欧盟关于告知义务的规定由来已久,且经过多次修订。总结欧盟告知义务之经验,对于完善中国机票超售告知义务的相关规定,具有一定的借鉴意义与启发。

首先,依据欧盟上述条例的规定,履行告知义务的地点并不仅限于承运人的办公处,还可以包括旅行社、值机柜台、网络售票点以及登机口等场合;其次,告知形式以"书面"为主;再次,必须是以通俗易懂、清晰明确地方式作出;复次,针对特殊人群应予以合理关照和照顾;最后,可以规定相应的索赔时效。

三、机票超售告知义务主体

(一)机票超售告知义务主体之探析

依托中国国情与司法实践,机票超售告知义务之履行,常常涉及机场集团公司、航空公司以及第三方销售平台三类主体。为了探寻履行机票超售告知义务主体,以下对三类不同主体分别进行讨论。

---

① See Legislation. Gov. UK, Regulation (EC) No 261/2004 of the European Parliament and of the Council of 11 February 2004 establishing common rules on compensation and assistance to passengers in the event of denied boarding and of cancellation or long delay of flights, and repealing Regulation (EEC) No 295/91 (Text with EEA relevance), https://www.legislation.gov.uk/eur/2004/261/article/9/2004-02-11.

② See Legislation. Gov. UK, Directive (EU) 2015/2302 of the European Parliament and of the Council of 25 November 2015 on package travel and linked travel arrangements, amending Regulation (EC) No 2006/2004 and Directive 2011/83/EU of the European Parliament and of the Council and repealing Council Directive 90/314/EEC, https://www.legislation.gov.uk/eudr/2015/2302/contents? text=261%2F2004#.

1. 机场集团公司之告知义务

机场集团公司不是机票超售告知义务的承担者。首先,机场集团公司并不是机票销售代理企业和网络机票交易平台的监管部门,也不是航空公司机票销售的共同体或监管部门。其次,根据《民用航空法》《民用机场管理条例》等相关法律法规规定,机场是国家公共基础设施,而机场集团公司则是按照国务院民用航空主管部门的规定,维护机场安全、保障机场运营,这些是其相应的使命和义务。换言之,机场集团公司并不对航空公司与旅客间的机票购销等服务予以保障。因此,机场集团公司并不是机票超售告知义务的承担者,不应承担相应的法律义务。

2. 航空公司之告知义务

航空公司负有机票超售的告知义务。航空公司本身作为经营者,是航空运输合同的缔约一方,也是格式合同的订立方。① 无论是依据《民法典》合同编第 496 条、《消费者权益保护法》第 26 条,还是《新客规》第 43 条,航空公司都应当履行相应的告知义务,这一点毋庸置疑。

但在实践中,航空公司履行告知义务往往是通过官网进行公示,或在客票背面提示旅客去民航局官网关注民航运输总条件。就一般旅客而言,其在购票过程中并不会关注这些并不具有明确性、指向性的概括类信息。航空公司这一做法,并没有尽到合理的机票超售告知义务。

3. 航空公司之外的第三方售票平台之告知义务

第三方平台是机票超售之告知义务的承担者。航空公司作为经营者,不仅应向消费者告知机票超售情况并披露相应信息,同时也应向第三方平台披露超售信息。虽然机票超售是航空旅客运输业的惯例之一,但是机票超售并未在公众中形成广泛的认知。② 航空公司应该保证旅客于第三方平台购买机票时,也能及时获取机票超售的相关信息,然后基于意思自治、缔约自由及时作出是否继续购买该超售航班机票的决定。

依托法与经济学的视角,航空公司向第三方平台披露信息后,第三方平台获取相关信息的成本明显小于旅客通过第三方平台自身搜集航班超售信息的成本。由第三方售票平台同航空公司一同承担机票超售之告知义务,符合效率原则,有利于促进交易效率的提高,实现正外部性,并达到社会财富的最大化;同时,可以起到一

① 参见李伟平:《机票"超售"中的经营者义务与消费者权益保护》,载《北京化工大学学报(社会科学版)》2016 年第 4 期,第 52 页。

② 参见万方:《我国〈消费者权益保护法〉经营者告知义务之法律适用》,载《政治与法律》2017 年第 5 期,第 159 页。

定的行业内督促作用,即由第三方平台对航空公司的机票超售的告知行为予以督促,未向第三方平台提供机票超售信息的,不得通过该平台进行售卖。

(二)合理性与可行性分析

以特定且较少数主体(航空公司或第三方平台)告知义务的充分履行,来保障不特定且较多数主体(旅客)的知情权,保障旅客购票的选择权,实现对旅客权益的保护,是合理的。

首先,告知义务的履行面对的是大多数的旅客,旅客这一群体数目是庞大的且不特定。履行告知义务的主体基本可以分为两类,即航空公司和第三方平台,这一方主体是特定的,相对旅客这一群体而言是较少数的。在购票过程中,基于自主自愿、意思自治、契约自由原则,旅客和航空公司是一个相互博弈的过程,旅客会多方对比各航空公司的票价以及各售票平台的票价,最终选择最实惠的价格购买机票,或进行其他偏好选择;而航空公司拥有旅客群体画像,会针对不同的顾客采用不同的销售策略。倘若航空公司或第三方平台给定超售机票的信息,则有利于达到“纳什均衡”①。

其次,航空公司或第三方平台履行告知义务的成本,相较每一位旅客在购票前或购票过程中都依靠自身对相关市场信息的捕获、事前信息调查等缔约成本②是较小的。航班旅客这一群体数目庞大且不特定,而且旅客之间的信息交换同样具有一定的闭塞性,并不完全流通。将航空公司不完全履行告知义务的责任转移给消费者,由每一位旅客负责缔约前的信息搜集与调查,不仅可能导致信息的重复搜集与调查,导致资源的浪费,而且没有效率,不利于社会总体成本的最小化与社会财富的增进累积。

最后,由航空公司或第三方售票平台履行机票超售的告知义务是可行的。当前,旅客主要是通过航空公司官方网站以及第三方售票平台购票,此二类购票渠道可谓当前购买机票的必经渠道。从“票贩子”③处购票乃生活中的少数情况,即使从“票贩子”处购买了机票,倘若航空公司或第三方平台尽到了机票超售之告知义务,

① 所谓纳什均衡,指一种博弈均衡。在纳什均衡这一策略组合上,任何参与方单独改变策略都不会再增加更多的好处。换言之,如果任意一位参与方在其他所有参与方的策略既定的情况下,其选择的策略是最优的,能使自己的期望效用最大化。

② 所谓缔约成本,指当事人间进行谈判并达成合意所支出的“费用”,即交易双方在获得相关市场信息后,基于对经济资源的不同认识而支付的成本。当合同关系当事人获得了有关交易信息,并与交易对方经过讨价还价,就合同之主要条款达成“合意”,便意味着契约此时已成为“依法必须履行的一种许诺”,即已经成立的合同在当事人之间产生了一定的法律拘束力。

③ 此处“票贩子”,指以牟利为目的进行机票倒卖的人。

那么真正出行人也有极大概率知道该机票超售信息。倘若单方面因“票贩子”的疏忽过失或故意，使旅客未能及时了解机票超售信息而造成损失，旅客可以依据合同关系向“票贩子”追责。

综上所述，由航空公司与第三方销售平台承担机票超售告知义务具有一定的合理性与可行性，能够有效地减少因机票超售告知义务的不当履行所引发的争讼与纠纷。

四、机票超售告知义务的履行场合

履行告知义务的形式，可以依据当前主流购买渠道的不同，即通过航空公司官方网站售票网页、人工售票窗口以及第三方售票平台等进行相应规制。此外，还可以辅之以旅客必经地点进行机票超售信息的告知。以下，将分别从这四个方面展开探讨。

（一）航空公司官方网站告知义务的履行

通过航空公司网页售票，针对机票超售的情况：首先，可以在官网的机票购买信息栏下以显著字体与明显区分的颜色，提示消费者该机票存在超售的可能；其次，在旅客付款前，网站出现小窗口弹窗，告知其机票可能存在超售情况。只有在旅客停留数十秒阅读并打勾后，才能继续购买机票。此时，停留于该界面的旅客具有选择权，可以在知悉该机票存在超售风险时，自愿选择继续购买该机票或是放弃购买该机票。

因为相关航空公司官方网站上关于机票超售的公示主要起到讲解和说明的作用，仅仅可以看作是网页上的展示资料或是一般的资料参考。对航空运输合同的双方而言，并不能作为合同的相关内容，对航空运输合同的缔约双方并不具有约束效力。网页上关于机票超售的说明欠缺指向性与明确性，无法让不特定的多数旅客及时了解并知晓。故仅仅在网站上公示等此类做法，并不能看作航空公司完全或完整地履行了相应的告知义务。

（二）人工售票窗口告知义务的履行

通过购票窗口售票，针对机票超售的情况：首先，购票人员应当口头告知购票人其购买的机票存在超售风险。其次，为了合理履行告知义务，可以采用纸质告知书的方式，在旅客购买机票前进行书面的机票超售情况告知。该纸质告知书可以作为经营者较好地履行机票超售情况告知义务的证据。最后，可以在售票窗口一旁的公示屏幕上，将存在机票超售风险的航班在显示屏上轮流滚动播放。

购票窗口是可以与消费者进行一对一沟通的售票渠道，告知义务的履行可以灵活化、人性化。当前购票窗口售票宜扩大告知义务履行的范围,并以更醒目标识明确告知旅客关注超售风险。售票人员需增强服务意识,进一步提高服务质量,避免误解与纠纷。

(三)委托第三方售票平台告知义务的履行

航空公司之外的第三方售票平台,针对机票超售的情况:首先,消费者通过第三方平台购买机票,在消费者勾选存在超售风险的机票之后,第三方平台的页面可以弹跳出小窗口对旅客进行相关机票超售风险的告知,并公布机票超售的相应解决办法;其次,旅客必须在阅读并打勾之后,才可以转跳至相应的付款页面,最终完成机票的购买。基于缔约自由原则,在旅客创立订单并支付之前,消费者对其是否继续购买存在超售情况的机票拥有选择权。

航空公司之外的第三方平台也具有相应的告知义务。告知旅客其购买的机票存在超售风险,是航空运输合同签订的前置性义务,第三方售票平台也不可免责。

(四)旅客其他必经地点告知义务的履行

除了上述场合外,为了充分履行机票超售之告知义务,还可以在值机柜台、机场安检处、候机大厅、登机口等旅客必经地点公示机票超售相关信息。例如,通过电子显示屏轮流播放超售航班的信息,并提示旅客出现机票超售情形后的后续处理流程以及旅客享有的权利。

五、机票超售告知义务的履行方式

机票超售告知义务的履行方式,争议焦点涉及究竟是主动告知,还是被动告知?究竟是以书面告知,还是口头告知即可?同时,还可能涉及格式条款的问题。

(一)主动告知为主、被动告知为辅的履行方式

机票超售告知义务之履行,应以主动告知为主、被动告知为辅。所谓主动告知,即机票存在超售情况这一事实、后续处理办法应当"主动"告知旅客;而所谓被动告知,即旅客个人针对于超售信息不明白、不清楚、不理解或理解有疑难的地方,可以询问相关机票超售告知义务人,要求其进一步作出解释、给予指导。

一方面,有利于督促机票超售的告知义务主体积极履行告知义务;另一方面,有利于提升航空业的服务水平与服务质量,从源头上解决因告知义务履行不充分而造成的纷争,且能对航空运输领域熟悉程度不同的旅客个人提供更完善、更人性化的服务。

(二)书面告知为主、口头告知为辅的履行方式

机票超售告知义务之履行,应以书面告知为主、口头告知为辅。所谓书面告

知,即在上述应当予以公示超售信息的场合,以清晰明了、易于理解的语言文字,进行“书面”形式的超售信息告知,如纸质告知书、电子屏公告栏、张贴醒目提示牌等能用文字方式予以固定的形式;而所谓口头告知,即旅客个人在电话订购机票、人工窗口购票以及旅行社处购票时,工作人员积极提示与解释。而且,针对于盲人、老年人等特殊人群,书面形式的告知行为不一定能使其真正理解机票超售信息的具体意义,故口头告知可以作为一类备选的告知方式。针对特殊情况,予以特殊处理,给予特殊人群更加浓厚的人文关怀。

(三)机票超售相关格式条款问题

在旅客与经营人所签订的航空运输合同中,绝大多数含有机票超售的相关格式条款。所以,在探析如何履行机票超售告知义务时,还涉及缔约时格式条款的处理问题。当机票超售情形是以格式条款的形式存在于运输合同中时,经营人更应以显著提示、详细说明的方式,告知旅客航班超售的相关信息以及旅客自身所享有的权利。

首先,随着商事活动的蓬勃发展,经济地位上有优势的主体,逐渐掌握经济活动的主动权。消费者的弱势并不限于获取信息的不对称性,还包括交易中其他弱势表现①,表现之一便是格式条款的签订。在格式条款的情形下,消费者实质上处于相对被动且弱势的地位。

其次,对旅客进行倾斜保护,有利于矫正格式条款订立者与旅客间不平等的状态。航空运输合同一般采用格式条款的形式。格式合同的产生便是基于帕累托改善。② 一方面,格式合同为航空运输合同的签订提供了便利,提高了交易效率,有利于达到卡尔多－希克斯效率标准(Kaldor-Hicks Principle)③,对整个社会而言是有益的。另一方面,随着当前格式合同的普遍运用,旅客渐渐失去了自由合同订立的情形下的比较机会,自愿签订格式合同的实质,是不得不去签订该类合同,否则旅客就丧失了相应的交易机会。旅客为了便捷而选择与经营者签订格式合同,即使不能分享因签订格式条款所节省下来的这一部分利益,也至少不能得到比合同自由时更坏的结果。倘若我们站在问题的反面,如果每一位旅客都能单独与经营者

① 参见陆青:《论消费者保护法上的告知义务——兼评最高人民法院第17号指导性案例》,载《清华法学》2014年第4期,第151页。

② 参见冯玉军:《新编法经济学:原理·图解·案例》,法律出版社2018年版,第83页。帕累托改善,是指资源配置达到某种状态,无法再让至少一个人得到好处,而又不损及他人时,达到效率。

③ 参见冯玉军:《新编法经济学:原理·图解·案例》,法律出版社2018年版,第84页。从交易结果中所获得的收益,完全可以补偿某一交易方所受的损失,这种非自愿的利益转移的效率结果,便是卡尔多－希克斯效率。

洽谈航空运输合同的具体条款,则旅客更有可能拥有优越的地位、较高的能力去了解航班超售这一情形,并能自愿作出是否与该经营者继续订立合同的决定。航空公司或是第三方平台作为经营者,在已经享有格式条款所带来的利益的同时,不能充分履行相应的告知义务,则会导致旅客位于一个比合同自由时更坏的处境,这将导致合作剩余利益的分配失衡,也给予了格式条款订立方利用优势地位侵犯旅客合法权益的可能,有悖于公平正义。基于多方利益的衡量,针对现实中的不平等,通过要求经营人承担更多的机票超售告知义务,对旅客进行保护有利于实现"实质平等"。

综合上述观点,机票超售格式条款的制定者在享受格式条款所带来的利益的同时,也应承担相应的提示与说明义务。否则,依据《民法典》第496条第2款后半句规定,未尽到格式条款的提示与说明义务,相对方可主张该条款不成为合同的内容。

六、合理履行超售告知义务的判断标准

告知义务常常与"合理"二字相联系。何为"合理"履行机票超售之告知义务?以下将从两个方面分别探讨告知义务的限度与辅助判断标准。

(一)机票超售告知义务的限度

首先,告知义务的履行,无法做到面面俱到。倘若对机票超售告知义务的范围进行无限扩大,那么对航空公司或第三方售票平台而言太过严苛。告知义务人将会承担过多的责任,稍有不慎便会陷入违约的境地。同时,无限扩大告知义务的范围,还会降低市场交易的效率。[①]

其次,判断是否合理履行了告知义务,可以考虑该告知机票超售信息的行为,是否影响审慎的合同相对方缔约时的意愿。关于"影响",在Pan Atlantic v. Pine Top案[②]中,对于"影响"的程度并没有要求达到合同相对方的缔约意愿产生决定性作用的程度。这里法官对"影响"进行测试的对象,分为主观对象与客观对象。客观对象是指与该合同无关的一般合同当事人,主观对象是指直接订立该合同的正常审慎当事人。换言之,"影响"的程度的判断标准在于两个方面,所谓"谨慎的缔约相对方"并不局限于合同的特定相对方,还包括了广义上的签订合同的普遍对象。

① 参见刘颖:《经营者沉默欺诈认定的矫正与回归——基于裁判分歧的分析与展开》,载《华东政法大学学报》2020年第5期,第191页。

② See Pan Atlantic Insurance Co Ltd and Another v. Pine Top Insurance Co Ltd: HL 27 Jul 1994 (Approx. 1 page).

此外,判断是否合理履行了告知义务,还需要考虑告知行为的清晰明白程度。原则上,以社会公众所具有的一般认识水平为基准,只要一般旅客,且是不特定多数旅客,能够因为告知行为及时且无障碍地了解到机票超售情况的存在、概念与后果即可认定为“合理”。该判断标准针对的是普通大众,而不是具有特殊知识或对该领域熟悉的人。值得注意的是,告知义务的履行不可能达到完全理想的状态,不可能使每个人都对机票超售100%的了解,不排除旅客的自身因素,如行为能力、理解能力等。同时可以兼顾特殊人群的理解障碍,充分体现告知义务的灵活性。

(二)合理履行告知义务的辅助判断标准

现实中存在多种情形,在判断是否尽到机票超售合理告知义务时,可以考虑辅助判断标准。关于辅助判断标准,其意义是提供一种分析思路而非精确量化,即在法官分析具体案件时,为其提供一些可供参考的思考方向。主要包括以下三点:

1. 机票超售告知义务之“成本—收益”标准

“成本—收益”标准要求对告知义务主体履行机票超售告知义务的成本与效果进行衡量。倘若合理履行机票超售情况之告知义务的成本小于机票超售情况发生的可能,乘以消费者因不知晓航班超售而造成的损失,则可以考虑告知义务者是否合理尽到机票超售信息的告知义务。

航班超售情况的发生是有迹可循或是有据可依的。一方面,航空公司通常会对航班超售比率进行公示。航空公司日常会统计航班起飞之后的退票数量,根据此数据计算出平均数值,这个数值将作为航班超售的参考数据。航空公司一般将机票超售的比率控制在2%～3%,并发布该航空公司的机票超售管理规定,而各航空公司的相关规定不尽相同。另一方面,在上述告知义务场合提供纸质告知书、设立电子显示屏轮流公示超售信息等方式所耗费的成本,是可以量化计算的。两者相互配合,能为个案分析提供一定的参考。

2. 机票超售告知义务之“可避免”标准

所谓“可避免”标准,是指在旅客购票时,告知义务者为了“合理”履行告知义务可以采取的措施。采取该措施,能够使旅客更加详细了解该航班超售的情况,降低旅客因不了解航班超售且未顺利乘机所引发纠纷的概率。

倘若经营者在旅客购票时已经尽其所能,使一般旅客充分注意且了解机票超售的情况,然而旅客因自身不重视或因异于常人的理解偏颇等因素,致使未能准确、及时了解机票超售情况,随后发生纠纷。在此情形下,告知义务者不应负担未“合理”告知机票超售信息所引发的责任。

3. 对航空业的促进或抑制作用

除了考量旅客与经营人双方各自的利益大小,还有一个不可忽视的考量因素,即对航空业的促进或抑制作用。

机票购买渠道分为三类:一是航空公司官方网页;二是人工窗口;三是第三方平台。倘若出现其他新的购票方式,也同样需考虑告知义务的履行限度是否会对航空运输业产生抑制作用。

航空公司或第三方平台作为经营者属于商主体,其本质是逐利,追求利益最大化是他们的目标。促使上述商主体合理履行告知义务的激励或动力,便是其本身能更好地盈利、公司能更好地发展。过分苛求经营人无边界地履行告知义务会加重其经营负担,难以产生正向的激励效果。长此以往,不利于航空业的长远发展。所以,当进行个案判断时,对航空业的促进或抑制作用也需要纳入考虑范围。

七、结语

机票超售是航空运输业长期存在的现象,随着航空运输业的蓬勃发展,机票超售所引发的纠纷数量也与日俱增。但实践中,关于机票超售告知义务主体、履行场合、履行方式和限度并未有统一的判断标准。对此,首先,本文详细分析并界定了航空公司与第三方售票平台具有此告知义务。其次,基于当前的主流售票渠道,即航空公司官方网页售票、人工窗口售票以及第三方平台售票等三种渠道,且辅之以旅客必经地点,给予相应具体的措施建议。经营人作为合同缔结的一方,宜以醒目的标识、清晰的文字告知旅客关注机票的超售风险。一旦发生超售而致使旅客无法如约出行的,应以更积极的态度尽心尽力协助旅客减少损失、尽快出行。售票人员也应当增强服务意识,进一步提高服务质量,避免误解与纠纷。此外,个案分析时还应考虑履行告知义务的"成本"与"效果"的对比、经营者是否有可采取的措施,以及对航空业的促进或抑制作用进行辅助判断。

航空承运人拒载权三元结构论*

谢新明　张乐军　赵忠义**

一、引言

在航空旅客运输中，旅客购买了机票却又被承运人拒载的事件引发舆论的广泛关注和质疑，也成为民用航空旅客运输的痛点问题之一。在以往的讨论中，不少学者围绕《民用航空法》中的机长权如何演化出拒载权并在此基础上展开了对个案的分析。然而，机长权是航空承运人拒载权的全部吗？答案似乎并非如此。

在航空承运人拒载事件的讨论中，航空承运人拒载权构成了从法律角度进行分析的基础。为了明确本文讨论的概念范围，对航空承运人主张其有权拒绝履行或拒绝全程履行运输特定持票旅客义务的法律依据，本文称之为航空承运人拒载权。①对于航空承运人拒载权的属性问题，学界观点并不一致，既有学者主张机长拒载属于权力行使行为，也有学者认为该拒载权属

---

* 基金项目：广州民航职业技术学院校级课题“航空承运人拒载权研究”（项目编号：19X0318）。

** 谢新明：广州民航职业技术学院副教授、法学博士，研究方向：民用航空法学。张乐军：广州民航职业技术学院讲师。赵忠义：广州民航职业技术学院讲师。

① 在讨论航空承运人拒载权时，本文将其限于航空承运人拒载持票旅客，因为只有持票旅客的出行利益才有可能受到《民用航空法》等法律的强力保护。那些未持有有效客票而被拒绝运输的旅客不包括在本文讨论的范围内。

于法定权利。[①] 这似乎是一个二选一的问题。

然而,在学者既往所讨论的法律法规明文规定的拒载权之外,有没有航空承运人通过合同为自己创设拒载权的情况呢?这是一个需要从实践角度去考察的问题。如果前述问题的答案是肯定的,即存在航空承运人通过合同为自己创设拒载权的情况,那么法律应对此作何评价呢?因此,航空承运人拒载权的属性问题颇为可疑,有必要进行更进一步的研究。

二、航空承运人拒载权的三元结构

(一)法定权力性质的航空承运人拒载权

在民航业既往的拒载事件中,机长将闹事的旅客赶下航空器的情形并不鲜见。由于机长拒载的行为属于职务行为,相关的法律责任也由航空承运人承担,故而可认为机长拒载行为属于航空承运人拒载问题的一部分。

维持民用航空器内秩序之机长权的国际规则正式形成于1963年《关于在航空器内的犯罪及其他某些行为的公约》(以下简称《东京公约》)的规定。该公约为了解决机上旅客打架斗殴等突发事件而在第三章专门规定了"机上指挥员(通常理解为'机长')的权力"。我国学者赵维田教授认为,机长的该项权力属于治安权力或警察权力。[②] 张君周教授、林泉教授也持此观点,并认为机长权力在性质上属于行政执法权。[③]

《东京公约》规定的机长权力是否包括拒载持票旅客的权力呢?根据《东京公约》第8条第1款规定,"机上指挥员的权力"包括"凡机长有正当理由认为,某人在航空器上有或将有第一条第一款(乙)项所指(可能或确已危害航空器或者机上人员或财产安全,或者危害机上正常秩序与纪律)行为者",可以在航空器降落的任何国家领土上令其下机。根据《东京公约》第9条第1款规定,"机上指挥员的权力"还包括"凡机长有正当理由认为,某人在航空器上的行为,在他看来,依航空器登记国刑法已构成严重犯罪者,可以将该人送交任一降落地缔约国当局"。由此可见,该公约规定的机长权明确包括拒载持票旅客的权力。

---

① 参见刘海安:《航空承运人滥用拒载权的法律规制》,载《法律科学(西北政法大学学报)》2015年第4期,第70页。

② 参见赵维田:《国际航空法》,社会科学文献出版社2000年版,第437页。

③ 参见张君周:《论客舱执法中的权力配置与冲突应对》,载《甘肃政法学院学报》2010年第2期,第99页;林泉:《机长在防范和打击航空器内犯罪中的法律地位》,载《河南社会科学》2009年第5期,第55页。

我国《民用航空法》第46条第1款也有类似的规定，即："飞行中，对于任何破坏民用航空器、扰乱民用航空器内秩序、危害民用航空器所载人员或者财产安全以及其他危及飞行安全的行为，在保证安全的前提下，机长有权采取必要的适当措施。"《公共航空旅客运输飞行中安全保卫工作规则》（交通运输部2017年第3号令）进一步解释了机长的职权。该规则第10条规定机长在履行飞行中安全保卫职责时可以，"（一）在航空器起飞前，发现未依法对航空器采取安全保卫措施的，有权拒绝起飞；（二）对扰乱航空器内秩序，妨碍机组成员履行职责，不听劝阻的，可以要求机组成员对行为人采取必要的管束措施，或在起飞前、降落后要求其离机；（三）对航空器上的非法干扰行为等严重危害飞行安全的行为，可以要求机组成员启动相应处置程序，采取必要的制止、制服措施……"

机长依据《东京公约》或我国《民用航空法》赋予的安全保卫法定职权在上述适用情形中所采取的拒载行为均应属于公法的权力行使行为，原因在于《东京公约》或我国《民用航空法》对机长权的权力属性有着明确表述。《东京公约》对"机上指挥员的权力"的英文表述为"power"，而非"right"，即为明证。我国《民用航空法》第44条第2款对机长权限的措词为"命令"，这同样清楚地表明了机长在保卫安全范围内的拒载权应为公权力的属性。其他法律文件，如《公共航空旅客运输飞行中安全保卫工作规则》第10条采用的也是，"机长在履行飞行中安全保卫职责时，行使下列权力"的表述。基于立法者对于法律术语的选择，这一权力的主体被法律明确赋予了高权者的地位。《东京公约》第9条第1款"凡机长有正当理由认为，某人在航空器上的行为，在他看来，依航空器登记国刑法已构成严重犯罪者，可以将该人送交任一降落地缔约国当局"中"送交"一词的使用即明确指明了机长执法的性质。

然而，对上述条款的理解还必须考虑到，《东京公约》对机长权有着明确的限制条件。《东京公约》第1条第2款将该公约适用范围主要限定在"航空器飞行中（从航空器启动到着陆滑跑完毕）"。在机长权方面，《东京公约》第三章特别规定"机上指挥员的权力"的"飞行中"时间范围为"机舱外部各舱门均已关闭至卸载时打开任一舱门"。我国《民用航空法》第46条和《公共航空旅客运输飞行中安全保卫工作规则》均有对机长权力类似的"飞行中"的范围限制。因此，机长依前述规则享有的拒载权的起始时间点应是航空器舱门全部关闭。

虽然《东京公约》和我国《民用航空法》对机长的权力行使都限制为飞行中，但是旅客的闹事行为及相应的拒载案例在航空器关舱门准备起飞之前也很常见。航空承运人（机长）在航空器关舱门之前对闹事旅客的拒载有法律依据吗？从《东京公约》的全文来看,确实无法找到相应的条文依据。因此,这个问题就处于《东京公约》的调整范围之外,仍应从各国的国内立法中寻找依据。

(二)法定权利性质的航空承运人拒载权

现代法治文明普遍认可的“法无授权即禁止”理念,要求公权力应由法律明文规定。我国《宪法》第2条第1款规定:“中华人民共和国的一切权力属于人民。”这个宪法条文所确立的原则也隐含了所有公权力都应当由法律明文规定的要求。考察我国现行法律,只有《民用航空法》赋予了航空承运人(机长)基于保卫安全理由的法定权力性质的拒载权。因此,除前述规定之外的航空承运人拒载权,均应当归属于权利的范畴。

2021年3月3日,我国交通运输部发布了《公共航空运输旅客服务管理规定》(2021年第3号令,以下简称《新客规》),取代了之前施行多年的《中国民用航空旅客、行李国内运输规则》(1996年)和《中国民用航空旅客、行李国际运输规则》(1997年)。《新客规》第31条规定:“有下列情况之一的,承运人应当拒绝运输:(一)依据国家有关规定禁止运输的旅客或者物品;(二)拒绝接受安全检查的旅客;(三)未经安全检查的行李;(四)办理乘机登记手续时出具的身份证件与购票时身份证件不一致的旅客;(五)国家规定的其他情况。除前款规定外,旅客的行为有可能危及飞行安全或者公共秩序的,承运人有权拒绝运输。”

《新客规》属于交通部制定的部门规章。我国《立法法》第80条第2款的规定:“部门规章规定的事项应当属于执行法律或者国务院的行政法规、决定、命令的事项。没有法律或者国务院的行政法规、决定、命令的依据,部门规章不得设定减损公民、法人和其他组织权利或者增加其义务的规范,不得增加本部门的权力或者减少本部门的法定职责。”因此,《新客规》应当以法律或者国务院的行政法规、决定、命令为依据。

《新客规》第31条第1款明确指出该条款依据的是“国家有关规定”。这里的“国家有关规定”应是指《民用航空法》、卫生和海关等相关法律或者国务院的行政法规、决定、命令中的公法性规则。例如,《民用航空法》第102条第1款规定:“公共航空运输企业不得运输拒绝接受安全检查的旅客,不得违反国家规定运输未经安全检查的行李。”再如,《传染病防治法》第44条规定:“发生甲类传染病时,为了防止该传染病通过交通工具及其乘运的人员、物资传播,可以实施交通卫生检疫。具体办法由国务院制定。”《国内交通卫生检疫条例实施方案》(1999年)第41条规定:“检疫传染病疫区的航空交通卫生检疫工作程序:(一)在乘客办理登机手续处和机组人员通道口查验乘运人员的检疫合格证明,并对登机人员进行健康观察。

无检疫合格证明者，不准予登机……"

相关法律法规为航空承运人设定了其对国家负有的拒载特定旅客的公法上的义务。然而，这种公法上的拒载义务有待于通过航空承运人与旅客之间的关系去实现。

日本学者美浓部达吉曾在《公法与私法》一书中明确提及"公法与私法的转换"现象，提出"那(公法上的)义务履行的结果，有时竟把本来具有公法关系之效果的关系改变为相当的私法关系"①。在拒载特定情形旅客的问题上，相关法律法规对航空承运人施加的拒载特定旅客的公法义务，在实施时也势必衍生出航空承运人在航空旅客运输合同关系中的拒载权利。

《新客规》第31条第2款明文规定承运人有拒载"可能危及飞行安全或者公共秩序的"旅客的权利，但这条规则应如何理解？这些行为究竟包括哪些？对此，我们也应结合相关法律法规中的条款加以梳理。《民用航空法》第95条第1款规定，公共航空运输企业负有保证飞行安全的义务。国务院制定的《民用航空安全保卫条例》第25条规定，禁止旅客在航空器内实施下列行为："(一)在禁烟区吸烟；(二)抢占座位、行李舱(架)；(三)打架、酗酒、寻衅滋事；(四)盗窃、故意损坏或者擅自移动救生物品和设备；(五)危及飞行安全和扰乱航空器内秩序的其他行为。"无论是违反《民用航空法》第95条规定的公共航空运输企业，还是违反《民用航空安全保卫条例》第25条规定的旅客，国家机关都有权予以行政处罚。因此，结合前述这两个公法规则，可以认为《新客规》第31条第2款明文规定的承运人拒载"可能危及飞行安全或者公共秩序的"旅客的权利，也属于由公法义务衍生出的法定权利。

《新客规》第31条的拒载规则并没有赋予航空承运人在其与旅客之间关系上的高权者地位，因此，《新客规》第31条的航空承运人拒载规则，在性质上应为航空承运人依据法律法规享有的法定权利。

(三)意定权利性质的航空承运人拒载权

无论是依据既往的《民法通则》，还是依据现行《民法典》，民事主体均有权按照自己的意思设立、变更、终止合同法律关系。考察各个航空承运人的运输条件，可以发现航空承运人在实践中普遍会出于自身利益的考虑在其单方拟定的航空运输合同中创设合同权利性质的拒载权，具体体现在各个航空承运人运输条件中的"拒绝运输的权利"或"拒绝运输"(外国航空承运人运输条件中为"Refusal of

① [日]美浓部达吉：《公法与私法》，黄冯明译，中国政法大学出版社2003年版，第224页。

Transport")的条款中。①

在航空承运人运输条件的拒载条款中,航空承运人列举的拒载原因,除了法律法规中原本就有的拒载规定之外,还有航空承运人自主创设的一些拒载情形。例如,航空公司《旅客、行李国内运输总条件》和《旅客、行李国际运输总条件》中常见的拒载情形包括"旅客不遵守某某航空的规定,或不听从某某航空工作人员安排和劝导"和"承运您或您的行李,可能危及或者影响其他旅客或者机组人员的安全、健康、便利或舒适"。

这些拒载权利不在法定权力或者法定权利的范围之内,完全是航空承运人在运输合同中自行创设的,因此,航空承运人运输条件中,由航空承运人按照自身意愿设置的(除了重申法定拒载权之外的)拒载权,应当属于意定权利性质的航空承运人拒载权。

三、航空承运人拒载权三元结构论的意义

(一)拒载权规则的合法性存在差异

法定权力性质的航空承运人拒载权依据的是《民用航空法》或《东京公约》的明确规定,所以法定权力性质的航空承运人拒载权规则的合法性和效力是完全不容置疑的。

法定权利性质的航空承运人拒载权依据的是《新客规》的相应条文。根据我国最高人民法院《关于裁判文书引用法律、法规等规范性法律文件的规定》第6条的规定,在民事诉讼中,如果法院经审查认定该部门规章为合法有效的,可以作为裁判说理的依据。因此,法定权利性质的航空承运人拒载权规则的合法性通常也会获得法院的支持。

意定权利性质的航空承运人拒载权依据的是航空承运人与旅客之间的运输合同(在航空承运人单方拟定的运输条件中列出),以民事主体自身的意愿为基础。②由于民事主体的意愿并不是绝对受到法律保护,这类合同中的航空承运人拒载权规则的合法性并不具有绝对性,或者说,可以在案件审理中质疑拒载权合法性。航

---

① 美国航空公司(https://www.americanairlines.cn/i18n/customer-service/support/conditions-of-carriage.jsp? locale = zh_CN)、达美航空公司(https://www.delta.com/cn/en/legal/contract-of-carriage-igr/#refusal)、美国联合航空公司(以下简称"美联航",https://www.united.com/ual/zh-cn/cn/fly/contract-of-carriage.html#tcm:80 - 6640)公布的运输条件中都有此类条款。中国国际航空公司、东方航空公司和南方航空公司等国内航空公司的运输条件中也有此类条款。

② 《民法典》第5条规定:"民事主体从事民事活动,应当遵循自愿原则,按照自己的意思设立、变更、终止民事法律关系。"

空承运人在运输合同中设置的拒载条款完全可能因为违反法律的相关规定而无效。例如,航空承运人运输条件中的“拒绝运输的权利”或“拒绝运输”(外国航司运输条件中为“Refusal of Transport”)条款属于格式条款,所列拒载规则就有可能因为《民法典》第497条的规定而被法院宣布无效。①

(二)航空承运人在个案中是否滥用拒载权的评价标准不同

法定权力性质的拒载权由机长组织实施,具体实施方式主要是由机组人员直接执行机长的命令或者报请警方协助。有关公权力性质的拒载权在个案中是否被滥用的讨论,应围绕个案是否属于法定权力性质拒载权的适用情形以及该权力的具体行使是否符合法律规定的问题。

在法定权力性质拒载权的适用情形方面,《东京公约》第1条第1款明确规定,公约适用于“违反刑法的罪行”或“危害或能危害航空器或其所载人员或财产的安全、或危害航空器上的良好秩序和纪律的行为”。《民用航空法》第46条第1款规定机长权的适用情形是“任何破坏民用航空器、扰乱民用航空器内秩序、危害民用航空器所载人员或者财产安全以及其他危及飞行安全的行为”。《公共航空旅客运输飞行中安全保卫工作规则》第10条则将机长权的适用情形进一步细化为“扰乱航空器内秩序,妨碍机组成员履行职责,不听劝阻的”和“非法干扰行为等严重危害飞行安全的行为”。

为了防止公权力被滥用,法定权力的行使还应当符合法律法规中的程序性和适度性要求。《公共航空旅客运输飞行中安全保卫工作规则》第24条规定:“机组成员应当按照机长授权处置扰乱行为和非法干扰行为。根据机上案(事)件处置程序,发生扰乱行为时,机组成员应当口头予以制止,制止无效的,应当采取管束措施;发生非法干扰行为时,机组成员应当采取一切必要处置措施。”在该条文中,法定权力性质的拒载权被施加了程序性限制(口头制止→管束措施→一切措施)和必要性限制。在符合这些适度性和程序性要求的条件下,航空承运人的机组成员将闹事旅客移交(注意,此处“移交”可能意味着人身上的直接控制)给警方等行为,就属于合法行使法定权力性质的拒载权,不属于拒载权滥用。

与拒载权力不同,航空承运人的法定拒载权利为私法上的权利。从权利行使的角度而言,航空承运人得在旅客登机各个环节拒绝特定旅客完成登机行为,如在值机柜台拒绝或者在登机口拒绝,甚至在航空器舱门口拦阻。当特定旅客已经进

① 《民法典》第497条规定:“有下列情形之一的,该格式条款无效:(一)具有本法第一编第六章第三节和本法第五百零六条规定的无效情形;(二)提供格式条款一方不合理地免除或者减轻其责任、加重对方责任、限制对方主要权利;(三)提供格式条款一方排除对方主要权利。”

入航空器之后,航空承运人行使法定拒载权利也应与普通权利之行使无异。这意味着,航空承运人通过告知特定旅客拒载事宜劝导旅客自行下机。如果特定旅客拒绝按照航空承运人依法定拒载权利提出的要求离开航空器,则构成扰乱秩序的行为,航空承运人应通过警方的执法行为来实现拒载旅客的权利,而警方也有义务采取强制措施予以协助。

法定权利性质的拒载权在个案中是否被滥用,应从特定案例中的拒载是否发生在法定适用范围之内以及是否构成了《民法典》权利滥用的情形考察。例如,《民法典》第132条规定:"民事主体不得滥用民事权利损害国家利益、社会公共利益或者他人合法权益。"

意定权利性质拒载权的设置由航空承运人自行掌握,其适用的范围和具体实施均存在滥用的可能。例如,实践中有不少航空承运人在其单方制定的旅客运输总条件中笼统地将旅客违反公司规定作为拒载的理由。这种为下属工作人员拒载持票旅客行为大开方便之门的拒载条款就可能成为航空承运人滥用拒载权的温床。

对于权利滥用的问题,《民法典》第132条规定:"民事主体不得滥用民事权利损害国家利益、社会公共利益或者他人合法权益。""权利不得滥用原则是对民事主体行使民事权利的一定限制,通过限制民事主体不得滥用权利损害国家利益、社会公共利益或者他人合法权益,达到民事权利与国家利益、社会公共利益、他人合法权益的平衡。"①"多数学者赞成通过比较权利人受益与受害人受损判定是否构成滥用。"②因此,在意定拒载权是否被滥用的问题上,应当着重分析航空承运人与旅客之间的权益平衡问题。

在2017年4月9日发生的举世震惊的美联航暴力逐客事件中,"美联航发言人乔纳森·格林承认,抽取4名乘客下机只为安排4名公司机务人员,以便他们次日能够及时到岗"③。美联航的高层在该事件中已经承认这是一个标准的作业程序,也即公司规定:为了优先运输航空公司自己的工作人员,可以拒载购买了机票并已经就座的乘客,甚至可以动用执法人员将其拖离飞机。在该案中,美联航通过行使拒载权将其工作人员的出行便利置于旅客按约运输的权利之上,而警务人员执法行为也因此出现了问题。一位关心此案的美国国会议员曾为此呼吁调查"航管与

① 黄薇主编:《中华人民共和国民法典总则编释义》,法律出版社2020年版,第345页。

② 彭诚信:《论禁止权利滥用原则的法律适用》,载《中国法学》2018年第3期,第250页。

③ 王龙云:《行规与良知:美联航暴力逐客事件反思》,载经济参考网,http://www.jjckb.cn/2017-04/14/c_136207328.htm。

航空警察是否过度偏向航空公司而出现勤务原则的瑕疵”的问题。[①]

既然航空承运人行使意定拒载权的行为有可能仅仅是为了便利自身运营而损害旅客按约运输的权利,从而构成权利滥用,那么警方在面对航空承运人请求其协助将旅客带离航空器的情况时,有必要在执法时保持谨慎。举个例子,对一个已经安稳坐在自己座位上并且除了拒绝离开之外没有其他扰乱公共秩序行为的旅客,法律是否赋予了警察采取强制措施予以带离的权力?从航空承运人意定拒载权的情形分析,答案显然是否定的,而这个否定回答毫无疑问将减少流血事件及其负面影响。

四、结论

基于前述理由,航空承运人拒载权应属于一个跨公法和私法的实用主义概念,其本身具有独特的三元结构:法律法规赋予航空承运人的法定拒载权力和法定拒载权利以及航空承运人通过合同条款给自身设置的意定拒载权利。在这样一个三元结构中,公法的拒载权力和私法的拒载权利有着极大的区别。与此同时,法定拒载权与意定拒载权又在合法性等方面存在极大区别。因此,有关航空承运人是否滥用拒载权的案例讨论,应当在航空承运人拒载权三元结构的基础上具体分析案例是否符合相应的滥用标准。

---

① 参见腾讯财经网报道:《美联航深陷“拖拽丑闻”谁之过?美国交通部如此反思》,载腾讯财经网,https://stock.qq.com/a/20170412/018780。

我国旅客空铁联运的模式及其制度构建*

杨欣媛**

空铁联运作为多式联运的重要组成部分，其发展持续受到关注。2010年，全球最大的综合交通枢纽——以虹桥机场为中心的上海虹桥综合交通枢纽——建成启用，其融合了航空交通、轨道交通、陆路交通，为旅客提供了15分钟换乘、步行不超过300米的便利。以上海虹桥综合交通枢纽为主要依托，2012年5月，中国东方航空集团有限公司（以下简称"东方航空"）与上海铁路局合作推出"空铁通"产品，实现了皖苏浙沪三省一市主要城市的高铁、动车与东航航班双向联运。同时，虹桥火车站与虹桥机场互设空铁联运服务柜台、增设空铁中转引导标识，实现了旅客"一站式"购买机票和火车票。2018年5月10日，中国民用航空局与中国铁路总公司签署《推进空铁联运战略合作协议》，双方就合作的工作目标、合作内容、沟通机制三方面达成了战略共识。这给"航空+铁路"联运（以下简称"空铁联运"）的发展提供了巨大的实践与理论空间。

一、我国旅客"空铁联运"的模式概述

（一）我国旅客"空铁联运"的模式

近年来，天津航空、东方航空等多家航空公司联合机场及铁

---

* 基金项目：2021年中国民航大学研究生科研创新项目"我国旅客空铁联运的模式及其制度构建"（项目编号：2021YJSS108）。

** 杨欣媛，河北嘉实律师事务所律师。

路部门向民航旅客推出"空铁联运"产品,即航空运输与铁路运输之间协作的一种联合运输产品,旨在简化旅客购票程序,便利旅客出行,扩大机场、高铁站的辐射范围,提高民航、铁路的运行效率。虽然目前市面上的"航空 + 铁路"打包购票的方式统称为"空铁联运"产品,但是细分之下可以发现不同主体推出的"空铁联运"产品运营模式并不相同,可大致划分为以下两种模式:

1. 机场主导的"空铁联运"产品模式

该模式运行方式为,机场对旅客的铁路运输区段及空铁衔接阶段的费用予以报销,旅客须保证在提供报销的机场出发乘坐航空器。例如,天津机场于 2011 年 5 月推出的"空铁联运"产品"经津进京",所有进出港航班的旅客持航空公司与客票代理销售的国内、国际(地区)机票及航空公司员工票、免票、常旅客积分兑换票且选择"空铁联运"服务的,均可办理京津之间城际高铁票与地铁票的报销。这种产品在一定时间内为天津机场提升了旅客流量,促进了天津机场的发展。随后几年,天津的"空铁联运"产品范围由天津至北京扩大到天津至秦皇岛、锦州、德州、保定等地。但天津机场的"空铁联运"产品并未得到全国范围的适用,其主要原因在于天津与北京的地理位置和经济交流的特殊性,该模式难以被其他地区所复制。另一种运行方式则是机场间通过铁路转场,在机场出现紧急状况时通过"空铁联运"模式转移旅客至另一机场。例如,乌鲁木齐机场不够起飞落地标准时,通过高铁将旅客转移至吐鲁番机场。

2. 航空公司与铁路部门合作推出的"空铁联运"产品模式

模式运行方式为航空公司与铁路共同推出的一站式购票"空铁联运"产品,旅客可通过东方航空 App 和铁路 12306App 中任一方的 App,一站式购买东方航空、上海航空航班与高铁车次组合的联运客票。该模式也是目前我国旅客空铁联运最主要的一种产品模式。

(二)我国旅客空铁联运模式未来的发展方向

我国旅客空铁联运模式的发展晚于欧洲。欧洲因其较为密集的地理分布与更为密切的经济文化往来,其旅客空铁联运的模式较我国而言更加复杂。目前包括以下三种模式:

1. "航空 + 铁路"旅客运输服务

这种服务模式是航空公司在铁路公司运营的路线上售票的方案,不同航空公司经营的两项或多项服务通过一次预订销售,并为其签发一份运输合同,方便国际航空公司连接,具有明显的消费者利益导向。[①] 例如,阿联酋航空分别与西班牙和意大利主要铁路运营商Renfe和Trenitalia签订了一项协议,以便在连接其洲际航班的国内航线上提供铁路服务。[②] 这种形式只需要两个运营商之间的协商合作。它方便了旅客在航班和铁路服务之间旅行,只需一张车票,无须再次办理登机手续,并且在其基本形式上不构成重大法律挑战。

2."航空+铁路"代码共享模式

航空公司代码共享可定义为两个或多个航空公司之间的协议,根据该协议,在其中一家航空公司飞行的航线上使用其组合代码或其中一家公司的代码。[③] "航空+铁路"代码份额将准确反映航空公司代码份额的结构。它们涉及一种合作形式,即航空公司有权将其航班代码放在铁路运营商服务的航段上,并将其当作自己的服务进行营销。[④] 这种模式还可能涉及一些综合服务,如It系统的集成、综合值机服务和延迟情况下的再保护协议。[⑤] 这种"航空+铁路"代码共享的主要特点是,航空承运人与铁路承运人共享代码,使旅客可以在一处同时购买两种运输服务。例如,法国高速铁路运营商与卡塔尔航空公司和阿提哈德航空公司合作,利用"tgvair"产品巩固了其在法国的业务,使其能够通过巴黎戴高乐机场向法国十九个城市销售铁路客票。[⑥] 这种模式可以使消费者通过单一预订、单一专用值机手续以及节省时间的时间表和增加的连接服务而受益。例如,法兰克福机场、汉莎航空和德铁集团联合推出空铁联运服务AIRail,乘客既可以在航空公司官网、机票代理机构直接购买,也可以在任一铁路自动售票机上购买电子票。[⑦] 该模式也是目前国际旅客空铁联运中最主要的一种产品模式。

---

① See Andrea Trimarchi, *Intermodal Air-Rail Agreements: Legal Aspects and Considerations*, Air and Space Law, 2019, p. 30.

② 然而,由于并非所有机场都能提供高速铁路连接,因此考虑到Renfe Emirates和Trenitalia Emirater联运协议的方式,允许阿联酋出售火车站之间的铁路服务,如马德里和塞维利亚中央火车站之间。

③ See P. M. J. Mendes de Leon, *Introduction to Air Law*, 10th ed., Kluwer Law International, 2017, p. 84.

④ See Andrea Trimarchi, *Intermodal Air-Rail Agreements: Legal Aspects and Considerations*, Air and Space Law, 2019, p. 31.

⑤ See P. Chiambaretto & C. Decker, *Air-Rail Intermodal Agreements: Balancing the Competition and Environmental Effects*, 23 J. Air Transp. Mgmt. 2012, p. 37.

⑥ See P. Chiambaretto & C. Decker, *Air-Rail Intermodal Agreements: Balancing the Competition and Environmental Effects*, 23 J. Air Transp. Mgmt. 2012, p. 37.

⑦ 参见王淑伟:《空铁联运发展体制机制研究——以法兰克福机场为例》,载《宏观经济研究》2021年第4期,第171页。

3. "航空 + 铁路"联盟模式

确定航空公司之间的合资企业是代码共享还是联盟的精确边界取决于多种因素,不过,由于联盟是涉及多种联合服务的更为综合的合作形式,代码共享协议通常是建立全球联盟的自然先决条件。[①] "航空 + 铁路"联盟基本上从德铁集团与汉莎航空成功合作的"Fly & rail"产品发展而来,并进行了更深的整合,如通过行李处理和其他专用服务,火车上的独立头等舱和商务舱餐饮设施。然而,这种航空和铁路服务之间的全面整合在概念上被认为是乌托邦式的,因为价格和容量这两个关键要素的决定方式不同。[②] 因此,在实践中,建立完全联盟的情况相当罕见,目前国际上还是普遍采用"航空 + 铁路"代码共享模式。

由此可见,我国旅客空铁联运的发展还处于国际旅客空铁联运发展的最初级阶段,仅仅是航空公司与铁路部门达成合作售票协议,双方在旅客空铁联运这个产品服务上并未进行更深层次的合作。不过,随着我国提出建设综合立体交通网以实现交通强国,在 2035 年基本形成全国 123 出行交通圈,旅客联程运输便捷顺畅[③],我国旅客空铁联运模式也将进入新的发展阶段,实现从"航空 + 铁路旅客运输服务"到"航空 + 铁路代码共享模式"的转变。

二、我国旅客空铁联运模式的法律关系

我国不同的旅客空铁联运模式中存在着不同的法律关系主体,不同的法律关系主体之间的法律关系存在差别,因此需要分别进行讨论研究。

(一)机场在旅客空铁联运模式中的法律地位

机场主导的空铁联运模式又分为机场为旅客报销来机场的铁路客票与空铁衔接客票的费用,以及机场采取空铁联运的模式转移机场滞留旅客两种方式。因此需要研究机场与铁路运输承运人、航空公司和旅客之间存在的法律关系,进而确定机场的法律地位,明确机场在旅客空铁联运过程中在何种情形下需要承担何种责任。

1. 机场为旅客报销铁路客票与空铁衔接客票时不具有承运人地位

如果仅从我国目前旅客运输相关法律中对承运人的界定进行判断,机场为旅

① See R. Miller, *International Airline Alliances: A Review of Competition Law Aspects*, XXIII(3) Air & Space Law, 1998, p. 125 - 126.

② See P. Chiambaretto & C. Decker, *Air-Rail Intermodal Agreements: Balancing the Competition and Environmental Effects*, 23 J. Air Transp. Mgmt. 2012, p. 37.

③ 参见新华社:中共中央　国务院印发《交通强国建设纲要》《国家综合立体交通网规划纲要》。

客提供铁路区段票价报销的行为不能使机场获得旅客空铁联运的承运人地位。

根据《民法典》第838条的规定,多式联运是具有"一次托运、一次收费、一票到底、一次保险、全程负责"特点的"一条龙"服务的综合性运输。① 当机场在仅为旅客提供铁路区段客票报销的行为时,由于旅客需自行分别购买铁路客票与航空机票,并在铁路区段和空铁衔接过程中自行保管行李,所以这种运输服务不符合多式联运一次托运、一次收费与一票到底的要求,旅客与机场之间也就不能形成多式联运合同,机场在此种情况下不具有多式联运经营人的地位。

而根据我国《铁路旅客运输规程》(1997年,该规程已于2022年修订,修订后已无此内容)第5条对于承运人的定义,铁路承运人是指与旅客或托运人签有运输合同的铁路运输企业。而机场为旅客报销到达机场的高铁与空铁衔接阶段的客票,实际上并未与旅客签订铁路运输合同,因此机场不是选择空铁联运的旅客的铁路区段的承运人,那么也就不需要承担铁路承运人的责任。

2. 机场协调铁路、航空公司进行旅客转运的负责人地位

机场主动开展空铁联运行动转运旅客,多是为了解决极端天气条件下的航空旅客出行问题。目前,此种机场主动转运旅客的运输行为在我国常见于新疆维吾尔自治区,具体模式是遇到极端天气时,凡选择乌鲁木齐—吐鲁番机场、吐鲁番机场—乌鲁木齐"空铁联运"的旅客免费统一集中乘坐由中国铁路乌鲁木齐局集团有限公司专门配备的高铁动车,个人不承担任何乘车费用。② 此时,机场协调铁路公司与航空公司将一个机场的旅客通过免费高铁的模式转运至另一机场,机场是旅客空铁联运的负责人。但是机场作为旅客空铁联运的负责人并不代表其具有《民法典》所规定的多式联运经营人的地位,还需要结合多式联运与其经营人的特点进行讨论。当机场负责旅客通过空铁联运转运时,旅客无需额外购买高铁票,符合多式联运一次收费与一票到底的特点。但是"一次托运、一次保险、全程负责"这三个特点在此种机场转运旅客的空铁联运模式下并没有实现。首先,在铁路运输区段旅客行李需要由旅客自行携带保管,这不符合多式联运"一次托运"的特点。其次,旅客虽然仅需购买一次保险,但以我国目前航空旅客保险最常见的航空意外险为例,单次航空的保险期限从乘客登上指定航班的那一刻开始,到飞抵目的地走出舱门那一刻止,显然该保险的保险区间不能包含旅客空铁联运全程。最后,机场负责

① 参见杨立新主编:《中华人民共和国民法典释义与案例评注》(合同编·下),中国法制出版社2020年版,第213页。

② 参见天山网:《春运选择"空铁联运"方式从吐鲁番机场进出新疆的旅客,可免费乘坐高铁动车》,https://page.om.qq.com/page/OpM86ffwNcu8V5ESXzjRECjg0。

协调旅客进行空铁联运，机场并不当然负责旅客在空铁联运全程中可能遭受的人身或财产损害。一方面，旅客乘坐航班过程中的损害肯定由航空公司承担；另一方面，铁路部门通过高铁对旅客进行转运，机场与铁路之间对于这一过程中产生的旅客损害的责任划分就现有材料来看并不明确，机场并非对旅客通过空铁联运转运中受有的损害全程负责。由此可见，机场在协调铁路部门与航空公司进行旅客转运时虽具有负责人地位，但其与旅客之间并未形成多式联运合同，也就不具有多式联运经营人的地位。

（二）航空公司在旅客空铁联运模式中的法律地位

目前在我国，航空公司推出的旅客空铁联运产品包括两种模式：第一种是春秋航空推出的“空铁快线”产品，为了满足搭乘春秋航空航班并通过铁路往返机场周边城市的旅客出行需求，旅客购买该产品可获得春秋航空附赠的火车票；第二种则是由东方航空与铁路12306合作推出的“高铁联订”产品，旅客可在东方航空App或者12306App上购买东方航空航班+高铁的组合客票。

1. 航空公司通过赠送铁路客票吸引客户时是航空承运人

就春秋航空推出的“空铁快线”产品而言，春秋航空在其产品使用说明上标注“铁路运输段由铁路局承担承运人责任，春秋航空仅承担赠送火车票的义务”[①]，因此春秋航空公司在其推出的旅客空铁联运产品中依然仅作为旅客航空运输区段的承运人，赠送高铁票的行为未导致其与旅客之间产生铁路运输区段的承运人责任。

2. 航空公司与铁路部门合作出售铁路客票行为是代理行为

目前东方航空公司推出的旅客“空铁联运”产品已经全面实现东方航空App与铁路12306App的系统对接[②]，旅客打开东方航空App就可以从“高铁联订”入口，一次性购买从始发地至目的地的“机票+高铁票”的组合票。这时，就航空公司的责任承担存在两种可能：一是航空公司仅作为旅客铁路客票的购票代理人；二是航空公司能够成为旅客空铁联运的多式联运经营人。

根据《东方航空机票打包产品预定须知》可知，“空铁联运”产品是东方航空与国家铁路集团有限公司（以下简称“国铁集团”）合作，为旅客提供航空运输段与铁路运输段相衔接的联程运输产品，售票范围仅限普通成人票，该产品仅在东方航空App上线，且铁路客票的有关规定以中国铁路客户服务中心（12306.cn）公布的《铁路互联网售票暂行办法》为准。根据中国铁路12306的公告，铁路互联网售票目前

---

① 春秋航空官网，https://flights.ch.com/spring-rail/。

② 参见财报网：《东方航空“空铁联运”升级，“飞机+高铁”组合让出行更加便捷》，载凤凰网，http://hn.ifeng.com/c/8Iowq4LLdGc。

仅指12306.cn销售的电子客票及相关业务,①目前未有其他网站具备线上销售铁路客票的资格。那么东方航空与国铁集团的合作可以认为是东方航空获得铁路客票的销售信息,并代理旅客从12306.cn购买电子铁路客票,作为旅客的铁路客票购票代理人。

那么这种代理旅客购买铁路客票的行为能不能使航空公司获得旅客多式联运经营人的地位,还需要根据多式联运的相关规则进行确认。货运集装箱的标准化造就了多式联运②,目前的多式联运制度多见于货运,但当客运多式联运满足多式联运的法律构成时,也可以参照多式联运的有关规则来确定承运人责任。多式联运具有以下特点:其一,涉及两种或更多的运输方式,有至少一次运输方式的切换;其二,全程采用一份合同、一份单证、一次付费;其三,多式联运的经营者应当对货物运输全程负责。③ 反观东方航空推出的旅客"空铁联运"产品,涉及铁路、空运两种旅客运输方式,与旅客仅签订了一份合同,旅客仅通过一次付费就可获得服务,符合多式联运的部分特点。但是"空铁联运"产品中,旅客实际上是获得了铁路客票与航空客票两张单证,并未实现"一单到底";同时,东方航空在旅客须知中声明其只承担实际承运阶段的运输责任,并未全程对旅客负责。虽然"空铁联运"产品在表面上体现为旅客多式联运,但其实质与目前的多式联运规则存在一定差别,因此目前不能将航空公司认定为旅客多式联运的经营人,其仅具有旅客购买铁路客票代理人的地位以及航空公司的承运人地位。

由此可知,在该"空铁联运"产品中,航空公司与铁路部门仅是签订了将铁路客票与航空客票打包出售的合作协议,双方并没有针对该产品出台新的规则,只是沿用双方现有规则,没有更深层次的合作行为。在这种模式下,航空公司除了具有航空承运人的地位之外,还是旅客线上购买铁路客票的代理人。

三、我国旅客空铁联运的适用规范研究

基于前文对我国旅客空铁联运两种不同模式的法律关系研究,可以将我国目前存在的旅客空铁联运服务中产生的具有显著差异的法律关系归纳为以下三种:

---

① 《铁路互联网售票暂行办法》第2条第1款规定:"铁路互联网售票是指通过中国铁路客户服务中心网站(12306.cn,以下简称'12306.cn网站')销售铁路电子客票及其改签、变更到站、退票等业务。"而铁道部运输局发布"重要公告"称,铁路部门没有授权或委托任何其他网站开展火车票发售或代购业务。参见《铁道部:没授权任何其他网站开展火车票发售业务》,载中国新闻网,https://www.chinanews.com/gn/2012/04-07/3801903.shtml。

② 参见吕潇:《多式联运经营人责任制度研究》,中国金融出版社2020年版,第5页。

③ 参见吕潇:《多式联运经营人责任制度研究》,中国金融出版社2020年版,第10~11页。

第一,机场或者航空公司提供铁路客票报销的法律关系;第二,旅客购买“航空+铁路”组合客票的法律关系;第三,机场在特殊情形下通过铁路转运航空旅客的法律关系。而法律适用则是认定某特定事实是否该当于法律规范的要件,而发生一定的权利义务关系。① 当旅客发生人身或财产损害时,因三种旅客空铁联运的法律关系不同,其符合的法律规范要件也有所区别,应当适用的法律也就不同。因此下文将着重研究不同法律关系下旅客享受空铁联运服务时,其符合的法律构成要件,以确定其应当适用的不同的法律规范。

(一)机场或航空公司的报销行为的规范选择

此种情形下需要研究的重点是机场或航空公司与旅客之间存在的报销行为法律关系,包括机场为选择其机场出行的航空旅客报销铁路与空铁衔接阶段的地铁客票,以及航空公司为选择购买该航空公司客票的旅客赠送铁路客票的行为。本情形可以根据旅客获得的三张客票划分为以下三个阶段:其一,旅客乘坐铁路到达或者离开机场阶段;其二,旅客乘坐地铁完成空铁衔接阶段;其三,旅客乘坐航班出行阶段。下文将分别讨论上述三个阶段产生的旅客人身或财产损害应当适用何种法律。

1.旅客到达或离开机场阶段的规范适用

旅客在乘坐铁路到达或离开机场的过程中,应当适用《民法典》与《铁路旅客运输规程》的有关规定确定承运人责任与旅客权益,机场或者航空公司对此阶段不承担承运人责任。

机场或者航空公司虽然为旅客报销其铁路区段的客票,但是报销行为本身并不导致机场或航空公司和旅客之间产生铁路旅客运输合同关系,该行为仅在机场或航空公司和旅客之间形成了机场或者航空公司为旅客提供客票报销的合意。旅客运输合同,是指承运人与旅客订立的承运人将旅客及其行李安全运输到目的地,旅客为此支付运费的运输合同。② 其中,关于承运人责任与旅客权益都记载在旅客运输合同之上。而本情形中,航空公司在为旅客赠送客票时强调了铁路区段的承运人责任由铁路局承担,其仅负有赠票义务;机场则为旅客提供的来往机场的铁路客票进行报销。这两种行为都不导致机场或者航空公司成为铁路运输合同的主体,其与旅客或者铁路运输公司之间并未产生基于铁路运输合同的权利义务关系,铁路旅客运输合同的当事人仅为铁路运输公司和旅客,合同的权利义务仅在该双

① 参见王泽鉴:《民法思维:请求权基础理论体系》,北京大学出版2009年版,第157~158页。

② 参见杨立新主编:《中华人民共和国民法典释义与案例评注》(合同编·下),中国法制出版社2020年版,第135页。

方间形成。即便运费由机场或者航空公司承担,但是该项内容并未记载在铁路运输合同中,也不会导致承运人责任与旅客权益发生改变。铁路旅客运输过程中的承运人责任与旅客权益规定在《民法典》第814~824条,而《铁路旅客运输规程》第四章、第五章和第六章则简要规定了铁路运输企业在旅客乘车、退票改签时应提供的服务以及对于行李运输的责任,因此本情形下旅客出现人身伤亡或财产损失时,应当适用前述规定以及铁路旅客运输合同保护自身权益。

2.旅客进行空铁衔接阶段的规范适用

旅客乘坐地铁进行空铁衔接时,适用《民法典》有关规定确定地铁运营商作为承运人承担责任,机场不承担承运人责任。因为目前仅有机场为旅客提供地铁客票的报销,所以本阶段不涉及航空公司的责任问题。而机场为旅客报销地铁客票的行为与上述机场报销铁路客票的行为性质一致,并不会使机场成为旅客地铁客票的当事人,机场也就无需承担地铁段的承运人责任。因此旅客乘坐地铁的承运人责任由地铁运营商依照《民法典》第814~824条的规定承担。

3.旅客航空出行阶段的规范适用

旅客乘坐航班出行时,适用《民用航空法》《公共航空运输旅客服务管理规定》以及《中国民用航空旅客行李运输规则》等有关法律规定,确定承运人责任与旅客权益。不管机场是通过报销来往机场的铁路、地铁客票扩大机场客流的情形,还是航空公司通过赠送铁路客票吸引旅客的情形,旅客购买机票乘坐航班出行时仅与航空公司形成了航空旅客运输合同。因此旅客在此阶段产生的法律纠纷应当依据航空旅客运输合同,适用《民用航空法》《公共航空运输旅客服务管理规定》以及《中国民用航空旅客行李运输规则》的法律规定。

(二)旅客购买"航空+铁路"联票的规范选择

目前我国航空公司推出的"航空+铁路"联票,按其提供的服务模式来说,是旅客在航空公司App上选择"高铁联订"后,通过一次付费购买"高铁+航班"组合联程客票。这种模式与报销模式的区别在于,航空公司参与到了旅客铁路客票的购买行为之中。通过上述对于航空公司实际地位的分析可知,航空公司在这种服务中并未获得多式联运经营人的地位,其仅多出了作为旅客购买铁路客票代理人的责任。

航空公司代理旅客购买铁路客票的责任承担,适用《民法典》第164条[①]的规

① 《民法典》第164条规定:"代理人不履行或者不完全履行职责,造成被代理人损害的,应当承担民事责任。代理人和相对人恶意串通,损害被代理人合法权益的,代理人和相对人应当承担连带责任。"

定，并根据其与铁路公司的协议，在旅客尚未打印纸质报销凭证时，可在东方航空App办理铁路客票的退票与改签。

而根据东方航空的产品说明，铁路、东方航空只承担实际承运段的运输责任，因旅客自身原因或其中一方承运单位导致的行程衔接错失，另一方承运单位不承担运输责任。根据《中国国家铁路集团有限公司铁路旅客运输规程》(以下简称《国铁集团铁路旅客运输规程》)的规定，铁路承运人对于旅客人身伤亡的损害赔偿责任期间是铁路运输期间，对于托运行李的责任区间自铁路运输企业接收行李、包裹并填发行李票、包裹票时起，到行李、包裹运至到站交付给旅客止。① 而《民用航空法》则规定航空承运人对旅客及其行李的责任区间是在民用航空器上或者在旅客上、下民用航空器过程中。② 那么在前述责任区间发生旅客人身或财产损失时，铁路区段适用《民法典》第814～824条与《国铁集团铁路旅客运输规程》第60～106条，航空区段适用《民用航空法》第九章第三、四节，《公共航空运输旅客服务管理规定》以及《中国民用航空旅客行李运输规则》的法律规定。

需要注意的是，旅客购买的是“空铁联运”联票，那么在上述两段责任区间之外，实际上还存在着空铁衔接阶段。例如，航空公司在高铁站设置了空铁联运专用的行李托运柜台，如果旅客在该柜台办理了行李托运，那么在高铁站至机场途中发生行李丢失、损毁的损害赔偿责任，航空公司是否担责？责任限额为何？此外，根据退改签规则，火车票可免费改签一次，机票则不支持变更行程，机票延误、取消导致旅客无法衔接后续高铁造成财产损失时，旅客可通过航空旅客运输的相关规则获得一定赔偿弥补损失。若遇有突发情形高铁晚点，导致旅客后续航班无法衔接产生退改费用损失时，旅客的权益如何维护？

(三)机场在特殊情形下通过高铁转运旅客的规范选择

机场在特殊情形下通过高铁转运航空旅客，与前两者的区别在于，旅客仅购买

---

① 《中国国家铁路集团有限公司铁路旅客运输规程》第62条规定：“行李运输合同自铁路运输企业接收行李并填发行李票时起成立，到行李运至到站交付给旅客止。”第96条第2款规定：“铁路运输企业应当对铁路运送期间发生的旅客人身伤亡承担损害赔偿责任；但伤亡是不可抗力、旅客自身健康原因造成的或者承运人证明伤亡是旅客故意、重大过失造成的，铁路运输企业不承担责任。在铁路旅客运送期间因第三人原因造成旅客人身损害的，由第三人承担赔偿责任。铁路运输企业有过错的，应当在能够防止或者制止损害的范围内承担相应的补充赔偿责任。铁路运输企业承担补充赔偿责任后，有权向第三人追偿。”

② 《民用航空法》第124条规定：“因发生在民用航空器上或者在旅客上、下民用航空器过程中的事件，造成旅客人身伤亡的，承运人应当承担责任；但是，旅客的人身伤亡完全是由于旅客本人的健康状况造成的，承运人不承担责任。”第125条第1款规定：“因发生在民用航空器上或者在旅客上、下民用航空器过程中的事件，造成旅客随身携带物品毁灭、遗失或者损坏的，承运人应当承担责任。因发生在航空运输期间的事件，造成旅客的托运行李毁灭、遗失或者损坏的，承运人应当承担责任。”

了一张航空客票,并未主动选择空铁联运这种组合运输方式。空铁联运转运旅客是由机场基于客观条件与旅客人身安全,同航空公司、铁路部门共同作出的决定,但由于机场仅是协调航空公司与铁路公司联合进行旅客转运,其与旅客之间并不存在合同关系与实际运输关系,因此机场在整个运输阶段并不具备承运人地位,也无须承担承运人责任。

航空公司作为与旅客签订航空运输合同的一方,其根据合同对旅客在航空运输区段承担航空承运人的责任,适用上述民用航空承运人责任与旅客权益的相关法律。

而旅客在下飞机之后到乘坐铁路进行转运直至到达目的地这一区段发生的旅客人身或财产损害应当由谁承担?适用何种法律?则需要重点关注。这一区段同样包含空铁衔接区段与铁路运输区段,两个区段的主要负责人不同,需要分别进行讨论。

空铁衔接区段由机场负责协调转运,同时也发生在机场范围之内,因此机场应当是这个区段的主要责任人。《民用航空法》第65条与《公共航空运输旅客服务管理规定》第33、35条规定了机场管理机构对于旅客人身安全与托运行李的保护要求,但是缺乏机场的赔偿责任的规定。关于赔偿责任,可以适用《民法典》第1198条的规定,即公共场所的经营者、管理者未尽到安全保障义务,造成他人损害的,应当承担侵权责任,由机场承担过错推定责任。①

铁路区段由铁路部门作为旅客运输的承担者。根据《国铁集团铁路旅客运输规程》第5条的规定,铁路旅客运输合同从售出车票时成立,至按车票规定运输旅客出站时止。在突发事件情形下,铁路部门与旅客之间并未形成铁路旅客运输合同,因此铁路在这个区段并不承担承运人责任。但是,《民法典》第1240条规定了高速轨道运输经营人的侵权责任,铁路运输是高速轨道运输,铁路事故包括铁路行车事故,即列车在运行中发生的人身伤害事故或者财产损害事故,铁路列车的运输人承担无过错责任,运输人能够证明损害是因受害人的故意造成的除外。② 因此,旅客虽然未与铁路部门签订铁路旅客运输合同,但在铁路运输区段依然可以通过《民法典》的有关规定寻求自身利益的保护。

---

① 参见杨立新主编:《中华人民共和国民法典释义与案例评注》(侵权责任编),中国法制出版社2020年版,第318页。

② 参见杨立新主编:《中华人民共和国民法典释义与案例评注》(侵权责任编),中国法制出版社2020年版,第600页。

四、我国旅客空铁联运法律制度的完善

目前，我国旅客空铁联运尚处于发展初期，出现法律问题时可以适用的法律规范散见于《民法典》《民用航空法》《铁路旅客运输规程》等法律法规之中，缺乏系统地归纳与整理。对我国的两种空铁联运模式进行法律关系的划分与研究之后，可将其划分为铁路区段、空铁衔接区段和航空区段，当前铁路区段和航空区段分别适用铁路法律与航空法律，而目前对空铁衔接阶段的适用法律则存在争议与空白。随着我国旅客空铁联运的发展，以及与国际旅客空铁联运的接轨，我国旅客空铁联运法律制度将面临更多的挑战。

（一）我国旅客空铁联运法律制度存在的问题

我国旅客空铁联运法律制度存在的问题主要体现在现有制度的不合理和不完善。就报销与转运两种旅客空铁联运方式而言，因为不涉及更多的法律关系，因此也不是我国旅客空铁联运法律制度的主要规范方向。航空公司与铁路部门携手合作推出的"空铁联运"产品的法律问题的解决应是我国旅客空铁联运法律制度主要完善方向，问题主要体现在旅客空铁衔接区段的法律适用上。目前我国的法律制度在规范"空铁联运"产品方面存在以下不合理或空白之处：

1. 多式联运合同的定义不能满足当前需求

多式联运合同的定义是否有必要根据旅客空铁联运模式进行修改，或者确立旅客多式联运合同的定义。目前，虽然我国《民法典》中多式联运的定义未明确表明适用于货物运输，但是我国目前的旅客空铁联运合同不满足"一次托运""全程负责"等构成要件，不符合多式联运合同的认定。出现这种情况的原因，一方面是多式联运的发展始于货物运输，且多式联运合同的认定多指货物运输①；另一方面是旅客多式联运尚处于发展阶段，对应的法律研究尚不完善。此时就需要考虑多式联运制度将旅客多式联运纳入进行规制是否必要。笔者认为有必要，原因有二：其一，党的十八大要求在推进国家治理体系和治理能力现代化的维度下推进《综合交通运输法》的立法进程，而多式联运法是综合运输法的重要组成部分②，多式联运法律制度的完善是我国法律体系未来的发展方向，而旅客多式联运是未来旅客运输的发展方向，也是多式联运发展的重要组成部分，因此出台规制旅客多式联运的法

---

① 参见 Nasseri K. , *The multimodal convention*, Journal of Maritime Law and Commerce, 1988, p. 19; 1980 年《联合国国际货物多式联运公约》等关于多式联运合同的定义。

② 参见曹译文：《综合运输立法与多式联运立法的协调向度》，载《河北法学》2019 年第 1 期，第 181 页。

律规范符合国家法律发展战略。其二,旅客运输与货物运输在法律保护范围与方式上存在一定差异,如货物运输只需研究货物运输过程中的损毁灭失问题,旅客运输则需要考虑旅客的人身安全问题、随身行李的损毁问题。加之旅客存在自主性,在进行两种运输方式衔接时,相比货物转输,旅客运输也会出现更多的法律问题,因此有必要出台专门规制旅客多式联运的法律条文。

2. 空铁衔接阶段缺乏关于托运行李损毁灭失的法律规范

目前,航空公司与铁路部门合作,为购买"空铁联运"产品的旅客在高铁站提供直接托运行李的服务。在这个阶段,行李是由航空公司接受,但是尚处于铁路公司的管理区域,此时如果出现托运行李的损毁灭失问题,会产生此时航空公司是否已经开始承担承运人责任,铁路公司是否需要分担行李的损毁灭失责任,以及此时行李赔偿的限额问题,而且这些问题目前缺乏可以明确适用的法律规范。

3. 缺乏规制前序行程延误导致后序行程无法衔接的法律规范

前序行程延误影响后续情形的情况更容易出现在铁路区段在前、航空区段在后的情形,因为根据目前的铁路运输合同铁路客票可以免费改签一次,大多数情况下不会给旅客带来因客票更改导致的经济损失。但是当出现以下情形时,旅客会因更改客票而产生经济损失:铁路因突发情况延误导致旅客无法按时到达机场,衔接不上后续航班;航空区段延误导致旅客在当天无其他铁路客票可供改签,只能退票;航空区段飞机多次延误导致旅客第二次改签铁路客票。在第一种情形下,根据目前"空铁联运"产品的合同,旅客办理机票改签或者退票,需要支付一定比例的手续费,而目前的铁路运输合同对于因自然原因导致的旅客延误带来的经济损失不进行赔偿,缺乏维护旅客权益的法律规范。在第二种与第三种情形下,旅客在发车前24小时退票,旅客需要承担铁路客票票面价格20%的手续费,虽然这种情况下旅客可以向航空公司申请,由航空公司补偿其经济损失,但是从目前的实践来看,旅客向航空公司寻求此类经济补偿的流程不够清晰且需要较高的时间成本,不能体现旅客空铁联运产品的便捷性。

(二)借鉴国际经验完善我国旅客空铁联运法律制度

目前,我国旅客"空铁联运"产品的发展落后于国际,国际旅客"空铁联运"产品发展过程中出现的法律问题或者经验教训,可以为我国构建空铁联运法律制度提供参考与借鉴。

1. 重视旅客"空铁联运"的法律合同框架,明确承运人责任

旅客"空铁联运"产品法律合同的框架和内容至关重要,这关系到产品销售机制和双方各自的权利和义务。航空公司与铁路部门签订"空铁联运"产品合作合同

时，应当考虑以下问题：(1)适用何种合同结构，以及该结构会在承运人和旅客之间产生何种法律关系；(2)航空公司和铁路部门就旅程中产生的航空公司和铁路部门各自的承运人责任，确定适用的条款和条件；(3)使用的预订和票务机制；(4)前述安排所产生的负债，以及航空公司和铁路部门如何处理和分配这些负债；(5)航空公司与铁路部门如何解决可能对乘客的剩余行程造成“连锁”影响的突发问题；(6)向残疾乘客和行动不便的乘客提供援助；(7)索赔和投诉处理机制；(8)营销安排和知识产权的使用。① 除此之外，合同还应当明确旅客每段行程的主要缔约方，并考虑行政监管问题，如航空公司签发铁路运输客票可能需要行政许可。航空公司与铁路部门之间达成的合作合同框架越完整、内容越充分，其提供给旅客的服务也就更加细致完善，承运人与旅客各自的权益也就能得到更好的实现。

航空公司和铁路部门应加强对于各自承运人责任的研究，减少因合同漏洞导致其承担额外承运人责任的可能性。例如，航空公司与铁路部门可以在合同中确立适当的交叉赔偿和索赔处理的安排，并辅以适当的保险。虽然这种性质的规定不会消除客户对航空公司和铁路部门的索赔，但可以让航空公司与铁路部门更加了解其可能面临的风险，并提前筹划应当如何解决这种风险。当问题真正出现时，也能减轻因航空公司与铁路部门相互推诿而给旅客权益带来的损害。

2. 在现有规则内引入旅客空铁联运的新条款

当缺乏可以专门规范旅客空铁联运或多式联运的规则，而制定相应的规则又需要经过大量的准备工作与制定工作时，扩大现有的规则适用范围从而囊括旅客空铁联运，也是一种相对简洁且有效的方式。在国际旅客空铁联运的法律规范体系中，欧洲联盟(European Union，以下简称“欧盟”)就进行了类似尝试。因为《统一国际航空运输某些规则的公约》(以下简称《蒙特利尔公约》)和《国际铁路运输公约》都对“连续运输”作出了规定：连续运输是由几个连续承运人履行的单一运输合同。如果修改《国际铁路运输公约》第 38 条和 1999 年《蒙特利尔公约》第 36 条等条款，使公约的当前文本适应混合连续运输的新趋势(该混合连续运输包括两种不同类型的承运人，即航空和铁路承运人)，则可以将旅客空铁联运纳入现有的航空承运人责任规则体系或者铁路承运人规则体系之中。欧盟对此作出了尝试，在 2013 年提出修订关于航空乘客权利的第 261/2004 号条例的提案，其中包括一项规定，即如果根据运输合同，一部分旅程由另一种运输方式进行，则该条例将适用于

① See Sue Barham & Mark Waters, *Air and Rail: Opportunities for Integration*, 27(4) Air & Space Law, 2014, p. 17.

整个旅程。[①] 虽然欧盟的这一提案尚未通过,但是在专门立法出台之前,通过现有法律规范对乘客的权利进行一定程度的保护,在法律空白与法律规范之间是一个良好的过渡。而我国则可以将《民法典》中多式联运合同的定义扩大化,或者在《民用航空法》中将联运合同纳入其规制范围,当没有专门用以解决旅客空铁联运的法律规范时,这种方式能为旅客寻求救济提供更好的帮助。

3. 整合我国法律法规中关于旅客空铁联运的法律条文

通过对不同旅客空铁联运模式应当适用的法律规范的研究可知,目前我国存在的旅客空铁联运不同模式的法律问题大部分能够通过适用我国现有的法律法规加以解决,但是这些规定缺乏系统性,分散于不同的法律规范之中,这无疑加大了旅客知道并选择依据这些法律规范保护自身权益的难度。国际旅客空铁联运适用的法律主要包括国际航空运输法律和国际铁路运输法律,与此不同,我国旅客空铁联运的法律适用范围则为《民法典》《民用航空法》以及民航或铁路关于保护旅客权益的法规,有些法规并不被旅客所知悉,也就很难用以保护旅客权益。因此,整合我国目前散落各处的规制旅客空铁联运的法律条文,出台关于规制旅客空铁联运法律问题的法律汇编或者司法解释,可以使旅客在选择空铁联运出行时更好地维护自身权益。

五、结语

我国旅客空铁联运存在几种不同模式,各模式之间的法律关系存在较大差异,其应当适用的法律规范也有所差别。经过研究可知,我国目前的旅客运输法律制度虽然可以解决不同模式下旅客空铁联运出现的大部分法律问题,但是相关法律条文散见于各个法律文件之中且不易被旅客所获得,存在对其进行系统整合的必要性。值得注意的是,随着我国综合立体交通网建设的推进,航空公司推出的旅客"空铁联运"产品是未来旅客出行的重要选择,但是目前其发展情况尚落后于国际。航空公司应重视其与铁路部门之间签订的法律合同框架,并在现有法律制度中纳入新规则、整合当前规范以应对旅客空铁联运可能出现的问题。

---

① 参见COM(2013)130终稿(n 118),17;然而,由于提案仍处于僵局,该变更尚未生效,且现状仍然是欧盟现行的所有乘客权利文书均未涵盖与多式联运乘客相关的问题交通。Anthony Teasdale(编),《欧洲2,000,000,000,000欧元股息映射2019-24年非欧洲国家的成本》(欧洲议会研究,2019年4月),载欧洲议会,http://www.europarl.europa.eu/RegData/etudes/STUD/2019/631745/EPRS_STU(2019)631745_EN.pdf。

智慧民航视域下民航旅客个人信息安全的法律保护*

王朝梁　张　晗**

一、引言

智慧民航建设就是民航运行管理全流程的数字化和智能化建设。随着电子客票、生物识别技术的快速发展，航空运输系统中储存了大量的旅客信息，这为智慧民航的建设与发展打下了数字化的基础，但也对航空公司的数据安全保障提出了新的要求。① 近年来，民用航空旅客的个人资料信息在数量和类型上都得到了空前的发展，其存储也进入了大数据时代。据统计，2021 年民航机场总客运量达到 9.07 亿人次，比往年增加 5.9%。但在提供便利的同时，经常会出现航空旅客预订机票过程中的旅客个人信息被不法人员利用的情况，并已引起社会各界的广泛关注。

* 基金项目：2020 年民航安全能力项目“中美欧适航审定法律、条例和规章比较研究”（项目编号：AADSA2020014）；2022 年天津市教委形势与政策课程协同创新中心（天津财经大学）重点课题“高校‘形势与政策’课‘八体联动’移动式教学研究”（课题编号：JJSZKZ202205053）。

** 王朝梁，中国民航大学航空法律与政策研究中心研究员、副教授、法学博士、硕士研究生导师，研究方向：航空法学、国际法学。张晗，中国民航大学法学院 2022 级硕士研究生，研究方向：航空法学。

① 参见丁建立、陈盼、马勇：《基于泛化 FPE 加密的民航旅客信息动态脱敏方法研究》，载《信息网络安全》2021 年第 2 期，第 48 页。

二、我国民航旅客个人信息保护的立法进程

民用航空业是一个具有庞大信息量的产业,民航旅客个人信息主要涉及以下三个方面:一是包含旅客的真实基本信息,如姓名、性别、生日及证件号码等;二是旅客订座记录指令(Passenger Name Record,PNR)信息,主要包括网上在线订座信息、旅客所需的特殊服务、常用旅客数据及支付方式等;三是延伸性的个性服务信息,该信息系统的功能是为乘客提供个性化的综合服务和产品建议,其中包括航班的选择偏好以及其他的延伸服务需求等。[①] 较之普通个人信息,民航旅客的个人信息所蕴含的真实性、国家安全属性和商品性更加突出,上述特征也使以传统侵权法为主导的个人信息救济模式在民航领域的运用中产生了现实困境。对此,我国目前主要从旅客的信息保障义务、民航相关人员的责任、企业行业的安全使用标准等方面对民航旅客的信息保护进行了规定。

(一)一般性立法规范

1.《网络安全法》

《网络安全法》确立了一套完备的国家网络安全系统,具有全局性、基础性的特点,是推进航空公司网信工作、防范重大风险的有力保障。该法不仅加强了民航部门对重要的旅客信息基础设施的保护,还明确指出主要的民航信息基础设施运营商应承担更多的安全保障责任,以确保旅客关键信息基础设施的运行安全,从而保障旅客个人信息的安全。例如,《网络安全法》第四章("网络信息安全")第42条第1款规定"网络运营者不得泄露、篡改、毁损其收集的个人信息",第44条规定"任何个人和组织不得窃取或者以其他非法方式获取个人信息,不得非法出售或者非法向他人提供个人信息",有利于保障航空旅客的个人信息安全。

2.《个人信息保护法》

《个人信息保护法》对现实中发生的信息过度收集、强制收集和利用掌握的个人信息谋取不当利益的现象进行重点规制。例如,第10条规定:"任何组织、个人不得非法收集、使用、加工、传输他人个人信息,不得非法买卖、提供或者公开他人个人信息;不得从事危害国家安全、公共利益的个人信息处理活动。"考虑到民航旅客个人信息具有内容的高度敏感性、流转渠道的复杂性等特点[②],此法有助于进一

① 参见刘光才、靳璐:《民航旅客个人信息保护的法律规制研究》,载《北京航空航天大学学报(社会科学版)》2020年第1期,第123页。

② 参见卢柏宜:《论民航旅客个人信息保护的困境与路径》,载《武汉交通职业学院学报》2021年第1期,第42页。

步提升旅客个人信息保护的水平。

(二)民航行政规章

1.《公共航空运输旅客服务管理规定》

《公共航空运输旅客服务管理规定》(以下简称《新客规》)对两部规章(1996年颁布的《中国民用航空旅客、行李国内运输规则》和1997年颁布的《中国民用航空旅客、行李国际运输规则》)进行了有机的整合和系统化的修改,进一步规范了国内、国际旅客运输秩序,保护了旅客的合法权益。其中,关于个人信息保护的内容主要是《新客规》第14条,该条规定:"承运人、机场管理机构、地面服务代理人、航空销售代理人、航空销售网络平台经营者、航空信息企业应当遵守国家关于个人信息保护的规定,不得泄露、出售、非法使用或者向他人提供旅客个人信息。"同时,《新客规》明确了以上主体违反本规定侵害旅客个人信息,触犯《消费者权益保护法》规定的,依照相关规定执行处罚。

2.《民航网络信息安全管理规定(暂行)(征求意见稿)》

2017年交通运输部出台的《民航网络信息安全管理规定(暂行)(征求意见稿)》,将"旅客信息保护"作为专门的一节,内容涉及民用航空安全信息收集、自愿报告的民用航空安全信息处理、举报的民用航空安全信息处理、民用航空安全信息分析与应用、民用航空安全的法律责任等内容。① 该规定要求民航有关部门应制定保障旅客个人信息安全的具体制度,并要求航空公司在提供服务的过程中收集、使用的旅客信息"不得泄露、篡改或者毁损,不得出售或者非法向他人提供,并应当采取相应措施严格保护"。

3.《民用航空旅客服务信息系统信息安全保护规范》

2020年7月20日发布的《民用航空旅客服务信息系统信息安全保护规范》对"旅客信息"进行了界定,即"民航旅客服务相关机构为旅客提供信息服务过程中收集或产生的旅客相关信息,包括:个人身份、地址、联系方式、机票交易、民航增值服务交易等信息"。同时,第七节明确列出有关"旅客信息安全"的具体规定,明确表示在运营者收集旅客信息资料时,应事先制定旅客信息收集的合理方式方法以及相关的管制措施,保证旅客在信息搜集过程中所受损害的程度最小。另外,在收集时还应当清楚地告知旅客收集信息的用途、范围和时间,说明要简单明了,使旅客能够完全了解收集的信息与用途的相关性、适用范围和持续时间的合理性。与此

① 参见马擎宇、张书源:《进一步规范民用航空安全信息管理——浅析〈民用航空安全信息管理规定(征求意见稿)〉》,载《民主与法制时报》2021年12月14日,第3版。

同时,民航有关部门还要制定安全战略并采用相应的技术措施,以保证旅客个人信息在使用、传输、存储等各个环节的安全。

三、比较法视角下国际民航旅客个人信息保护

(一)美国民航旅客个人信息保护的相关法案

美国历来注重保护个人信息的安全,加利福尼亚州(以下简称“加州”)在隐私保护方面的立法有着悠久的历史。2018年,该州颁布了《加利福尼亚州消费者隐私法》(California Consumer Privacy Act,CCPA),该法于2020年1月1日生效,被认为是美国最严格的有关信息安全保护的法案。相较于欧洲联盟(European Union,以下简称“欧盟”)的《通用数据保护条例》(General Data Protection Regulation,GDPR),CCPA更偏向于信息安全保护的实际效果,以及促进企业发展和技术创新的平衡。① 该法为所涵盖的企业引入了新的义务,包括:公司搜集的有关消费者的资料分类、公司搜集的特定信息资料、搜集资料的来源分类、搜集或销售私人资料信息的商业目的或商业用途、公司与其共享私人资料的第三者信息。此外它还为加州居民引入了新的权利,包括要求访问和删除个人信息的权利以及选择不将个人信息出售给第三方的权利②,进一步保障了个人信息的安全。

2019年,纽约州扩充了其《数据泄露法》的相关内容,明确要求实体部门制定、实施和维护“合理”的保障措施,以保护私人信息的安全性、保密性和完整性。2020年,加州以《加利福尼亚州隐私权利法》(California Privacy Rights Act,CPRA)修订了CCPA,扩大了消费者的权利,并增加了企业的合规义务。此外,2021年年初颁布的《弗吉尼亚州消费者数据保护法》(Virginia Consumer Date Protection Act,CDPA),该州成为第二个拥有全面数据隐私法的州。由此可见,美国许多州都在不断推动制定全面的消费者数据隐私法,此项做法也积极地促使航空公司各部门为切实保障旅客个人信息的安全而采取行动。

(二)欧盟民航旅客个人信息保护的相关法案

欧盟在航空立法方面一直处于世界领先地位,在航空旅客权利的保护方面更是如此。2015年,欧盟委员会批准了由欧洲议会提出的一份共享欧盟民航乘客姓名信息的草案。根据该草案,欧盟各成员国需要建立一个乘客信息采集处理中心,

---

① 参见孙权、沙泽阳等:《个人信息保护法案对比研究及对我国的启示》,载《上海保险》2020年第11期,第133页。

② 参见孙锦:《论社交电商平台个人信息权保护》,载《司法警官职业教育研究》2022年第1期,第48页。

各航空公司必须向欧盟成员国提供进出欧盟航班上的乘客姓名信息,各成员国也可以收集欧盟内航班上的乘客姓名信息但并非强制。据了解,所有搜集到的乘客姓名信息最初将保存6个月,随后相关信息将被屏蔽并储存四年半,任何机构或个人要想查询全部数据必须经过严格的审核。草案还严格规定,所有的乘客姓名信息仅能用于预防、调查和起诉处理相关的恐怖主义行为和严重罪行。这项做法虽在一定程度上维护了国家安全及社会公共利益,但其对旅客个人信息的安全保护方面还存有一定的争议。

经过欧盟议会长达四年的讨论,GDPR终于在2018年5月25日生效。该条例也被称作"有史以来最严格的数据保护规则",在保障个人资料和信息安全方面迈出了重要一步。① 可以说,该条例对个人信息提供了全方位的保护,并对侵犯个人信息安全的行为规定了严厉的处罚措施。例如,该法第二章第83条对相关主体明确规定了十分严厉的处罚措施,没有履行数据处理者的职责将会面临1000万~2000万欧元不等的处罚,或者全球年营业额的2%~42%的处罚。② 这种严格的处罚方式会让诸如航空公司等信息处理者在收集、使用用户个人信息时更加谨慎,有助于从源头防止信息泄露事件的发生。

(三)日本民航旅客个人信息保护的相关法案

日本主要通过《日本个人信息保护法》(包括个人信息保护法施行令及个人信息保护法施行规则)和判例法中的隐私权保护制度来规范个人信息处理活动。根据该法规定,个人信息处理者在向本人通知、公布的使用目的范围内处理(包括收集、委托处理、向第三方提供和向境外第三方提供)个人信息的,可以使用"opt-out"方式,不需要事先取得本人的同意,但处理涉及个人隐私或敏感的信息时除外。

《日本个人信息保护法修订案》已于2022年4月1日正式实施,修订的要点主要包括个人权利的扩大化,鼓励企业主动加强信息保护,明确企业在信息保护中的应责方式、数据利用的基本政策、数据违规的赔偿标准以及境外法律适用和跨境信息传输规则等。一方面,该法案增强了用户权利,用户对其个人信息享有要求数据处理者进行公开、更正、停止使用、说明理由等权利。另一方面,此次修订加重了数据处理者的义务,集中体现在:新增第16条第2款规定:"数据处理者不得以有可能助长或诱发违法或不正当的行为使用个人信息";新增第22条第2款规定:"在一定条件下,数据处理者在发生包括数据泄露、灭失、毁损在内的其他个人信息保

① 参见付晓:《数据保护条例:机遇还是挑战?》,载《中国会展》2018年第11期,第78页。

② 参见姚闽琴子:《航空旅客信息安全保护的问题与因应——以"庞理鹏隐私权纠纷案"为例》,载《上海法学研究》2021年第17卷,第133页。

护委员会规则规定的涉及数据的安全保障的事态,很有可能对个人权益造成损害的,应按照个人信息保护委员会的规则,将事态报告给个人信息保护委员会。同时在一定条件下,信息处理者还应将发生的事态通知本人。”①

就航空公司而言,航空部门信息处理者取得旅客个人信息时已有计划向第三方提供该信息的,应事先在旅客个人信息的使用目的中明确这一点。航空部门信息处理者还应当对其处理的个人信息数据采取安全管理措施,安全管理措施应考虑到个人信息发生泄露等情况下对本人权益的侵害程度,应根据业务规模及性质、个人信息的处理情况(包括所处理的个人信息数据的性质及数量)、个人信息的存储介质的性质等引发的风险程度制定必要且妥善的措施,从而为严格保障旅客个人信息的安全提供有力支撑。

四、我国民航旅客个人信息保护的法律问题分析

近年来,在有关公民个人信息的司法案件中,民航旅客个人信息受侵害的案件所占比重逐年上升,其原因与民航旅客的个人信息更容易受侵害有直接关系。相比其他的行业领域,航空旅客个人信息的保护呈现出更大的现实需求。② 但是我国现行的民航旅客个人信息安全的法律保障尚存在以下缺陷。

(一)我国现行相关立法存在空白

我国《个人信息保护法》和《网络安全法》虽对民航旅客个人信息保护提供了有效指导,但尚不能形成具备民航业务特点的信息安全保障体系,有关航空的法规体制机制尚未完善。另外,我国相关的民航规章,如交通运输部发布的《公共航空运输企业航空安全保卫规则》,虽规定了民航旅客个人信息保护的义务性规范,但可操作性不足、针对性不强。

(二)现行法律规范缺乏有效的监管及处罚机制

目前,我国民用航空运输行业对旅客的个人信息保护缺乏有效的监管机制,传统的航空网络和信息安全管理则侧重于对航空公司实体和运营的监管,难以有效回应航空旅客个人信息保护的现实需求。由于民航旅客信息处理涉及主体多,在行业层面,公共航空运输企业(承运人)、航空运输销售代理企业、航空运输销售保

---

① 林娜:《明日实施!日本新修订个人信息保护法(附新旧法对照)》,载知产力2022年3月31日,http://www.zhichanli.com/p/541852898。

② 参见卢柏宜:《论民航旅客个人信息保护的困境与路径》,载《武汉交通职业学院学报》2021年第1期,第42页。

障企业、机场地面服务部门以及旅客等多渠道之间均存在着错综复杂的信息流动。[①] 在这些流转程序中均有侵犯旅客信息安全的嫌疑,要想切实保障旅客信息的正确处理和应用,就必须对这些主体的行为进行有效的监督。

除此之外,我国《个人信息保护法》也仍然处于对信息安全保护的"宣誓"阶段,并没有在具体条文中对相关主体的过错行为设定严格的处罚标准。

(三)诉讼中民航旅客缺乏相关信息泄露案件的举证能力

就航空普通乘客而言,其并没有足够的能力提供侵权人的内部数据和信息资料,也很难判断自己的信息具体是在哪个环节以及如何泄露的,由此造成旅客自身证明的难题。因此在"谁主张,谁举证"的情形下,旅客对侵权事实难以查明,必须承担举证不能的后果,最终将影响判决结果。这导致长期以来旅客在诉讼案件的处理中都处于不利地位,因为其无法证明平台或航空公司在处理信息时存在过错。例如,在庞某与中国东方航空股份有限公司和北京趣拿信息技术有限公司的隐私权纠纷案,乘客庞某被泄露的个人信息包括姓名、手机号码、行程安排等,这些信息都属于个人隐私的范畴,可以在涉及个人信息的争议中寻求赔偿主张救济。但就证据搜集所需的资金和技术成本而言,作为普通人的庞某没有足够的能力去证明东方航空和趣拿公司的内部数据和信息系统存在漏洞[②],最终无法切实维护自身的权益。

五、我国民航旅客个人信息保护问题的法律对策

切实保障航空旅客的个人信息安全,需要国家、社会以及公民共同努力。在这样的背景下,国家应尽快出台建立针对旅客信息安全保护的法律规章,明确相关案件主体的举证责任;政府各部门应具体详尽地规定旅客信息泄露的救济途径,严格要求民航相关人员承担相应的义务,并对其进行有力的监督等;旅客也应增强个人信息的保护意识,积极维护自身权益。

(一)国家立法方面作出具体规定

为了完善对个人信息安全的保护,尤其是对民航旅客这一特定人群的信息安全保护,应加快推进个人信息保护专门立法的进程。结合《民法典》及《个人信息保护法》的一般规定,应对民航旅客个人信息的范围及信息数据的处理进行有区别的

---

① 参见刘光才、靳璐:《民航旅客个人信息保护的法律规制研究》,载《北京航空航天大学学报(社会科学版)》2020 年第 1 期,第 125 页。

② 参见于伟赞:《大数据时代消费者个人信息的立法保护》,载《法制与社会》2019 年第 12 期,第 14 页。

界定,对旅客个人敏感信息在内容储存和收集目的方面的特殊性作出具体适用的规定。[①] 由于民航旅客一般个人信息资料的搜集与处理,主要是针对营销、改善用户体验、进行市场调研等业务目标而制定,因此还要增加关于承运人加强注意义务的条款。

另外,我国可以参照欧盟 GDPR,在数据保护体系的构建上实行信息保护双轨制度:首先,从法律层面对信息主体的人格权和财产权实行双重保护;其次,从社会治理层面对个人信息权利进行制度设计及市场调节;最后,从信息产业层面对信息持有者在法律框架下达成自律协议进行鼓励和引导,着重促成法治和自制相结合的治理方式。[②] 此项制度可以调动社会各主体积极参与维护个人信息权,尤其是对航空企业这样拥有大量信息资料的主体来说,将对其旅客信息的应用与管理产生巨大的指导作用。

(二)现行法律规范方面建立科学完善的监管机制和处罚机制

由于行政主体的外部监管机构更具专业性,且拥有最全面的监管资源,因此行政监管仍然是目前最有效的管理手段。例如,2022 年 8 月,北京市市场监督管理局首次开展网络销售平台旅客服务监察行动,按照《公共航空运输旅客服务管理规定》的要求,对去哪儿网及美团网等航空客票销售平台进行检查。监察员对网络销售平台与航空公司及其代理人客票销售协议签订、旅客信息保护及客票销售记录保存等内容进行检查,要求各公司要确保做好平台内的航空销售代理人的监管工作。

另外,为保护个人信息安全可采用的保护手段和处罚机制不仅包括民事方法,还更应该强调行政手段甚至刑事手段,对盗取个人信息数据、泄露个人信息数据、违法使用个人信息数据等行为给予严肃的处理,从制度上保障个人信息数据的形成安全、存储安全和使用安全。[③] 有效的监管机制与处罚机制将不断提升公共航空运输旅客信息管理的水平,强化航空信息平台操作的规范性。

(三)规范明确航空旅客主体的举证责任

在信息泄露的案件中,与"谁主张,谁举证"的分配规则相比较,对于信息泄露的主体更应当适用举证责任倒置的分配方式。因为在民航旅客信息泄露案件中,

① 参见卢柏宜:《论民航旅客个人信息保护的困境与路径》,载《武汉交通职业学院学报》2021 年第 1 期,第 39 页。

② 参见林凌、李昭熠:《个人信息保护双轨机制:欧盟〈通用数据保护条例〉的立法启示》,载《新闻大学》2019 年第 12 期,第 115 页。

③ 参见许艺彤:《民航安全管理面临的新挑战》,载《民航管理》2021 年第 8 期,第 58 ~ 60 页。

旅客信息在多方主体间流动,不易查清信息泄露的来源。信息处理的一方主体具有雄厚的经济实力和先进的信息技术,在承担对证据的损害后果与其自身的行为是否有任何因果联系的举证责任时会更加便利,从而会更有利于举证责任的公平分配。2011 年至今,交通运输部和中国民用航空局发布了一系列政策,明确提出"谁主管谁负责""谁运维谁负责"的原则,有必要将这种理念具体化为规范,上升为法律。[①] 所以,我国相关立法需明确航空公司与旅客主体的举证责任,规范对信息泄露案件因果关系的举证责任倒置,才更能保证信息泄露侵权案件中诉讼双方的平等地位,实现法律的公正。

六、结语

民航旅客个人信息保护是一个系统性工程,旅客信息的保护需要考虑多方面的因素,不仅需要更加先进、科学的管理制度,各类保护措施也要具体联动。不仅国家要建立健全现有法规政策,政府率先领导示范,民航各部门也要付诸行动,推动网络信息安全平台化发展,加强保障旅客信息的安全管理,共同构建安全高效的新型航空运输安全保障系统,真正发挥保障旅客个人信息安全的作用,为旅客带来全方位的安全感。

① 参见李亚凝:《我国民用航空法亟待修正的若干关键问题研究》,载《西北工业大学学报(社会科学版)》2019 年第 4 期,第 84 页。

[航空行政监管法律问题]

我国民航行政许可“放管服”改革的现状、问题与完善

张崇胜*

一、引言

民航业是我国经济社会发展的重要战略产业,新经济发展格局的构建要求民航更好地发挥战略支撑作用,加快推进民航质量变革、效率变革和动力变革。其中,优化民航领域的营商环境,推进民航行政许可简政放权、放管结合、优化服务(以下简称“放管服”)改革,提高民航行政效能,无疑是维护民航市场秩序,激发民航市场活力,推动民航高质量发展的关键举措。其实,党的十八大以来,党中央、国务院把处理好政府与市场关系、转变政府职能作为全面深化改革的关键,大力推进“放管服”改革。其中,行政许可领域的审批制度改革是“放管服”改革的重点和关键,改革以审批发证为主要内容的传统管理体制,从以微观管理、直接管理为主转向宏观管理、监督管理为主。因此,民航行政许可“放管服”改革的研究需要置于国家行政许可“放管服”改革的理论体系与制度框架下,检视当前改革进程中存在的主要问题,借鉴其他部门的先进经验,从而为民航行政许可“放管服”改革的深化提供针对性的建议。

---

* 张崇胜:中国民航大学法学院助理教授、法学博士,研究方向:经济法学、航空法学。

二、行政许可“放管服”改革的理论基础、制度框架与部门实践

(一)行政许可“放管服”改革的理论基础

“放管服”改革是当下行政许可领域审批改革的上位概念和制度语境,行政许可领域审批改革应当置于“放管服”改革框架下来思考。

1.“放管服”改革的内涵考察

“放管服”改革包括简政放权、放管结合、优化服务。“放管服”是行政管理体质改革的深化,体现的是政府职能转变的核心理念以及政府自身建设的完整性。① 其中,“放”的核心目的就是要重新定位政府角色,重新界定政府、市场、社会的边界和相互关系。“管”的核心在于创新监管方式,“放手”决不等同于“甩手”,而是要“腾出手”来创新和加强监管,切实管住、管好、管到位。“服”强调更直接、更系统地提供服务,体现了政府职能转变的核心理念,“放”和“管”两个环节都是建设人民满意的服务型政府的手段。

2.行政许可改革与“放管服”改革的关系

“放管服”内涵分析表明,“放管服”改革的本质是处理好政府与市场的关系,使市场在资源配置中起决定性作用和更好发挥政府作用,“政府既要全面正确履行经济职能,又要确保企业成为市场主体”②。

行政许可制度改革的核心是合理划定政府和市场之间的边界。无论是将行政许可的本质界定为“赋权说”还是界定为“解禁说”,均是对市场主体自主权的一种干预。③ 这种干预是政府行使市场监管职能的主要措施,是政府为保障和实现市场在资源配置中发挥决定性作用采取的一种事前控制手段机制,在解决市场失灵、维护社会公平正义方面起着重要作用。因此,行政许可制度改革并非简单地对目前实施的各类行政许可项目进行取消、下放、整合,而是实现有效市场和有为政府的良性互动。

可以看出,“放管服”改革与行政许可改革具有融贯性,前者为后者提供了更加完整的理论指导框架。“放管服”改革背景下的行政许可改革可谓行政许可“放管

---

① 参见张定安:《关于深化“放管服”改革工作的几点思考》,载《行政管理改革》2016年第7期,第33~38页。

② 王敬波:《“放管服”改革与法治政府建设深度融合的路径分析》,载《中国行政管理》2021年第10期,第18~21页。

③ 参见王奇才:《“放管服”改革中的行政许可:功能定位与制度衔接》,载《福建师范大学学报(哲学社会科学版)》2022年第2期,第147~156页。

服”改革。具体而言:

首先,行政许可“放管服”改革中的“放”,包括政府向市场主体放权,减少行政许可事项,以充分发挥市场在资源配置中的决定性作用;向社会组织放权,改革社会组织管理制度,激发社会组织活力,使其成为政府转移职能的可靠承接者;向下级政府放权,通过下放审批事项与审批事权,提高行政审批效率和政府管理效能。

其次,行政许可“放管服”改革中的“管”,是指在大力简政放权,不断取消行政审批事项以后,要加强事中事后监管。“管”应当按照消极干预的思路,侧重于市场主体行为结果是否对公共利益和社会其他主体造成损害,并在此基础上设计和选择具体的监管措施。另外,为确保事中事后监管制度的有效运行和实施,必须加强对事中事后监管的法律约束。

最后,行政许可“放管服”改革中的“服”,即高效服务。权力放得越多,服务的要求就越高。行政主体要树立“管理就是服务”的理念,通过主动作为营造便利环境,引导和推动当事人作出更优决策、提升自身竞争力,促进经济社会发展。从这个角度看,检验行政许可“放管服”改革成效,在于政府行政效能和公共服务水平是否提升。

(二)行政许可“放管服”改革的制度或政策框架

梳理自“放管服”概念首次提出(2015年5月12日)至今,中共中央、国务院出台的相关政策文件可以看出,国家在坚持问题导向、目标导向、结果导向的基础上,已初步形成了以行政审批制度改革、加强事中事后监管、提升政务服务质量、优化营商环境为重点的系统性、整体性、协同性的行政许可“放管服”改革政策框架。

这些制度或政策框架可以进一步划分为三个维度:(1)宏观维度,制定转变政府职能、简政放权以及“放管服”改革的总体方案,涉及行政许可“放管服”改革的指导思想、基本原则、主要目标以及部门分工等,为行政许可“放管服”改革构建了政策指导框架。(2)中观维度,成立专门的“放管服”改革协调小组进行工作统筹,对行政许可“放管服”改革涉及的行政许可权力清单和责任清单、事前事中事后监管机制、公共服务优化、督查督办考核、互联网政务服务设施等关键问题进行制度设计,夯实了行政许可“放管服”改革的组织、行为和技术基础。(3)微观维度,对若干具体行政许可事项的精简、行政许可权的下放、行政许可流程的优化等作出了明确的规定。

(三)行政许可“放管服”改革的部门实践

围绕行政许可“放管服”改革,国家各行业和部门采取了诸多措施:(1)行政许可事项精简与下放。具体体现为向市场和社会赋权①;精简行政许可事项,减少证照数量②;优化行政许可事项办理流程③。(2)建立健全行政许可事项的监管机制。具体体现为突出重点监管领域;优化监管主体结构,发挥监管合力;创新监管方式,探索新型许可监管工具;强化对监管权的约束。(3)行政许可政务服务标准化、规范化、便利化。具体体现为打造平台化政府,推进"互联网+"政务建设④;构建集约型政府,授权一个窗口统一办理行政许可事项⑤;建设透明型政府,有效提升信息公开力度⑥。

很显然,上述措施总体上是在国家构建的行政许可"放管服"改革制度或政策框架内对既定国家政策的细化与落实。当然,改革进程中,国家各行业和部门也发挥主观能动性采取了一些新颖的对民航市场"放管服"改革有借鉴意义的尝试,下文将围绕其进行重点阐述。

1.出台专门的改革意见,提高改革的系统性

行政许可"放管服"改革是一个系统性工程,要避免改革的碎片化、部门化。为此,农业农村部制定了《关于进一步深化"放管服"改革的意见》,对农业农村领域行政许可"放管服"改革进行了系统性规划。(1)明确了行政许可"放管服"改革的总体要求(指导思想、工作目标)和基本原则(坚持便民高效、坚持市场导向、坚持法治引领、坚持系统推进)。(2)对行政许可事项清单的编制、行政许可实施规范的制定、行政许可办事指南的优化以及行政许可的实施进行了规范。(3)就事前事中事

① 例如,财政部修订《事业单位国有资产管理暂行办法》,赋予国家设立的研究开发机构、高等院校对持有的科技成果的自主管理权限。农业农村部将拖拉机和联合收割机牌证业务办理职责下放到县级农机安全监理机构,扩大地方在"大专项+任务清单"框架下的投资灵活度和自主权。

② 例如,中国证券监督管理委员会(以下简称"证监会")按照"能减则减、能简则简"的原则,取消了20项证券基金经营机构行政事项证明文件。农业农村部将拖拉机驾驶证、联合收割机驾驶证合并为"拖拉机和联合收割机驾驶证",将拖拉机行驶证、联合收割机行驶证合并为"拖拉机和联合收割机行驶证"。

③ 例如,证监会按照"最小、必要"原则,取消、简化91项申请材料。其中整合了26项无须单列的申请材料,简化了14项申请材料。民政部简化了设立养老机构的申请材料,申请人设立养老机构许可时,能够提供服务设施产权证明的,不再要求提供建设单位的竣工验收合格证明。农业农村部取消了"国家重点保护水生野生动物及其产品进出口初审",改为由部级直接受理审批,只需要跑一次就把许可办好了。

④ 例如,农业农村部整合门户网站与网上政务大厅,汇聚本级行政许可、其他政务服务事项,建立了统一的"一站式"网上农业办事查询服务窗口。同时,开发上线"益农e审"App,实现了与网上办事系统的无缝对接。

⑤ 例如,海关总署在2015年便正式启动行政审批"一个窗口"改革,将原本分散在海关不同业务现场、不同业务部门的行政许可事项集中到"一个窗口"统一办理,企业不用再带着材料在多部门之间"多头报送"。

⑥ 例如,证监会并制定公示备案办事指南,清晰列示备案依据、程序、要求、材料等,并在证监会网站公示,方便市场主体办事。

后全链条全领域监管(监管重点、监管主体、监管规则标准)和政务服务标准化、规范化及便利化进行了统筹安排。

2. 优化监管主体结构,发挥监管合力

鉴于行政许可事项后续监管范围宽泛和监管方式多样,政府一方难免力不从心。加之政府也是实施改革的主体之一,需要其他方来监管政府的行为。因此,推行行政许可"放管服"改革的主体应是多元的,包括政府、社会组织、企事业单位等。为此,财政部办公厅专门发布《加强注册会计师行业联合监管若干措施》,与中国注册会计师协会建立注册会计师行业联合监管工作机制,实现行政监管和行业自律优势互补、协同推进。在众多监管主体中,政府、注册会计师协会、企业等是几个重要的监管主体,分别行使政府监管、行业监管和企业自律监管等职权。政府监管是方向盘和压舱石,行业监管和企业自律监管是推进器,它们相互支撑、互为补充。

3. 创新监管方式,探索新型许可监管工具

实践中,各部门采取的主要有"双随机一公开"监管、信用监管、"互联网+监管"、包容审慎监管等。其中,包容审慎监管更有助于提升行政执法机关服务经济社会发展的能力,持续激发市场主体活力,培育新的经济增长动能,营造一流法治化营商环境,逐渐受到各部门的重视。例如,甘肃省兰州新区专门出台《关于对新兴产业发展实施包容审慎监管的指导意见》,尝试对新业态、新模式、新产业企业给予2年包容期,在包容期内通过行政指导等柔性监管方式,引导和督促企业依法经营。①

4. 强化对监管权的法律约束

如前所述,行政许可"放管服"改革要求秉承"管理就是服务""监管者就是服务者"的理念,其贯彻落实的有效性有赖于对监管权进行合理有效的制约。为此,实践中各部门采取的措施主要有强化行政程序的制约、强化对行政许可自由裁量权的约束、加强监管信息披露、加强对监管成效的监督考核以及加快相关领域法律规范的完善等。其中,针对保留的行政审批事项,财政部创造性地提出"权责对等"原则,在赋予行政机关及审批人审批权的同时,规定其相应的审批责任,做到责任

---

① 具体而言,对法律政策界限不清、没有造成严重社会不良后果的行为,采取约谈告诫等措施,指导企业合法合规经营。进一步规范涉企检查,通过"双随机"抽查的方式,对新兴产业企业实施适度检查。除投诉举报、转办交办、专项整治等情况外,原则上不进入企业检查。凡不涉及前置许可或后置许可的新兴产业企业,企业即时信息公示有误的,或者实际经营场所与登记的住所(经营场所)不一致但能够联系到的,暂不列入经营异常名录,而是由登记机关以行政指导方式督促其正确履行公示义务或者办理变更登记。

到岗,权责一致。

三、"十三五"时期民航行政许可"放管服"改革的成就

"十三五"时期(2016~2020年)以简政放权为标志的行政体制改革促使民航局不断向外释放职权、向内调整职能,正确处理与社会、市场之间的关系。作为其中关键一环,民航行政许可"放管服"改革稳步推进,在完善民航业治理能力、优化民航业资源配置、提升民航业监管效能等方面起到重要的促进作用。

(一)民航行政许可改革的总体情况

在中共中央、国务院出台的一系列关于政府"放管服"改革的重要政策文件的指引下(见表3-1),民航局依据《中华人民共和国国民经济和社会发展第十三个五年规划纲要》、国务院《关于促进民航业发展的若干意见》等行业发展上位规划和相关文件编制的《中国民用航空发展第十三个五年规划》,聚焦民航业发展的结构性失衡等问题,提出转变政府职能,深化管理体制改革,破除体制机制障碍,坚持发挥市场配置资源的决定性作用和更好地发挥政府作用相配合,奠定了"十三五"期间民航行政许可"放管服"改革的主基调。为落实国务院"放管服"改革的精神,结合民航业发展的实际情况,2017年民航局又制定了《关于推进行政许可标准化建设方案》,从民航行政许可事项管理、流程管理、服务管理、场所建设与管理、行政许可服务与监督评价等5个方面,明确了具体操作标准。2020年5月,民航局出台了《民航优化营商环境实施细则》,总结了以往工作经验,在深化民航行政审批制度改革方面确立了基本工作原则;同年11月出台了《民航局政务服务"好差评"管理办法》,建立起以评价、反馈、整改、监督等为主要内容,综合运用线上线下等多种方式的政务服务评价机制。

表3-1 民航行政许可"放管服"改革的重要政策文件

文件名称	相关要求
《关于进一步深化民航改革工作的意见》(2016年5月)	进一步提高简政放权的含金量,继续取消、下放一批行政审批事项,清理中介服务事项,简化审批程序;完善行政审批事项承接落实和协调机制,加强事中事后监管。筹建实体行政审批大厅,实现"一个窗口"受理行政审批申请,积极推行网上申请和在线审批
《关于加强新设航空公司市场准入管理的通知》(民航发〔2016〕96号)	为进一步处理好安全与发展的关系,确保行业发展与资源保障能力相适应,避免航空运输市场出现"多、小、散、弱"的状况,对新设航空公司要严格控制。严格资源保障能力评估,严格限制在繁忙机场运营的主基地航空公司数量,严格专业技术人员审核

续表

文件名称	相关要求
《中国民用航空发展第十三个五年规划》(民航发〔2016〕138号)	“十三五”期间民航业发展的纲领性文件,提出“转变政府职能,深化管理体制改革,破除体制机制障碍,坚持发挥市场配置资源的决定性作用和更好地发挥政府作用相配合”
《提升通用航空服务能力工作方案》和《提升民航服务品质工作方案》	降低经营性通航企业许可和审定门槛;降低通用航空器引进门槛;简化或取消通用航空器引进事前备案。 实现通用航空经营许可网上申请、受理和许可;简化非经营性通用航空登记管理
民航局《关于推进行政许可标准化建设方案》	按照“从无到有、由低到高、变繁为简、持续改进”的思路,明确行政许可标准化具体操作标准
《通用机场分类管理办法》(民航发〔2017〕46号)	构建区别于运输航空、符合通用航空特点和规律的分类管理机制
《通用航空市场监管手册》(WM-TR-2017-01,已失效)	涉及通用航空经营许可、通航特殊飞行活动任务两项涉企许可的审批及监管工作,明确了民航各级管理机构的职责分工,梳理了许可准入及监管的流程,规范了监察员的监管行为,同时也适应了不同地区简政放权、职责下沉的差异化需要
民航局《关于进一步提升民航服务质量的指导意见》(民航发〔2018〕24号)	构建以考核机制为核心的政府监督管理体系;建立基于PC端和App端的民航服务质量监督平台(旅客投诉集中受理平台);推广“互联网+民航服务”;强化行业服务自律,形成有效的行业自律和自我监督机制;加强服务信用体系建设,建立民航企业服务信用管理制度
民航局《关于通用航空分类管理的指导意见》(民航发〔2018〕80号)	对公共运输航空与通用航空、经营性与自用性通用航空、载客类与非载客类飞行活动实施分类管理。放宽事前审定,强化事中事后监管,加强对载客经营类通航飞行活动监管,放宽载货类、培训类和作业类通航飞行活动限制,有效投放监管资源,激发市场活力
《关于规范通用航空经营许可工作的通知》(局发明电〔2018〕3579号)	强调落实“不合理的许可前置条件应尽早解决”“对‘过度监管’要抓住不放,举一反三”的要求
《关于征集对通用航空“放管服”工作意见建议的通知》(局发明电〔2019〕50号) 《关于通用航空“放管服”工作意见建议的答复》	共征集到来自通航企业、局方、空管部门以及未署名单位、个人的意见建议共计105项,涉及民营企业筹建通用机场及临时起降点的审批、特许飞行许可范围、通用航空机场建设审批程序、通用航空低空范围等诸多行政许可审批事项

续表

文件名称	相关要求
《民用航空“双随机”检查实施规范（试行）》	充分应用“双随机”检查方式
民航局《关于全面规范运用行业监管手段的指导意见》（民航发〔2019〕19号）	全面规范运用行业监管手段，严格界定事权范围，严格依法行使职权
《关于深化通用航空联合审定工作有关事宜的通知》	将行政许可联合审定试点范围扩展至全国。企业通过一次申请、一次联合审定，同步获批两项许可。此举将经营许可和运行许可审定方式由“串联式”改为“并联式”
《民航行业法定自查容错规范》（民航规〔2019〕72号）	对市场主体容错监管进行指引，规范行使行政执法自由裁量权，正确采用行业监管手段
《民航优化营商环境实施细则》（民航发〔2020〕24号）	执行全国统一的市场准入负面清单制度，逐步缩减民航领域不合理的准入限制措施
民航局《关于取消一批证明事项及实施证明事项告知承诺制的公告》	以“两张清单”形式对49项证明事项直接取消，对5项证明事项实施告知承诺制
《通用航空经营许可管理规定》（2021年版）	最大限度降低通用航空经营许可条件：一是落实分类管理思路，降低了对成立非载客类企业航空器数量要求，由两架降低为一架；二是取消除驾驶员之外的航空人员的要求；三是取消通航企业设立分公司的备案要求；四是取消对开展经营性通用航空保障业务企业的监督管理要求
《民航局深化“证照分离”改革　进一步激发市场主体发展活力实施方案》（民航发〔2021〕31号）	在全国范围内对民航领域涉企经营许可事项分类推进审批制度改革。对涉企经营许可事项实行清单管理，列入清单的民航涉企经营许可事项共21项，分别按照直接取消审批、审批改为备案、优化审批服务等三种方式分类推进，逐项细化具体改革措施和事中事后监管措施
《中国民用航空局深入推进法治建设实施方案（2021－2025年）》	健全行政执法工作体系，稳步将基层管理迫切需要且能有效承接的行政执法事项下放给基层，坚持权随事转、编随事转、钱随事转，全面评估已经下放的事项，存在问题的要依法收回

续表

文件名称	相关要求
《通用航空经营许可与运行许可联合审定工作程序》(民航规〔2022〕7号)	为开展联合审定提供了制度依据和保证
《推进政务服务标准化规范化便利化工作实施方案》	加快推进民航政务服务标准化、规范化、便利化;推动业务系统与民航审批服务平台数据互联互通,“一网通办”“跨省通办”水平大幅提升;推动电子证照全覆盖应用,实现全国互通互认
《关于“十四五”期间深化民航改革工作的意见》	围绕正确处理好政府与市场的关系这一核心问题,破除制约资源要素有效配置的体制机制性障碍,充分发挥市场在资源配置中的决定性作用,更好地发挥政府作用,形成一套基于市场的、高效的、有机的资源配置方式
《民航单位法定自查工作规范》(民航规〔2022〕51号)	对《关于民航单位法定自查有关问题的通告》进行了全面修订。工作规范明确了企业关于法定自查的底线要求,涵盖了自查的全部要素,法定自查制度、机构和人员、法定自查的工作依据,覆盖了法定自查的全部流程,编制和调整法定自查计划,法定自查实施和闭环,案卷整理,数据分析与应用

分析上述主要政策文件的内容,我国民航行政许可“放管服”改革的措施主要集中在以下方面:(1)民航行政许可权的下放和取消;(2)民航行政许可程序的优化;(3)民航行政许可事项分类分级监管的优化;(4)行政许可事项监管方式的创新;(5)民航行政许可事项监管权的约束;(6)民航行政许可政务服务的标准化、规范化和法治化。上述有关民航行政许可的改革举措都从不同角度和不同过程贯彻了“放管服”改革的精神。

(二)民航行政许可改革主要举措梳理及其成就

1. 持续简政放权,打造市场化民航市场环境

(1)进一步削减民航行政许可事项。适应民航发展新形势、新任务,在行政许可“放管服”改革方面由重数量向提高含金量转变,最大限度地减少运输航空行政审批事项①,

① 例如,取消了如下事项的行政许可审批:民用航空器驾驶员Ⅱ、Ⅲ类运行许可,民用航空运输凭证印刷企业资格认定,国内通用航空企业承担境外通用航空业务审批,境内航空公司之间、境内航空公司与境外航空公司之间的代码共享等商务合作审批,民用航空器部件修理人员资格认定,国内(境内)民用航空器维修人员资格认定,民用航空器地面教员执照核发,民用航空器噪声合格证和涡轮发动机飞机排放物合格认可,民用航空器生产检验系统批准(APIS),民用航空器地址编码指配,民航计量检定员资格认可(先下放,后取消)等。

重点减少通用航空[①]方面的许可与审批事项，合理削减涉境内外行政审批事项[②]。同时，由减少审批向放权、监管、服务并重转变，极大放活航空公司经营自主性，激发市场活力。

(2)充分下放民航行政许可权限。为减少行政许可事项审批层级，最大程度便利企业创业办事，同时充分发挥基层民航行政机关的积极性，民航局下放了部分行政许可权，诸如通用航空经营许可的审核、更换与注销审批[③]。同时，地区管理局也在充分下放权限，如民航中南局启用“行政许可专用章”9 枚，明确了涉及 12 个业务门类的 49 项行业管理事项下放至各监管局。

(3)推进行政审批标准化规范化透明化改革。推进行政审批的规范化，制定严密的审批操作规程，缩小自由裁量权；推进电子审批，实行网上审批、登记、备案[④]，逐项逐次填报改为“一揽子”备案[⑤]，采取多项行政许可事项联合审定模式[⑥]；创新许可方式，实行告知承诺制[⑦]，突出行政审批的服务功能，建立服务型的行政审批制度。

2. 加强监管创新，打造法治化民航市场环境

(1)加大监管力度，建立健全市场主体首负责任制度。出台《民用航空安全管理规定》，构建系统、有效的民用航空安全监督管理体系。强化对公共安全、社会公众利益影响较大的载客运输项目的监管，对安全监管类事项实行全覆盖监管。严厉打击各种危害民航市场正常运行、扰乱民航市场秩序的行为。强化高原机场合

---

① 例如，取消了通航经营许可前置审批，改为先照后证；取消通航短途运输必须以包机形式经营、不得公开售票的限制；取消对航空器设计小改的审批管理，取消通用航空企业出国境作业审批，取消通用航空器引进备案管理；放宽通航从业者的要求，延长Ⅱ级体检合格证有效期，并放宽对私用驾驶员相关疾病要求；取消通用航空经营许可证 3 年有效期限制，改为长期有效。

② 例如，取消了对内地与香港、内地与澳门间航线代号共享的审批，简化经营内地与香港间航线的航空公司指定程序；对国际航线实施分类管理，放宽一类航线许可审批，取消其航班计划审批，实行网上备案制。

③ 《通用航空市场监管手册》(WM－TR－2017－01，已失效)规定，管理局可根据实际工作需要，授权辖区内监管局完成经营许可申请材料的部分审核工作、经营许可变更材料的部分或全部审核工作，完成经营许可换发的部分审核工作以及通用航空经营许可注销工作。

④ 例如，优化通航企业经营活动备案方式，实行网上备案。同时大幅简化事前备案要求，由按照航空器及具体经营性飞行活动逐项逐次填报，改为“一揽子”备案作业期限、地点、航空器数量等信息。

⑤ 例如，将航空器及具体经营性飞行活动逐项逐次填报改为“一揽子”备案作业期限、地点、航空器数量等信息。

⑥ 例如，中南局率先在辖区内采用载客类经营许可与运行许可联合审定的全新模式。

⑦ 除事关人民群众生命安全的经营活动外，对绝大多数通用航空经营活动的许可实行告知承诺制审批。民航行政机关一次性告知申请人审批条件，申请人以书面的形式承诺其满足通用航空经营许可条件。民航行政机关信赖申请人的承诺、诚信，无须现场审验，依据申请人的承诺直接办理许可审批手续。

格审定准入以及危险品运输监管,对通用航空等新领域进行审慎有效监管。①

(2)创新监管方式,实施公正公平监管。实现"双随机、一公开"监管全覆盖、常态化,在增强民航市场主体信用意识和自我约束力的同时,减少对正常生产经营活动的干预。为营造公平竞争环境,有效激发民间投资活力,采取负面清单管理模式,全面实施民间资本"非禁即入"。探索对通航企业和通用机场实施分类分级管理,优化经济监管类事项和安全监管类事项的范围划分。采取"双随机"检查,从全覆盖式的检查模式向精准化检查转变。完善民航市场信用体系,建立信用联合惩戒机制。加强各监管系统互联互通,落实"互联网+监管"要求,打破信息壁垒。对于新技术、新产业、新业态、新模式实施包容审慎监管,尝试运用容错监管②;试点、试行并推广法定自查制度,充分发挥民航市场主体的自我规制优势。

(3)完善法治监管,强化对监管者的约束。强化制度性和程序性法规规章建设③,用法律保障民航商事制度、行政审批、市场监管方面的改革。出台民航监管的规范性文件,完善各级民航行政执法部门执法程序,规范行使行政执法自由裁量权。推进行政执法考核评议等制度建设④,要求权力不仅要"接得住",而且要"管得好"。

3. 优化政务服务,打造服务型的行政审批制度

(1)推动民航政务服务平台化。先后推出民航行业监管执法信息系统(CAAC Supervision and Enforcement System,SES)、民航数据共享交换平台、民航行政审批服务平台,按照"统筹集约大平台、共享利用大数据、整合构建大系统"的思路,通过数据治理搭建起民航行业六大主题域数据仓库,涵盖28个民航核心政务系统,解决了政务信息化建设中存在的各自为政、信息孤岛问题。民航行政审批服务平台上线运行,同时完成与国家政务服务网"跨省通办"专区互联互通,实现"航空安全员资格认定"等高频政务服务事项"跨省通办"。推进电子证照系统建设,推动电子证照在更多领域应用并实现全国互通互认,让数据多跑路,打通民航政务服务"最后一公里"⑤。

① 参见《"十四五"通用航空发展专项规划》(民航发〔2022〕8号)。

② 参见《民航行业法定自查容错规范》(民航规〔2019〕72号)。

③ 例如,监管机构出台了民航局《关于全面规范运用行业监管手段的指导意见》。另外,中南局编写了《行政许可事项内部办理指南》《行政许可初审事项内部办理指南》,通过完善配套制度、规范审批流程等措施进行了制度优化。

④ 例如,出台了《民航法治建设考核评价暂行办法》。

⑤ 2021年11月,民航适航审定运行管理系统(AMOS)向中国商用飞机有限责任公司颁发了民航行业首张电子证照——ARJ21-700飞机临时登记证。

(2)实现民航政务服务集约化。推动各类民航政务服务事项进驻政务服务大厅统一办理,由分散审批向集中审批转变。例如,设置民航局政务信息系统统一认证平台,政务资源由重复独立向集约共享方式转变;推广民航行政许可事项并联审批,推行联合勘验、联合测绘、联合审图、联合验收以及区域评估;要求民航局、民航各地区管理局整合窗口功能,提供一站式服务。

(3)强调民航政务服务公开化。一方面,扩大公开事项的范围。要求民航局、民航各地区管理局将行政职权、审批服务、办事指南等政务活动事项(除涉及国家秘密、商业秘密、个人隐私外),通过政府网站向社会公开。另一方面,拓展公开的渠道。通过民航行业监管执法信息系统公布民航行业监管事项库,借助行政审批服务平台、民航行业监管执法信息系统以及与全国一体化政府服务平台的对接,推动政务服务和监管信息共享。

综上可以看出,民航"十三五"规划以及"十四五"恢复期和积蓄期(2021~2022年),民航局在市场主体设立的前置性审批、市场主体设立的具体程序、市场主体退出程序等方面进行大幅度改革,取得了跨越式进展。同时,借助新一代信息技术,大力推动电子政务,使民航政务服务效能大幅度提升。另外,在行政审批、市场准入等各个方面的透明度与公平性显著提升,从而推动了营商环境的优化,促进了民航市场的高质量发展。

四、民航行政许可"放管服"改革存在的主要问题

近些年来,民航行政许可"放管服"改革总体进展顺利,各项部署陆续落地。与此同时,改革仍存在统筹性不够、制度操作性不强、后续监管主体单一、配套组织保障有待加强等问题。

(一)统筹性不够,系统性缺乏

一是呈现出碎片化特征。基于通用航空和运输航空差异采取分类改革的思路无可厚非,但"放管服"改革涉及的指导思想、基本原则等顶层制度设计维度的问题具有共性,过于细分会影响民航领域法治的统一性和改革的协同性,导致不同行政许可事项的监管规范之间存在矛盾。例如,《民用航空器维修单位合格审定规定》(CCAR-145R3,已废止)中的自我质量审核制度,要求民航单位每年需要完成自我质量审核,其与企业法定自查制度存在交叉与重叠。这带来制度之间的冲突、竞争与同质化,导致企业运行无所适从。

二是具有明显的任务驱动型改革特征。当前政策供给太快、太多,体系乱、概念多,前一波没落实,后一波又来。例如,仅2018年就密集出台了60多个促进通用

航空发展的政策文件,民航局"一揽子"修订了涉及经营许可等方面11部规章的45个条款。① 短时间内政策密集颁发,民航政府部门人手是有限的,缺乏时间精力去对每个专项改革进行实地调研、分析改革步骤、执行改革任务、观察改革效果、优化改革路径,结果便是蜻蜓点水、浅尝辄止。

三是存在改革的部门化倾向。实践中部分单位没有响应改革号召,未将行政许可"放管服"改革的举措落地,一些部门更是取消了不知道,下放了接不住,接下了没优化,继续卡、繁、难。例如,《关于规范通用航空经营许可工作的通知》指出个别监管局违背"放管服"的精神,在对通航企业申请经营许可相关材料进行审核时,除要求其购买地面第三人责任险以外,硬性要求其为航空器购买机身险,为飞行员购买机组险、乘客险等。

(二)制度操作性有待提高

行政许可"放管服"改革实施以来,一些部门在工作方式方法、后续管理措施等方面没有作出相应转变,导致制度的可操作性较差,带来"上面放,下面望,中间一个顶门杠"的执行难情况。例如,关于"取消通用航空企业出国境作业审批"未就通用航空企业出国境作业后续监管提出具有可操作性的措施。又如,"取消通用航空经营许可证3年有效期限制,改为长期有效"后的有关管理问题,有关文件强调放权的同时并没有对后续的管理问题作出具有可操作性的安排。再如,《通用航空经营许可与运行许可联合审定工作程序》(民航规〔2022〕7号)为联合审定制度提供了制度依据和保证,但是对于联合审定小组成员的选任标准、程序等具体问题缺乏规定。另外,还有运用大数据监管中的民航信息共享及保密问题,综合执法中的上下对接问题等。

(三)行政许可事项后续监管主体单一

行政许可"放管服"改革要充分发挥政府与市场中多元主体的优势,这对监管同样适用。在风险社会背景下,民航市场行为点多面广,形成链条长、牵涉范围广,而行政执法资源是有限的,单一主导下的行政监管模式难免导致监管实效不佳。其实,民航局早在2018年出台的《关于进一步提升民航服务质量的指导意见》(民航发〔2018〕24号)中便提出要"强化行业服务自律","形成有效的行业自律和自我监督机制"。但是从后续出台的相关政策文件来看,民航监管机制改革仍然主要围绕局方展开,行业协会以及航空公司、机场等市场、社会主体具有的监管优势没有

① 参见《民航局大力推进"放管服"促进通用航空高质量发展》,载中国民航局网站,http://www.caac.gov.cn/index.html。

得到充分发挥,多元主体合作监管模式没有确立。

(四)配套组织保障有待加强

行政许可"放管服"改革提出了新的管理和服务理念,变更了管理和执法的规程,需要配套的组织保障。在"放管服"改革过程中,民航局在取消和下放行政审批事项、规范行政审批行为、加强后续管理等方面下发了大量的文件。这既考验政策制定的科学性、合理性,又考验着基层行政人员的能力素质,同时还对市场主体的认知能力提出要求。例如,实践中存在备案资料提供不齐全、备案表格填写不规范、容错监管未落实、未按规定简化行政许可事项提交有关资料等。这些问题的存在,一定程度上影响了改革的成效。

五、"十四五"期间民航行政许可"放管服"改革的完善建议

《"十四五"民用航空发展规划》提出"深化行政审批制度改革","坚持放管结合,着力优化服务",对民航领域深入推进行政许可"放管服"改革提出了进一步要求。2022年1月30日,国务院办公厅《关于全面实行行政许可事项清单管理的通知》(以下简称《通知》)提出全面实行行政许可事项清单管理,公布了《法律、行政法规、国务院决定设定的行政许可事项清单(2022年版)》,涉及许可事项名称、实施机关以及设定依据等。其中,由民航局主管的一共有47项,清单所列上述事项之外一律不得违法实施行政许可。《通知》强调,要明确清单内事项的事前事中事后全链条全领域监管,持续提升企业和群众获得感、满意度。这为民航"十四五"期间行政许可"放管服"深化改革提供了新的契机。

(一)深化民航行政许可"放管服"改革的理念认识

1. 从"被动式改革"向"主动式改革"转变

民航行政许可"放管服"改革进行到现在,在行政许可标准化建设、实现精准化监管、提升综合服务效能等方面取得了非常大的成效,但仍存在不系统、不协同、不深入、不落地等现象。究其原因在于,有些民航业主体只是被动完成改革任务,缺乏积极性、主动性、创造性。因此,要调动民航业各主体参与改革的积极性,进一步明晰改革方向、瞄准关键领域,在理念思路、方式方法、体制机制等方面实现自我革新式突破,在完善行政审批体制、健全监管权责体系、优化政务服务流程等方面拿出更加务实有效的举措。

2. 从"数量改革"向"质量改革"转变

新时期民航行政许可"放管服"改革要重点考量质量和效益,不再把"取消了多少行政审批事项"作为唯一目标,而是要把是否促进经济社会发展、是否激发民航

市场活力以及是否给人民群众带来获得感,作为检验改革成效的核心标准。总体而言,要秉承如下思路:一是简政放权,放出活力。持续深化行政审批制度改革,规范行政审批的前置条件和审批标准,持续取消下放审批事项,不断改善市场环境。二是放管结合,管出公平。该放的要放,该管的要管,进一步优化监管资源配置,将有限的监管资源精准投放,全面提高监管效能,尤其是坚守“对安全隐患零容忍”底线,严格把控重点单位、重点环节和重大问题。三是优化服务,服出效率。推动平台整合利用,支撑政务信息跨部门、跨层级、跨区域互认共享,从“跑断腿”到“最多跑一次”,甚至“一次都不用跑”转变。

(二)加强顶层设计,优化政策体系

1. 制定民航领域“放管服”改革的指导性文件

文件要对民航“放管服”改革的总体要求与基本原则,行政许可事项改革(行政许可事项清单的编制、行政许可实施规范的制定、行政许可办事指南的优化以及行政许可的实施),事前事中事后全链条全领域监管,政务服务标准化、规范化和便利化等问题进行统筹安排。其中,要按照《通知》要求对民航局主管的47项行政许可事项逐项制定实施规范,确定子项、办理项,明确基本要素,并向社会公布。

2. 加强规范协同性,破除改革碎片化、应急化与部门化

(1)应秉承目标同向、措施一体、节奏同频的思路构建民航行政许可“放管服”改革规范体系,坚持整体谋划与协同推进相结合。一方面,要注重整体谋划,把握改革任务的系统性、整体性、协同性,力求取得整体效应。另一方面,要注重分类实施,将改革责任和任务分解到相关部门和单位,做到目标清晰、任务明确、责任到位。

(2)要坚持系统观念,加强统筹谋划。要加强对民航行政许可“放管服”各项改革关联性、系统性研究,统筹考虑各子系统、各要素之间的逻辑关联,进行全局、长远、根本性的谋划,打好政策“组合拳”。要畅通民航行政许可事项的基层实践与顶层决策之间的反馈沟通渠道,提升规范制定的及时性和匹配度,严格按照法定程序对民航行政许可事项清单动态调整。

(3)要及时总结试点经验,固化改革成果。要以“放管服”质量提升为导向,推进相关民航政策规范的清理、修订工作,确保民航行政许可事项同源,提高规范的统一性、系统性和协同性。最终实现清单之外无审批、平台之外无事项、申请材料不重复。

(三)构建合作监管模式,形成监管合力

建立与民航行政许可审批制度改革相适应的民航局、航空公司、机场、民航业协会等多元主体共同制定民航业监管目标、监管政策并协作实施的合作监管模式。

具体而言:其一,民航局要担当合作监管模式的建构者、引导者和监督者,对外要积极向民航市场主体放权,对内要提升民航监管主体之间的协调性。其二,民航业协会作为中介机构,是合作监管的补充者,要积极参与民航业监管政策的制定,提高独立性和执业能力。其三,航空公司等作为自我监督者,要完善内部治理体系和内部控制机制,建立健全服务质量管理体系,制定优质服务标准,主动公布服务承诺、接受社会监督。

同时,社会公众作为监管的主要参与者,要提高其参与监管的意愿与能力,通过专家论证、第三方评估、公民异议制度等拓宽其参与民航业监管的渠道。

(四)优化监管工具的选择和评估机制

监管工具的选择对监管效果产生直接的影响。在民航行政许可事项后续监管中,监管者在选择监管工具时应考虑工具的匹配性并及时进行效果评估,减少因监管工具使用不当而造成的损失。为充分发挥市场机能,在监管工具选择上应遵循如下程序:其一,民航市场机能是否充分发挥;如果没有,是否是因为民航市场失灵所引起的,具体原因是什么?其二,民航市场失灵问题,依靠社会组织的自主协调能否解决;不能的话,局方应当对社会组织进行促进或完善。其三,在局方监管不可避免的情况下,考虑引入市场化的监管工具。其四,传统命令控制型监管工具应作为最后的干预手段,避免随意选取和适用。在完善传统命令控制型监管工具的基础上,采用激励性监管、信用监管以及实验性监管等新型监管工具,充分发挥市场机能的力量。

同时,建立监管工具分析评价制度,对监管政策的执行成本、社会影响、潜在收益等问题进行科学分析,以评估监管工具的适当性和有效性,确保不同监管工具的动态调整。

(五)加强改革的组织保障

1. 加强组织领导

加强对民航行政许可“放管服”的统筹规划和组织领导,在民航局全面深化改革领导小组下设置专门的行政许可“放管服”改革委员会。委员会应由民航行政单位、民航院校、科研机构、企事业单位等领域经验丰富、研究能力强、有着良好声誉的人员组成。委员会在性质上是咨询机构,必须具备高度的独立性、专业知识和良知,其主要负责研究和评估民航行政许可“放管服”改革中面临的各类专业问题,并为相关政策的制定与实施提供建议。

2. 严格责任落实

建立健全责任落实机制和协调机制,明确民航局、各地区管理局、监管局以及民航局机关、直属单位的任务分工和推进计划,确立工作目标,制定工作方案,细化任务分解,明晰考核要求,确保各项工作举措和要求落实到位。具体而言:其一,制定部门监管责任清单,明确监管主体,细化职责分工,确保工作到人、责任到人。其二,针对仍然保留的审批事项,按照"权责对等"的原则,在赋予相关主体审批权的同时明确其审批责任,厘清权责边界。建立全链条连带责任追溯机制。其三,建立行政许可审批制度改革考核评价机制,重点考核评价试点地区实施改革情况,包括统一审批流程、精简审批环节、完善审批体系、突出监管服务等。同时,要注重上下衔接,形成工作合力,逐部门、逐事项推进,确保各项工作任务高质量、高标准落到实处、取得实效。

3. 加强人员队伍建设

有效"放管服"改革结果的实现依赖于监管人员的执行能力,因此要持续开展民航行政人员工作作风建设和资质能力建设。具体而言:其一,加大专业人员和基层管理人员教育、培训力度,提升政治理论水平、专业知识水平和综合素养,突出强调相关人员在行政许可事项清单、行政许可实施规范、行政许可办事指南等方面的知识能力。其二,强化重点行政许可事项岗位的专业队伍建设,创新人员选拔机制和培训方式,整合民航党校资源、远程教育资源、主题实践活动资源、专题讲座资源等进行培训,利用理论话语体系,提高基层对民航行政许可"放管服"改革的重要意义、总体要求和政策措施的认识。其三,加强督查督办考核,提升工作效能。加强对改革工作任务的督办落实,对在工作过程中大打折扣、推诿扯皮,不作为、慢作为等现象,及时通报批评。制定鼓励激励机制,将推进政府职能转变和"放管服"改革工作科学纳入考核体系,促进工作实效性不断提升。

4. 加强科技支撑,推进"政务服务 + 区块链"应用

利用大数据、区块链等技术赋能政务服务,进一步深化民航行政许可"放管服"改革。具体而言:

(1)构建民航领域统一的政务区块链技术和应用标准。要打造民航局、民航各地区管理局和监管局、民航直属单位等多级区块链体系,形成民航行政许可政务区块链基础技术架构设计方案。利用区块链技术进一步简化行政许可办事流程,真正做到"数据跑路"取代"人跑腿"。

(2)建立统一的民航安全监管数据收集制度,规范数据格式和标准。要充分整合民航局各业务系统,打破数据壁垒,实现数据系统互通共享和分析利用,建立以数据为驱动,以风险管理为核心的民航监管平台。深化安全领域数据分析和应用,开发监管数据融合产品,充分发挥数据在民航安全运行态势分析和预判、重大隐患

识别等安全监管领域中的作用。

六、结语

深化民航行政许可“放管服”改革是完善民航现代治理体系和治理能力建设的关键。民航行政许可“放管服”改革要坚持稳中求进的指导方针，在行政许可“放管服”改革理论框架指引下，结合当前实践经验，通过加强顶层设计、优化政策体系，构建合作监管模式、形成监管合力，优化监管工具的选择和评估机制，加强改革的组织保障等措施深入推进，从而为民航“十四五”增长与释放期积蓄发展动能。

我国适航委任代表与民航局的法律关系研究*

郝秀辉　宁王均**

一、引言

依据我国民用航空局(以下简称“民航局”)《民用航空适航委任代表和委任单位代表管理规定》(CCAR－183AA－R1)的定义,民航行政机关委派的民航行政机关以外、在授权范围内从事适航管理中有关审定、检验工作的个人或单位为委任代表或委任单位代表。委任代表或委任单位代表为民航行政机关颁发适航证件进行技术检查所出具的技术检查结果,作为民航行政机关颁发适航证件的依据。

适航委任代表制度起源于美国。在一架航空器进入美国的商业市场之前,美国联邦航空局(Federal Aviation Administration, FAA)将对其适航性进行审定,并对审定合格者颁发适航证。1958年的《美国联邦航空法》是最早允许FAA在其认为必要的时候将审定活动委托给飞机制造商雇用的私人人员的法规。这些受委托的私人人员在检查飞机设计、生产质量和适航性方面扮演着联邦航空局的代理者角色。同时,FAA负责监督委任代表的工作,并确定设计是否符合FAA的安全要求。

我国适航委任代表的实践工作始于20世纪90年代中期。

---

* 基金项目:中国民航局安全能力项目“新时代民航强国战略多领域推进的法治保障研究”(项目编号:SKZ49120220028)阶段性成果。

** 郝秀辉,中国民航大学法学院教授、法学博士、硕士生导师,研究方向:航空法学。宁王均,中国民航大学法学院硕士研究生,研究方向:民商法学。

当时由于中美合作生产 MD－90 飞机，我国借鉴美国成熟的委任代表管理制度，在管理委任制造检查代表（Designated Manufacturing Inspection Representative, DMIR）方面进行了大量有效的实践工作。经过三十年的发展，我国适航委任代表制度已经趋于成熟。2022 年，民航局局务会议审议通过《“十四五”通用航空发展专项规划》明确表示要：“鼓励适航委任。以分级分类管理、聚焦体系为原则，加强无人机适航管理相关体系建设，推广委任代表制度，完善基于运行风险的无人机适航管理模式，强化无人机设计制造企业的主体责任。”加之我国国产干线客机 C919 投入市场，必将带动我国航空制造业的兴起，适航委任代表必将发挥更加重要的作用。然而我国委任代表与民航局的法律关系尚不明确，这为适航委任代表制度的有效运用带来一定的挑战。

二、委任代表与民航局法律关系不明所致缺陷

尽管我国民航局出台了大量规范性文件对委任代表进行管理，但对于委任代表及因其过错而遭受损害的被侵权人的权益保护却未作规定。加之委任代表与民航局法律关系不明，委任代表或被侵权人也难以在民法、行政法等上位法中寻求救济，从而导致其法律保护缺位。

（一）委任代表的法律保护缺位

依照我国适航委任代表制度的相关规定，民航局有权随时终止委任代表的任期，而不需要任何理由。这无疑会对委任代表的预期利益、声誉产生不利影响，而委任代表却难以对此主张法律上的抗辩。

以飞行检查委任代表为例，《美国法典》第 49 卷第 44702 节第 4 条第 2 款规定：FAA 的官员可“随时以其认为适当的任何理由”终止——取消或不更新——委任飞行员考核员的称号。尽管如此，FAA 实际上也并不能随时终止对委任飞行员考核员的授权，因为美国宪法第五修正案规定：“为保证所有人的正当程序，政府必须尊重美国宪法和所有适用法律规定的所有权利、保证和保护，政府才能剥夺任何人的生命、自由或财产。”若 FAA 在委任代表的任期内，或未经正当程序便终止对委任代表的授权，则可能被法官认定为未经正当程序而剥夺了委任代表的生命、自由、财产权利。① 而我国《民用航空飞行标准委任代表和委任单位代表管理规定》（CCAR－183FS）第 10 条规定：“民航总局飞行标准职能部门在下列情形下可以终止委任代表的任期，给予书面通知并收回委任代表证书：……（六）民航总局飞行标

① See Bradshaw v. Federal Aviation Administration 8 F. 4th 1215 | 8/12/2021 C. A. 11.

准职能部门认为不需要继续委任。”这与《美国法典》第49卷第44702节第4条第2款的规定如出一辙。但是,在我国却几乎看不到任何委任代表利用诉讼程序对其合法权益进行救济,更遑论在诉讼程序中利用宪法规定对民航局所制定的行政规范性文件进行规制。长此以往,必将不利于委任代表的权益保护,甚至影响到我国民航业的发展。

(二)被侵权人的法律保护缺位

民航局现行相关规范性文件并未明确由于委任代表在工作中的故意或过失而导致第三人损害时,责任如何划分的问题。当第三人因错误的信赖某一航空器的适航性而遭受损害后,该第三人或其家属应当向谁索赔?以何种诉讼程序进行索赔?被索赔方又该如何承担责任?

若将适航委任代表认定为民航局的员工,则在实体上应当由民航局对第三人的损害承担责任,在程序上应当采用国家赔偿程序。若将适航委任代表与民航局之间的法律关系认定为民事委托合同,则应当进一步探讨民航局在该合同中对委任代表的控制程度及在选任委任代表过程中的过错程度来确定民航局是否应当承担责任以及承担多大份额的责任。可见,在这些问题上,委任代表与民航局之间法律关系的定性显得尤为重要。

三、我国委任代表与民航局法律关系的认定现状

(一)立法上欠缺对委任代表与民航局法律关系的定性

自我国1992年实行适航委任代表制度以来,民航局出台了大量规范性文件对委任代表制度进行构建,然而在相关的规范性文件中却并未对委任代表与民航局法律关系进行正面规定。仅在《民用航空器适航检查委任单位代表和适航委任代表管理程序》的第8.1条、《委任代表管理程序征求意见稿》第6.2条以及《委任工程代表工作程序征求意见稿》第3.1条中作出了排除性规定,即规定委任代表并非民航局的雇员。可以看出,我国民航局上述规定的目的并非明确委任代表与局方之间的法律关系,从而找到上位法的适用依据,而是隔离委任代表因过错而可能给民航局带来的责任。

(二)司法上欠缺对委任代表与民航局法律关系的认定

笔者曾以北大法宝网为检索工具,以“民航”与“委任代表”为关键词进行检索,仅得到四起相关案例,且四起案例均为当事人或法院的事实陈述或认定部分的内容触发关键词,而并非与委任代表相关的争议。相反,笔者以westlaw为检索工具,仅以“Designated Airworthiness Representative”(委任适航代表)为关键词进行检索,

得到案例95例,且绝大部分案例是与委任代表制度相关的纠纷。因此,在依法治国的大背景下,往往以行政命令代替立法与司法的委任代表制度十分突兀。

(三)学理上欠缺对委任代表与民航局法律关系的探讨与分析

我国航空法学界对委任代表的了解始于波音737MAX系列飞机接连发生坠机事故。然而,我国大部分学者的关注焦点依然放在适航审定中的政府责任,对委任代表的认知不多,难以为解决我国实际情况提供学理依据。

四、对委任代表与民航局法律关系现有观点之反思

中美两国航空法学界与实务界对委任代表与民航局之间法律关系的界定有着较大分歧。综合来看,主要有以下三种观点:行政委托关系、雇佣关系、民事委托关系。然而,上述观点是否能适应我国委任代表制度的实际情况,还需进一步探讨。

(一)对委任代表与民航局存在行政委托关系之反思

有学者将我国适航方面的"委任"认定为行政委托,因为"作为行政主体的民航局直接向组织或者个人授予,具体内设机构仅仅只能作为具体事物处理部门而存在"①。笔者对上述观点未敢苟同,理由如下:

第一,民航局直接向组织或者个人授予职权并非认定行政委托的充分条件。最高法行申3184号行政裁定书(2020)对行政委托的认定标准进行了释明,依照其认定标准,除了行政机关的书面或口头表示外,"审判实践中,人民法院认定是否存在行政委托关系,一是要看行为的内容是否具有履行行政管理职责的性质;二是要看受益主体是否惠及社会公众,具有公共利益的性质"②。而我国委任代表仅仅代表民航局进行适航审定与检测,并不具有颁发适航证的权力,难以认定我国的委任代表在履行行政管理职责。因此,委任代表与民航局的法律关系并不符合行政委托的构成要件。

第二,将委任代表与民航行政机关之间的关系认定为行政委托,与我国现行法律制度相违背。依照行政委托的定义,行政委托的受托主体可以是行政机关、社会组织或者个人。③ 但实际上,依据行政活动的不同,我国现行法律对行政委托的受

① 参见李亚凝:《解开737MAX安全认证的面纱:民用航空器适航委任代表制度分析》,载微信公众号"航空法学",https://mp.weixin.qq.com/s/1O3VFsANrFu2XduCs4qgEg。

② 参见林某诉河北省邢台市某区人民政府强制拆除房屋案,最高人民法院(2020)最高法行申3184号行政裁定书。

③ 参见姜明安主编:《行政法与行政诉讼法》(第2版),北京大学出版社、高等教育出版社2005年版,第145页。

托主体会有所限制。例如,我国《行政处罚法》第21条将行政处罚中的行政委托的受托主体限定为符合条件的组织,而将个人排除在外。① 再如,我国《行政强制法》第17条第1款规定行政强制措施权不得委托。② 民航局向制造商或者航空公司颁发适航证的行为属于行政许可行为。依照我国《行政许可法》第24条第1款之规定,允许行政机关对行政许可进行行政委托,但受托主体必须限定在其他行政机关。③ 因此,适航委任代表制度自然就难以融入行政委托的法律规制当中,因为适航委任代表并非"其他行政机关",而是作为私主体的个人或单位。

第三,将委任代表与民航行政机关之间的关系认定为行政委托,与我国行政委托的学理依据相冲突。我国之所以禁止将行政许可委托给私主体,是因为行政许可往往涉及相对人以外的第三人主体的利益,涉及对商业机密、个人隐私、国家秘密等敏感信息的处理,以及国家安全等社会公共利益。④ 无论是航空制造企业还是航空运输企业,在其适航性审定的过程中都会涉及大量的商业秘密,甚至是航空安全等因素。若将适航审定委托给私人主体,则航空企业的商业秘密甚至航空安全有遭受侵害之虞。因此,为保护适航证申请人的商业秘密,也不应当允许民航局将适航审定中的技术检查"行政委托"给委任代表。

(二)对委任代表与民航局存在雇佣关系之反思

我国适航委任代表制度承袭自美国,美国对委任代表与民航行政机关法律关系的认定对我国具有较大的借鉴意义。在美国的司法实践中,有大量因委任代表的过错而遭受侵权的原告意图将委任代表认定为民航局的雇员,以此来向联邦政府索要赔偿。李亚凝博士也认为,美国的适航委任代表属于FAA的雇员(employee),进而认为"授权后私人作为独立行政主体应该对于自身行为承担独立责任,即适用普通行政责任"⑤。然而,此种观点在美国的法院并没有得到采纳,我

---

① 《行政处罚法》第21条规定:"受委托组织必须符合以下条件:(一)依法成立并具有管理公共事务职能;(二)有熟悉有关法律、法规、规章和业务并取得行政执法资格的工作人员;(三)需要进行技术检查或者技术鉴定的,应当有条件组织进行相应的技术检查或者技术鉴定。"

② 《行政强制法》第17条第1款规定:"行政强制措施由法律、法规规定的行政机关在法定职权范围内实施。行政强制措施权不得委托。"

③ 《行政许可法》第24条第1款规定:"行政机关在其法定职权范围内,依照法律、法规、规章的规定,可以委托其他行政机关实施行政许可。委托机关应当将受委托行政机关和受委托实施行政许可的内容予以公告。"

④ 参见刘国乾:《基于行政任务属性判断的行政委托界限》,载《人大法律评论》2015年第2期,第342页。

⑤ 参见李亚凝:《揭开737MAX安全认证的面纱:民用航空器适航委任代表制度分析》,载微信公众号"航空法学",https://mp. weixin. qq. com/s/1O3VFsANrFu2XduCs4qgEg。

国也不应当采纳此种观点。

1. 美国法否认委任代表与民航局存在雇佣关系

第一,将委任代表认定为FAA的雇员缺乏学理上的依据。美国最高法院在《联邦政府诉奥兰案》(United States v. Orleans)案中确立了一个个体是否能被认定为政府雇员的标准,即视政府机构是否对其日常工作有着持续不断的监管(day-to-day operations)。而政府对该个体实施职责的监管程度,被认为是判定该个体是否为政府雇员问题中最重要的因素。① 在适航委任代表与联邦政府的关系中,尽管联邦政府对委任代表具有一定的监管权,如教学培训、突击检查、档案记录、会议等方式的监管,但远未达到监管其日常工作的程度。在马里瓦尔公司诉普兰公司(Marival,Inc. v. Plaines,Inc)一案中,尽管法官没有明说,但是已经暗示了"尽管FAA对委任代表有监督与控制的权利,但其对委任代表工作细节的控制程度,还远未达到需要其对委任代表的行为负责的程度"。可见,法院认识到了"雇员"身份的重要性,并暗示必须将FAA对委任代表的行为的责任与FAA对雇员的行为的责任相区分。②

第二,将委任代表认定为FAA的雇员缺乏立法上的依据。1949年美国第八十一届国会参议院第一次会议的第803号文件指出:"商务部向该委员会提交的报告显示,有必要制定这一立法,因为民用航空管理局③通过使用合格的私人主体代替民航局的正式雇员这一行为,可以让民航局少雇用大约10,000名政府雇员来进行安全检查服务。"④可见,适航委任代表设立的意义是替代联邦政府的雇员,因而其本身并非联邦政府的雇员。

第三,将委任代表认定为FAA的雇员缺乏司法上的依据。已经有多个法院的法官在司法判例中明确认定,适航委任代表并非联邦政府的雇员。例如,在查利马诉美国政府(Charlima v. U. S)一案中,查利马(Charlima)公司曾从麦金尼(McKinney)处购买了一架豪客比奇公爵飞机。威廉姆斯(J. L. Williams)根据《美国联邦规章》第14卷第183编第33节(1988版)的授权作为适航委任代表于1984年执行了该项检查任务并对该飞机的适航性进行了批准,随后FAA对该架飞机签

---

① See Andrew J. Dilk, *Negligence of Federal Aviation Administration Delegates Under the Federal Tort Claims Act*, Journal of Air Law and Commerce, Summer 1976, p. 589.

② See Andrew J. Dilk, *Negligence of Federal Aviation Administration Delegates Under the Federal Tort Claims Act*, Journal of Air Law and Commerce, Summer 1976, p. 601.

③ Civil Aeronautics Administration, FAA的前身。

④ See S. REP. No. 803, 81st Cong., 1st Sess. 3 (1949).

发了适航证。后 Charlima 公司发现该架飞机的翼梁桅杆出现损坏,因此 FAA 停飞了该架飞机并撤回了其适航证。Charlima 公司因此根据《侵权索赔法》对美国政府提起诉讼,指控 J. L. Williams 作为 FAA 的雇员,因疏忽未能发现损坏的翼梁。Charlima 就飞机失去使用和使其处于适宜飞行状态的费用要求赔偿 369,000 美元。联邦第八巡回法院的法官约翰·罗伯特·吉本斯(John R. Gibson)基于上述 United States v. Orleans 案中法官的说理以及《民用航空法》立法过程中国会的意见等理由认定:Williams 并非 FAA 的雇员。此外,法官还引用加巴里诺诉美国联邦政府(Garbarino v. United States①)一案中法院的判决理由,认为如果美国对这些委任代表的行为负责,那么政府每一次试图加强工作场所或交通系统安全的尝试都可能导致政府侵权责任,其结果"将使政府成为所有活动的联合保险公司,接受安全检查"。美国作为判例法国家,其联邦法院作出的认定适航委任代表并非 FAA 雇员的判决,在全国都具有法律效力。

2. 我国法否认委任代表与民航局存在雇佣关系

第一,委任代表与民航行政机关的关系,不符合雇佣关系的基本定义。我国现行法律中尚无对雇佣合同的明确定义。② 大陆法系立法与我国司法实践往往是从"劳务"与"报酬"这两个合同标的对雇佣合同进行认定的。例如,《德国民法典》第 611 条规定,因雇佣合同,允诺劳务的一方有义务提供所约定的劳务,另一方有义务给予所约定的报酬。再如,我国最高人民法院公报案例认为"陈维礼为赖国发提供劳务,赖国发给付陈维礼报酬,属雇佣合同"③。然而,从笔者检索到的信息来看,委任代表并不会从民航局得到收入。因此,委任代表与民航行政机关的法律关系,不应当被认定为雇佣合同。

第二,民航局的规范性文件中,已明确排除委任代表与民航局存在雇佣关系。我国民航局出台的规范性文件同样未将适航委任代表认定为民航局雇员。或许是出于规避风险的考虑,在我国曾经出台的《民用航空器适航检查委任单位代表和适航委任代表管理程序》第 8.1 条以及《委任代表管理程序征求意见稿》第 6.2 条中均明确规定:"……适航委任代表的最初岗位指导应包括以下内容……(4)向委任代表强调其不是 CAAC 的雇员,也未授权其使用 CAAC 的标识,例如在名片、信函、传真、文件封面或任何其他商业文件中。"《委任工程代表工作程序征求意见稿》第

---

① See Garbarino v. United States, 666 F.2d 1061, 1066 (6th Cir. 1981).

② 2003 年最高人民法院《关于审理人身损害赔偿案件适用法律若干问题的解释》中将雇佣活动定义为:从事雇主授权或者指示范围内的生产经营活动或者其他劳务活动。但该司法解释已被废止。

③ 参见陈维礼诉赖国发雇佣合同纠纷案,载《最高人民法院公报》2001 年第 1 期。

3.1 条也规定,DER(委任工程代表——笔者注)不是 CAAC 的雇员,不被授权在名片、信函、传真、文件封面或任何其他商业文件中使用 CAAC 的标识。民航局的规范性文件作为广义上的法律,也具有一定的法律效力。因此,无论是在美国还是我国,将适航委任代表认定成民航局的雇员都缺乏法律依据。

(三)对委任代表与民航局存在民事委托关系之反思

在美国,如今理论界与司法实践均将委任代表认定为 FAA 独立的合同相对方(independent contractor)。① 此处的合同,应当被认定为民事合同而非行政协议。因为根据美国法律对独立合同相对方的定义,该合同关系既可以发生在政府与私人之间,也可以发生在私主体之间。② 但由于民航局行政主体的身份,该认定在我国却存在一定障碍。从学理上看,认定行政主体签订的协议是否为民事协议的主要观点有内容标准、目的标准、行政优益权标准、国家权力主体资格标准、非市场行为性标准等。③ 然而,无论从哪一个标准来看,委任代表与民航局之间的法律关系都难以被认定为民事合同。

我国行政法学界有观点认为,行政委托可以进一步细化为行政职权委托与行政事务委托。行政职权委托是将行政机关享有的对于某一行政领域或者某个方面的行政事务实施行政管理活动的职权委托给其他组织或者个人行使,如行政处罚权、行政确认权、行政强制权等。行政事务委托是将行政管理过程中的某一项具体的事务委托给其他组织或者个人承担,这些事务可以是劳务,如委托发放相关证件资料;也可以是智力成果,如委托专业机构进行鉴定、评估。行政(机关间的)事务委托与民事代理相同,以委托行政机关的名义实施行政行为并承担法律效果,司法上认为不需要特别法的依据。④ 在范某、太和县城关镇人民政府乡政府行政协议再审审查与审判监督一案(以下简称"范某案")中,最高人民法院在裁定书中表示:"行政权力可以委托,如果没有法律、法规的禁止性规定,也没有专业性方面的特殊要求,行政机关可以将某一事项的一部或全部委托给其他行政机关、下级行政机关乃至私人组织具体实施。涉及国家重大利益以及涉及公民重要权利的领域以外的具有给付、服务性质的行政行为,尤其是以协商协议方式实施的行为,更是如此。"

---

① See Andrew J. Dilk, *Negligence of Federal Aviation Administration Delegates Under the Federal Tort Claims Act*, Journal of Air Law and Commerce, Summer 1976, p. 592.

② https://dictionary. law. com/Default. aspx? selected = 939。

③ 参见王瑛:《行政协议认定标准探讨》,载《法商研究》2021 年第 3 期,第 164 页。

④ 参见叶必丰:《行政机关间的事务委托和职权委托》,载《中国法学》2022 年第 3 期,第 39 页。

叶必丰教授认为,此种行政委托,应当解释为行政事务委托。① 行政机关与协议相对人之间的关系应理解为民事委托合同。

但行政职权委托与行政事务委托的划分毕竟不是主流,且不论是叶必丰教授阐述该观点的论文,还是最高人民法院关于范某案的裁定书,其受托主体都是行政机关,在委任个人代表与委任单位代表皆为私主体的适航审定领域难以应用。因此,适航委任代表与民航局的法律关系并不能适用上述理论,不能被认定为民事委托合同。

五、我国委任代表与民航局之应然法律关系

(一)我国委任代表与民航局之间存在行政协议关系

依照我国行政法学界行政协议认定标准的通说与相关司法解释的规定,委任代表与民航局法律关系应认定为行政协议。但由于民航领域的特殊性,以及民航局现行行政法规、规章的不完善,作为大前提的行政法律规范可能会有所缺失,此时应当参照适用相关民事法律规范。

第一,从我国立法上看,我国委任代表与民航局的法律关系符合行政协议的构成要件。最高人民法院《关于审理行政协议案件若干问题的规定》(以下简称《协议规定》)第1条规定:“行政机关为了实现行政管理或者公共服务目标,与公民、法人或者其他组织协商订立的具有行政法上权利义务内容的协议,属于行政诉讼法第十二条第一款第十一项规定的行政协议。”依据该司法解释,认定一份协议是行政协议还是民事合同应当以签订该协议的目标为判断依据。民航局为了提高适航审定的效率,而将部分审定的权利与义务交给委任代表,二者的法律关系符合《协议规定》第1条的规定,应当被认定为行政协议。

第二,从我国学理上看,在委任代表与民航局的关系中,民航局享有行政优益权。行政机关在协议中是否享有行政优益权也是判断一份协议为行政协议或是民事协议的重要标准。所谓行政优益权,是指国家为保障行政主体有效地行使职权、履行职责,赋予行政主体职务上或物质上的许多优先和受益条件。行政主体享受这些优益条件的资格和可选择性。②《协议规定》第16条赋予了行政主体变更、解除行政协议的权(力),其学理基础正是行政机关的行政优益权。③ 而在委任代表制

① 参见叶必丰:《行政机关间的事务委托和职权委托》,载《中国法学》2022年第3期,第49页。

② 参见莫于川:《行政职权的行政法解析与建构》,载《重庆社会科学》2004年第1期,第79页。

③ 参见《推进诚信政府法治政府建设　最高法发布审理行政协议案件司法解释》,载最高人民法院网站,https://www.court.gov.cn/zixun-xiangqing-208191.html。

度中,《适航委任代表管理程序》第 4. 2. 2 条规定,当确认委任代表未能正确行使或不能胜任所授权的职责,或授权主管部门不再需要授权委任代表协助其工作(含授权期限到期),或委任代表委派暂停或终止时,授权主管部门可采用委任代表授权暂停或终止通知的形式暂停或终止委任代表授权。也就是说,民航局可以"不再需要"委任代表为由,终止对委任代表的授权。这显然不是民事合同中合同的解除事由,而只能归结为行政机关在合同中所享有的行政优益权。综上,民航局与委任代表的关系应当被认定为行政协议。

第三,在行政协议的法律规定出现法律漏洞时,适用民法上的相关规定具有实践和理论依据。最高人民法院《关于审理行政协议案件若干问题的规定》第 27 条第 2 款规定:"人民法院审理行政协议案件,可以参照适用民事法律规范关于民事合同的相关规定。"且司法实践中已有大量判例指出,在不违反有关行政法强制性规定的情况下,可以适用民法中有关合同的撤销、变更的规范。① 学理上,也早已有学者论述了行政法中适用民法规范的必要性与可能性。② 因此,委任代表与民航局之间的行政协议关系首先应当适用行政法的规范,当行政法欠缺相应的规定时,可在不违反行政法强制性规定的情况下直接适用或类推适用相关的民法规范。

(二)委任代表与民航局之行政协议与民航规章适用的衔接

由于民航业的专业性与特殊性,除明确委任代表与民航行政机关的法律关系外,还应当注意行政协议与民航规章之间的衔接适用问题。

1. 在委任代表权益保护方面的适用

第一,行政协议的定性可用于限制民航局规范性文件对委任代表权益的侵害。在适航委任代表制度中,最为常见的侵害委任代表权益的方式是民航局单方撤销对委任代表的授权,这可能会使委任代表的财产、声誉受到影响。《协议规定》第 16 条赋予了行政机关以国家利益、社会公共利益为由变更、解除行政协议的权力。《适航委任代表管理程序》第 4. 2. 2 条却规定民航行政机关不需要任何理由即可暂停或终止对适航委任代表的授权。为避免违反作为上位法的《协议规定》,《适航委任代表管理程序》第 4. 2. 2 条应作限缩解释,理解为当授权主管部门因国家利益、社会公共利益而不再需要授权委任代表协助其工作时,授权主管部门可暂停或终

① 参见顾某、汪某恒、江苏瑞豪置业有限公司与盐城市大丰区人民政府、盐城市大丰区国土资源局建设用地使用权出让合同纠纷上诉案,最高人民法院(2016)最高法民终 822 号调解书;寿光中石油昆仑燃气有限公司诉寿光市人民政府、潍坊市人民政府解除政府特许经营协议案,山东省高级人民法院(2017)鲁行终 191 号判决书。

② 参见王贵松:《民法规范在行政法中的适用》,载《法学家》2012 年第 4 期,第 42 页。

止委任代表授权。

第二,无过错的委任代表的授权被暂停或终止后,行政协议的定性可用于明确请求补偿的主体与数额。《协议规定》赋予了因行政机关行使行政优益权而受有损失的原告请求补偿损失的权利。但对于如何请求补偿、补偿数额等方面均未作详细规定。《适航委任代表管理程序》以及民航局其他规范性文件也未规定在民航局单方终止委任代表的授权时,是否应当对委任代表予以补偿。因此在民航局单方终止委任代表授权时候,是否应当对其予以补偿,以及应当如何对其补偿都应当从《协议规定》与《民法典》合同编的规定进行推导。如前文所述,委任代表并不会从民航局领取额外的收入。实际上,由于我国的适航委任代表都是航空企业的员工,适航委任代表存在的意义是为了其所在单位能够更为方便快捷的进行适航审定。因此,从该角度而言,适航委任代表与民航局之间的法律关系可以参考利益第三人合同,委任代表所在的企业即为该协议的利益第三人。当民航局单方终止合同造成利益第三人损失时,委任代表与利益第三人(委任代表所在的公司)可以依据《民法典》第522条请求民航局承担违约责任。而依据民法中的填平原则,赔偿数额应当覆盖委任代表及其所在单位为使其成为委任代表而支出的培训费、交通费、住宿费、误工费等。

2. 在被侵权人权益保护中的适用

第一,行政协议的定性为被侵权人向委任代表提起民事诉讼提供了路径。若行政协议第三人的权益受到侵害,自是可以提起行政复议或依照《协议规定》第5条第3项对行政机关提起行政诉讼。此处的问题是其是否可以对行政协议的相对人提起民事诉讼?《行政诉讼法》与《协议规定》对此并未作出规定。依前文所述,行政协议在不违反行政法强制性规定的前提下,可以适用相关的民法规范进行推导。具体而言,委任代表与民航局在被侵权人救济的问题上,应当参照适用民事委托代理的相关法律规范。原因有二:一是委任代表在民航局的授权范围内,以民航局的名义实施审定、检验等工作。二是民航局通过向委任代表颁发《委任代表文书》的形式向适航证的申请人证明其权限,《委任代表文书》实际上起到了民事代理中《授权委托书》的作用。因此,在行政法相关规定欠缺时,委任代表与民航局之间的行政协议应当参照适用民事委托代理的相关法律规范。

第二,行政协议的定性有助于被侵权人明确追责主体与责任份额。《民法典》第162条规定:"……以被代理人名义实施的民事法律行为,对被代理人发生效力。"委任代表在工作中因过错造成他人损害的侵权行为当属事实行为,其法律后果不应当由被代理人承担,而应当由代理人自行承担。此种观点在司法实践中也得到了回应。在满峰科技(深圳)有限公司与广东鹏鼎律师事务所等名誉权纠纷上诉案①中,尽管法院驳回了满峰公司的诉讼请求,但受理了其起诉。可见,法院认为委托代理关系中的代理人若侵犯第三人权益,应当以代理人(本案中的律师事务所与律师)为被告,而非被代理人。

综上,若适航委任代表在工作中因过错导致第三人损害,被侵权人有权对其过错行为提起民事诉讼。但值得注意的是,在适航审定的过程中,由于委任代表的工作仅仅是进行审定、检验,最终是否颁发许可证依然是由民航局决定。因此,委任代表在工作中因过错导致第三人损害时,应当仅对损害承担部分而非全部赔偿责任。此外,若民航局在委任代表的选任过程中存在过错,自然也应当承担相应的责任。

---

① 参见广东省深圳市中级人民法院民事判决书,(2009)深中法民一终字第1981号。

突发公共卫生事件下我国国际航班监管模式重构*

王　鑫**

一、引言

2020年新型冠状病毒肺炎疫情(以下简称"新冠疫情")爆发。受疫情影响,各类交通运输运营总量均有所下降,民用航空运输更是受到前所未有的冲击。2020年3月6日,国际民用航空组织(International Civil Aviation Organization,ICAO)发布报告称,有超过130家航空公司削减或停飞往来中国的国际航班。随着全球疫情状况的恶化,部分欧洲国家的国际航班也纷纷削减甚至停飞。ICAO预计疫情期间旅客总数减少18.15亿~32.13亿,航空公司运营总收入的损失约为2360亿~4190亿美元。[①] 根据我国2019~2021年民航行业发展统计公报[②],国际航班运营情况见表4-1。

* 基金项目:2022年中国民航大学研究生科研创新项目"突发公共卫生事件下我国国际航班监管模式重构"(项目编号:2022YJS026)。

** 王鑫,中国民航大学法学院硕士研究生,研究方向:行政法学、航空法学。

① 参见《新型冠状病毒肺炎对民用航空的影响:经济影响分析》,载国际民航组织网站,http://www.icao.int/Pages/default.aspx。

② 参见《2019/2020/2021年民航行业发展统计公报》,载中国民航局网站,http://www.caac.gov.cn/index.html。

表 4 – 1　2019 ~ 2021 年国际航班运营情况

年份	项目				
	国际航线数量(条)	运输总周转量(亿吨公里)	旅客运输量(万人次)	飞行小时(万小时)	起飞架次(万架次)
2019 年	953	463.74	7425.43	239.51	48.84
2020 年	895	210.83	956.51	87.99	13.79
2021 年	279	215.61	147.72	72.61	9.67

从表 4 – 1 中不难看出,我国国际航班运营情况不容乐观,复飞、引进或仍缓慢,中国民航运输在疫情中损失巨大。但是,目前学界有关新冠疫情下国际航班监管的研究成果较为匮乏。因此,笔者意在探求突发卫生事件时民航监管部门采取临时监管措施的理据,并就我国新冠疫情暴发近三年国际航班监管的经验、模式及方法进行归纳和反思,重构我国在突发公共卫生事件下国际航班监管的新型模式。

二、突发公共卫生事件下我国国际航班监管的回顾与反思

(一)监管模式——"五个一"措施、航班奖励和熔断机制

我国新冠疫情防控工作在国际航班监管模式上体现为以下四个阶段。

第一阶段,对疫情防控中的民航监管进行初步探索。2020 年 3 月 13 日,世界卫生组织(World Health Organization, WHO)宣布新冠疫情出现流行趋势,我国根据国务院联防联控机制工作要求,坚决遏制疫情输入性风险的高发态势①,迅速成立民航防控工作领导小组。中国民用航空局(以下简称"民航局")于 3 月 19 日发布《关于疫情防控期间控制国际客运航班量的通知》(民航发〔2020〕11 号),要求以"国际航班信息发布(第 5 期)"为基准,每家航空公司在每条航线上的航班量只减不增。3 月 26 日,民航局发布《关于疫情防控期间继续调减国际客运航班量的通知》(民航发〔2020〕12 号),首次提出要求中外航空公司国际客运航班按照"一司一国一线一周一班"的方式来运营,即"五个一"措施②。同时要求严格执行《运输航空公司疫情防控技术指南》,确保抵离中国的航班客座率不高于 75%。

第二阶段,国际航班监管形成基本框架。2020 年 6 月 4 日,民航局《关于调整

---

① 参见李振辉:《航班运行中疫情风险联防联控机制研究》,载《交通企业管理》2022 年第 5 期,第 10 ~ 12 页。

② 参见张丽英:《新冠肺炎疫情下民航调控措施的国际法依据分析》,载《交通节能与环保》2021 年第 1 期,第 47 ~ 50 页。

国际客运航班的通知》(民航发〔2020〕27号)出台。首先,保留"五个一"措施,所有中外航空公司要严格落实《运输航空公司疫情防控技术指南》《关于中国籍旅客乘坐航班回国前填报防疫健康信息的公告》的相关要求。其次,为避免航班入境地点过于集中,各航空公司在申请航班计划时,提供口岸机场所在地疫情防控部门出具的《疫情防控保障能力确认函》,以确保口岸城市具备接收国际航班及旅客的风险防控和保障能力。最后,民航局、国家卫健委、海关总署、移民局等多部门联合建立专班机制,充分评估疫情实际输入风险,以此建立航班量的动态调整机制,以入境航班落地后旅客核酸检测结果为依据,对航班实施熔断和奖励措施(见表4-2)。

表4-2 我国国际航班监管

措施	文件	规定内容
"五个一"措施	《关于疫情防控期间继续调减国际客运航班量的通知》(民航发〔2020〕12号)	"一司一国一线一周一班",即国内每家航空公司经营至任一国家的航线只能保留1条,每条航线每周运营班次不得超过1班;外国每家航空公司经营至我国的航线只能保留1条,每周运营班次不得超过1班
奖励措施	民航局《关于调整国际客运航班的通知》(民航发〔2020〕27号)	航空公司同一航线航班,入境后核酸检测结果为阳性的旅客人数连续3周为零的,可在航线经营许可规定的航班量范围内增加每周1班,最多达到每周2班
熔断措施(后调整)	民航局《关于调整国际客运航班的通知》(民航发〔2020〕27号)	航空公司同一航线航班,入境后核酸检测结果为阳性的旅客人数达到5个的,暂停该公司该航线运行1周;达到10个的,暂停该公司该航线运行4周。"熔断"的航班量不得调整用于其他航线。"熔断"期结束后,航空公司方可恢复每周1班航班计划

民航局公布的数据显示,开始实行"五个一"措施后,疫情初期暂停执飞至我国的国际客运航班的航空公司未被批准参与运营,最终国内19家、国外28家航空公司获批参与国际客运航班运营,进而导致入境旅客人数从日均2.5万左右降至3000左右。这有效降低了病毒跨国传播和输入的风险,减轻了本国疫情压力,可以更好地管理和调配疫情控制资源,提高疫情防控效率。

第三阶段,兼顾疫情防控与国际航空运输,进一步适时调整国际航班监管措施。民航局于2020年12月16日发布《关于调整国际客运航班熔断措施的通知》(民航发〔2020〕60号)对"熔断措施"作出细微调整,航空公司同一航线航班,入境后核酸检测结果为阳性的旅客人数达到5个的，该公司该航线暂停运行时间由1周改为2周，即适当加大监管力度、收紧国际航班量。2021年4月28日，民航局《关于国际定期客运航班熔断措施调整试行的通知》出台，将“熔断措施”调整为“航班熔断或控制客座率运行措施”，具体规定见表4-3。

表4-3 熔断措施内容

标准	处理结果
航空公司单一入境航班确诊旅客人数达到5例的	任选其一： (1)航班熔断措施：自航班入境的第四周起，暂停该航班运行2周，并取消奖励航班； (2)控制客座率运行措施：自航班入境的第四周起，限制该航班以不高于40%的客座率运行4周，并取消奖励航班
航空公司单一入境航班确诊旅客人数达到10例的	自航班入境的第四周起暂停该航班运行4周，并取消奖励航班。如连续两班确诊旅客人数分别达到10例的，当周立即熔断，累计暂停运行8周
航空公司单一入境航班确诊旅客人数达到30例的	当周立即熔断，暂停该航班运行4周

由此可见，我国的国际航班监管模式正在不断完善，在为人民服务、便民原则的影响下，我国的防疫理念从防控为主走向疫情防控与民航业运营并重。

第四阶段，逐步恢复国际航班正常运行。随着新冠疫情防控的经验积累和我国经济形势的变化，我国具备将新型冠状病毒感染由“乙类甲管”过渡至“乙类乙管”的基本条件，因此我国的国际航班监管工作也进入新阶段。2022年12月28日，民航局集中公布《恢复国际客运航班的若干措施》《关于恢复国际客运航班工作方案的通知》，要求遵循安全第一、市场主导、保障先行的原则，稳妥推进国际客运航班恢复运营，具体措施包括取消“五个一”、客座率限制等监管措施；优化调整防控措施和航班保障流程；加强事前、事中监管，严格审核中外航空公司恢复运行前的补充运行合格审定申请等。

（二）事前、事中和事后监管在国际航班监管中的运用

长期以来，国际航班监管受制于传统行政体制，实行全程式监管，效率低下且漏洞百出。自现代行政理念兴起以来，原有的民航监管模式与时代发展不相适应，我国目前已进行新监管改革初试，尤其是在出现突发公共卫生事件的情形下，事前、事中无疑是民航监管的重点阶段。在此次新冠疫情期间，新型监管模式的优势已经显现，行政监管模式由保姆式转向督导式，行业自律监管逐渐占据重要地位，

因此有必要分析我国事前、事中和事后监管在国际航班监管中的状况。

1. 事前监管：民航的适航审定、航空人员的资质许可等方面在国际航班监管中的体现

截至2021年12月31日，现行有效的适航审定规章17部（含技术标准规定159份）、适航审定规范性文件（管理程序及咨询通告）67份、专用条件和豁免53份。① 在中华人民共和国境内飞行的外国民用航空器，应当具有八项文件：航空器登记证；航空器适航证；空勤组每一成员的专业执照或者证件；航空器的航行记录簿；航空器上无线电台使用许可证；总申报单；航空器如载运乘客，应当携带注明乘客姓名及其登机地与目的地的清单；航空器如载运货物，应当携带货物仓单。② 这一时期正处于新冠疫情的考验下，国际航班感染情况错综复杂，适航审定工作步履维艰，通过组织机构的完善、信息化水平的提高等措施，我国已然平稳度过暴发式疫情阶段，但是该时期的国际航班适航审定工作仍然呈现逐渐走低的态势，这与我国特殊时期严格把控的适航审定理念存在较大关联。

航空人员资格认定，包括民用航空飞行员、安全员、空中交通管制员、航空电信人员、航行情报人员、气象人员、维修人员等，我国并未针对国际航班建立航空人员培训、考核、执照颁发程序。此次突发公共卫生事件是对机组人员的资质、技能和健康安全政策③的大考，虽然我国对国际航班空勤人员要求持有专业执照或者证件，但是各国的航空人员资格准入标准不一，这便导致在国际航线上不能有效地落实防疫措施、贯彻执行民航监管部门的防疫要求。

2. 事中监管：法定自查、精准监管等方面在国际航班监管中的体现

根据《民航单位法定自查工作规范》《民航行业法定自查容错规范》的规定，法定自查，全称为“法定要求的符合性自查”，指民航单位根据民航局的监管事项库建立自查事项清单，进而采取监管措施，最终达到符合民航相关法律法规、规章、规范性文件等的要求。由此可知，法定自查包括两个层面的内容，一是最为重要的安全自查，民航单位有必要在技术和管理方面严格把控，及时排除不利于民用航空的危险因素；二是运营自查，民航单位应当基于民航局公布的运行标准，维护民航的经营秩序。

---

① 参见《适航审定规章规范性文件及重要政策文件目录》，载中国民航局网站2022年1月12日，http://www.caac.gov.cn/index.html。

② 参见《外国民用航空器飞行管理规则》，载中国民航局网站1979年2月23日，http://www.caac.gov.cn/index.html。

③ 参见王一飞：《疫情中后期国际航班安全运行策略研究》，载《民航管理》2021年第5期，第30～33页。

新冠疫情期间，民航局于2020年6月4日发布《关于调整国际客运航班的通知》（民航发〔2020〕27号），对国际航班实施航班奖励和熔断措施，压实民航单位的监管责任，通过民航单位法定自查转移行政监管责任，①有效防范化解国际传播风险，在极大程度上减轻了行政监管压力。

精准监管②指区分评估民航单位运营状况和监管情况，合理调配并有针对性地投放监管资源，从而提高监管效率，实现差异化监管。在我国，申请运行规范的外国公共航空运输承运人应当具备下列条件：申请人所在国民用航空管理当局为其颁发的航空运营人合格证和运行规范中允许申请人实施所申请的运行；按照涉及民航管理的规章的规定，配备了合格和足够的人员、设备、设施，满足在我国境内安全运行的要求；经过运行评估，达到在我国境内运行的安全水平③。在国际新冠疫情暴发式增长阶段，我国针对国际航班的监管不断增加附加条件，侧重于公共卫生监管而非运行管理，侧重于限制客运量而非物流运输，充分体现精准监管是聚焦监管重点、坚持问题导向、实事求是，推进精细化、集约化监管。

3. 事后监管：信用管理、联合惩戒等在国际航班监管中的体现

根据《民航行业信用管理办法》的要求，建立民航行业信用信息记录系统。实施信用管理工作具体方式为，在民航局官方网站公示失信行为，行政机关通过已有的民航行业信用信息，褒扬诚信、惩戒失信。在新冠疫情期间，《民航局关于调整国际客运航班的通知》（民航发〔2020〕27号）指出，可适度增加部分国家的航班客运量，前提条件是风险可控并拥有接收保障能力。该类情况的第一种便是迄今向我国输入病例较少且同我国经贸往来密切的国家，其本质上是对该国的信用评估。

同时，民航局制定民航领域联合惩戒、协同监管类文件并加以落实，加强与其他社会信用体系所属单位之间的合作④，实现"一处失信、处处受限"。如《关于开展信息共享和监管协作有关事项的通知》（证监发〔2017〕14号）、《关于进一步提升民航服务质量的指导意见》，要求建立民航企业信用管理制度，将其遵守法律法规、标准和履行服务承诺情况纳入民航行业信用管理体系，对于违反上述要求的行为实施联合惩戒。在国际民航领域，想要达成联合惩戒在实践上是极其困难的，一方面，联合惩戒相当于"国际封杀"，民航市场大幅缩小会导致航空公司无法运营国际

① 参见高文录等：《民航法定自查的实践与思考》，载《民航管理》2019年第2期，第36~39页。

② 参见《关于印发〈民航局关于推进精准监管工作的意见〉的通知》（民航发〔2019〕9号）。

③ 参见《外国公共航空运输承运人运行合格审定规则》（交通运输部令〔2017〕35号）。

④ 参见郭仁刚：《发挥信用管理作用　推动行业治理现代化》，载《民航管理》2017年第11期，第12~15页。

航班,甚至濒临破产的窘境;另一方面,航空公司的所属国一定会保护本国的民航企业,竭力反对实行联合惩戒,这便成为政治博弈,超脱民航监管范围。

(三)2020~2022 年突发公共卫生事件下我国国际航班监管模式的反思

我国从股指期货交易市场的"熔断制度"中得到启发,并与国际航空运输建立联系,从而构建了国际航班客运的动态调整模型,即对国际客运航班实行奖励和熔断机制。该机制是在紧急状态下采取的临时措施,在疫情期间发挥了巨大作用,防止国际不同毒株交叉感染,成功保护国内民众的生命健康安全,使得我国的卫生防疫工作取得巨大成效。

我国对国际航班的监管秉持疫情防控的绝对优先性,但过于追求绝对安全,监管过于严格也会带来弊端。自该机制施行以来,根据 2019~2021 年民航行业发展统计公报的数据,我国国际航班在航线数量方面,2021 年只达到 2019 年的 29.28%,运输周转量只达到 2019 年的 46.43%,旅客运输量只达到 2019 年的 1.99%。从中不难看出,"五个一"措施、航班奖励和熔断机制虽然在一定程度上保障国内疫情形势稳中向好,但是对国际民航运输造成巨大冲击同样毋庸置疑。

第一,过度严格的监管措施可能会加大民航企业的成本压力,导致行业竞争力下降。在疫情安全方面,如果监管机构要求各个公司采取更高标准的防控技术和设备,将会增加公司的成本,可能会对其在市场中的竞争力产生一定的影响。第二,过度严格的监管可能会对经济和社会发展造成一定的阻碍。过于严格的监管措施可能会导致航空公司取消或减少飞行班次,从而影响到地区的商务活动和旅游业发展,影响进出口贸易的进行,进而影响整个经济的发展。第三,过度严格的监管还可能会导致其他领域的资源浪费。例如,高附加值商品和季节性商品流通不畅,尖端领域、农业发展均受到不同程度影响,机场也无法得到充分利用,造成资源浪费。

与其过于追求绝对安全和严格监管,更应该尊重行业发展的规律、注重企业自身的责任和主动性,同时根据实际情况和国家战略的需要,制定相应政策和规划,实现民用航空与经济社会的可持续发展。

根据前述可知,我国对国际客运航班实行奖励和熔断机制的法律依据是民航局发布的"通知",显然该法律依据过于单薄。国际民航作为一项涉及多个国家和地区的活动,需要依靠法律框架进行规范和约束,确保其运行安全、公正和高效。如果监管机构的法律依据不充分,将会带来一些负面影响:第一,对安全风险的控制不足,缺乏有效的法律框架和规范,难以确保国际民航业在各种情况下都能够做好安全风险的控制和管理;第二,影响国际民航业的发展,会给国际民航业带来不确定性和不稳定性,阻碍其发展和壮大;第三,会增加对国际民航监管机构的管理成本和工作难度,同时也使得监管难度加大;第四,可能引发国家间纠纷和争议,从而损害各方的利益。

因此,有必要深入探讨解决该机制的合法性疑虑与合理性问题,挖掘2020~2022年突发公共卫生事件下我国国际航班监管模式的改进空间,以求为民航监管部门应对类似突发事件提供参考。

三、突发公共卫生事件下代表性国家的国际航班监管措施

在新冠疫情肆虐期间,多数国家对国际航班采取不同程度的入境限制措施,这也体现出各国国际关系的亲疏远近。笔者搜集几个主要国家的国际航班监管措施,以借鉴和吸收国外先进经验为我所用,整合探索形成我国的国际航班监管模式。

表4-4 主要国家和地区国际航班监管措施

主体	监管措施(2020年)
美国	自3月13日起,美国陆续禁止14天内到过中国、伊朗、英国、爱尔兰以及至少26个欧盟国家的旅客入境,暂停所有常规签证服务
俄罗斯	3月16日宣布临时限制外国人入境,23日起临时限制与所有国家的空中交通。除撤侨包机外,与每个国家仅保留一趟航线,与中国则将保留莫斯科至北京往返航程
欧盟	3月17日,欧盟成员国领导人就新冠疫情防控举行视频峰会,决定采取临时入境限制措施,限制欧盟以外人员前往欧盟国家的“非必要旅行”,为期30天
日本	3月21日,开始限制从欧洲各国、埃及与伊朗等38个国家入境,以防国内新型冠状病毒疫情扩大。已发行的签证无效,机场等处也加强检疫
澳大利亚	从3月20日21点起,对所有非澳大利亚公民和非永久居民执行旅行禁令

众所周知,传染病三要素是传染源、传播途径和易感人群,因此防止新冠疫情扩散要从以上三个方面着手。从表4-4可知,入境限制措施主要有暂停签证服务、削减航线航班量、设置隔离期和发布禁令等,即主要以直接性阻隔国际交通为主,但是相较其他国家的限制措施而言,我国针对国际航班的奖励和熔断动态调整机制,更具韧性和人性化特点。

美国是民用航空领域最具有代表性的国家之一,美国的航空立法有《1958年联

邦航空法》《联邦法规法典》、美国运输部或联邦航空局制定的规章①。其本质上是以“公共利益”为核心的国际航班监管模式,包含许多“公共利益”字眼的法律条款,其实质是授予美国民航行政主管部门或行政长官一种自由裁量权,这种权力包括基于“公共利益”制定航空政策、法规规章等,并且可以以“公共利益”为由授予或限制航空承运人的权利。

日本作为亚洲民航业高度发达的国家,其采取了自律监管为主,政府监管为辅的监管模式②,实行两级行政管理体制,即中央设国土交通省航空局,下设东京、大阪两个地区航空局。日本民航的法律体系由三个层次组成,分别是法律、政令、省令,日常监管采取抽查形式和自愿报告制度。

从各国限制入境措施来看,几乎所有国家都削减国际航班客运量,采取交通管制措施。例如,美国指定了13个机场,所有到过高风险地区的美国公民和合法永久居民只能从这些地方入境;俄罗斯与每个国家只保留一条航线;我国抗“疫”第一阶段便是实行“五个一”措施和暂停入境③。意大利等多数国家实行入境审批制度,入境人员须提前上报当地疾控部门,包括设置隔离期、查验核酸检测报告等,将入境后核验工作前移至国门之外,最大限度防止感染人员进入本国境内。

与开放国家不同的是,在疫情爆发初期,部分国家如澳大利亚实行严防死守的抗疫模式,国内甚至下达“封州令”。我国在抗“疫”的第一阶段也是实行“原地静默”的封城举措,但是该模式仅是权宜之计,在积累一定抗疫经验后,在保证人民群众生命健康安全的前提下应当慢慢放松管制,释放社会压力。

综上所述,突发公共卫生事件下国际航班的监管模式均存在不同程度的问题,但是国内外的航空监管理论研究和实践操作,如美国的“公共利益”监管模式、日本的“自律为主,监管为辅”模式、意大利等国的入境审批制度等,为我国国际航班监管模式的重构提供了可靠思路。

四、突发公共卫生事件下国际航班监管措施的规范理据

(一)国际条约

在国际合作和国际法层面,直到19世纪中叶世界各国才开始关注传染病的预

① 参见美国联邦航空局网站,https://www.faa.gov/。

② 参见沈丹:《我国民航业法律监管问题及其对策研究》,东北大学2013年硕士学位论文,第21页。

③ 参见《中华人民共和国外交部、国家移民管理局关于暂时停止持有效中国签证、居留许可的外国人入境的公告》,载中国外交部官网2020年3月26日,https://www.mfa.gov.cn/web/wjbxw_673019/t1761858.shtml。

防控制问题，渐进式的国际立法进程见证了国际公共卫生从理念诞生到制度逐渐完善。[①]《国际卫生条例(2005)》(International Health Regulations, IHR)设置一系列的法律制度以避免传染病在国际通行(包括航空、船舶和陆地交通)过程中扩散，该制度安排对于突发公共卫生事件下国际航班监管具有重要的规范作用和指导价值。同时，鉴于各缔约国在处理应对突发公共卫生事件方面的能力具有差异性，以及新型传染病具有未知性、传播危害的不确定性，IHR 第 43 条专门规定缔约国有权利制定“额外的卫生措施”[②]，即赋予缔约国在一般国际公共卫生防护措施之外具有一定的额外自主权限，以更好地维护本国利益。

欧美国家关于民用航空的认识以及航空主权、民航安全、民航法律等在学术方面的研究起步都比较早，但学术研究都不是很成熟。1944 年各国在美国的主导下签订了《国际民用航空公约》(以下简称《芝加哥公约》)、《国际航班过境协定》和《国际航空运输协定》，从而掀起了研究国际航班监管的高潮。2019～2022 年国际航班遭受沉重打击，监管模式变革问题被再次提上议事日程。

为避免国际民航运输造成病毒的扩散和传染，《芝加哥公约》吸收了 1944 年修订的《国际航空卫生公约》的相关规定。[③] 同时，为了防止传染病防控措施超过必要限度，造成国际航班运输量大幅减少，《芝加哥公约》第 22 条规定要求为缔约国提供便利，尽量避免“对航空器、机组、乘客和货物造成不必要的延误”。从《芝加哥公约》以上条款不难看出，国际组织在防止突发公共卫生事件国际传播与维持国际民航稳定运营之间寻求平衡的核心理念，也为防止新冠疫情通过国际客运航班传播提供了国际法上的依据。为了实现《芝加哥公约》第 22 条“提供便利”的目的，国际社会创

---

① 标志性的国际会议或国际立法有：1851 年在巴黎召开的首届国际卫生会议；1924 年召开的泛美卫生大会；1926 年于巴黎举行的第十三届国际卫生会议；1929 年 5 月召开的国际航空卫生大会；1933 年 4 月在海牙召开了第一次国际航空卫生公约会议；1944 年《国际民用航空公约》(又称《芝加哥公约》，Convention on International Civil Aviation, ICAC)的制定；1946 年世界卫生组织在纽约签署了《世界卫生组织章程》，进一步推动了航空公共卫生措施的国际化；1951 年的《国际公共卫生条例》；2005 年修订并于 2007 年生效的《国际卫生条例(2005)》正式标志着应对这一问题的国际法制度的正式确立。

② IHR 第 43 条第 2 款规定缔约国采取“额外的卫生措施”的标准应基于“(一)科学原则；(二)现有的关于人类健康危险的现有科学证据，或者此类证据不足时，现有信息，包括来自世界卫生组织和其他相关政府间组织和国际机构的信息；以及(三)世界卫生组织的任何现有特定指导或建议”。

③ 《芝加哥公约》第 14 条规定：“缔约各国同意采取有效措施防止经由空中航行传播霍乱、斑疹伤寒(流行性)、天花、黄热病、鼠疫，以及缔约各国随时确定的其他传染病。为此，缔约各国将与负责关于航空器卫生措施的国际规章的机构保持密切的磋商。此种磋商应不妨碍缔约各国所参加的有关此事的任何现有国际公约的适用。”

立《国际民用航空公约》附件9并在第2.4条①直接援引IHR的规定进行专门规定，缔约国遭遇公共卫生事件时应当遵守一定的行为规范，体现《芝加哥公约》附件9与IHR的协调统一。

（二）双边协定

鉴于国际上尚未形成统一的多边航空运输公约，但是我国已与442个国家和地区达成双边航空运输协定，因此有必要从中寻找限制国际航班客运量的法律依据。

在航线方面，双方可以限定互相开放特定城市通航或全面开放；在航空运营者方面，航空公司一般应当通过“审批”“许可”的方式获得运营资质。航空运营者有义务遵守该双边协定以及缔约国双方的国内法。两国缔结双边航空运输协定的目的在于为国际航空运输和商业贸易提供便利，因此极少出现单方面削减或停飞国际航班的措施。更改航班计划的前提是，遵守已达成的双边协定的规定以及协定指向的准据法，即缔约国双方“关于从事国际航班飞行的飞机进出其领土和在其领土内运行的法律和规章”②。

在双边航空运输协定中，一旦航空运营方出现违法行为，则由该国的民航主管机关视行为严重程度决定暂停或撤销有关通行许可。在国内法层面，我国《外国航空运输企业航线经营许可规定》（交通部令〔2016〕4号）第24条同样规定禁止随意更改航班计划。

（三）国内法

我国民航业从1949年至今已经取得巨大的成就，民航法律体系也在逐步完善。我国现阶段的民航法律法规主要有：《民用航空法》（1995年通过，2021年第六次修正），35部行政性法规，现行有效的141部部门规章和上千份规范性文件。表4－5是笔者搜集整理的公共卫生领域与民用航空领域的监管类文件，并对切合本文主题的规范性文件进行重点分析。

表4－5　公共卫生、民用航空领域规范性文件

领域	法律	行政法规	其他
突发公共卫生事件领域	《突发事件应对法》	《突发公共卫生事件应急条例》	《国家突发公共卫生事件应急预案》

① 《国际民用航空公约》附件9第2.4条规定：“各缔约国不得因公共卫生原因而阻止航空器在任何国际机场起降，除非此类行动是按照世界卫生组织《国际卫生条例（2005）》采取的。”

② 韩永红、梁佩豪：《突发公共卫生事件中过度限制性措施的国际法规制》，载《国际经贸探索》2020年第7期，第85～97页。

续表

领域	法律	行政法规	其他
民用航空领域	《民用航空法》	《国际航权监测管理办法》(民航规〔2019〕32号)、《定期国际航空运输管理规定》(交通部令〔2018〕26号)、《外国航空运输企业航线经营许可规定》(交通部令〔2016〕4号)	《关于规范国际航线航班运营秩序的通知》《中国民用航空局应对突发事件总体预案》
交叉领域	《国境卫生检疫法》	《国内交通卫生检疫条例》	《加强预防控制传染病境外传入和通过交通工具传播的措施》(卫应急发〔2005〕247号)、《突发公共卫生事件民用航空应急控制预案》(民航飞发〔2005〕129号)

我国对外国航空公司在境内运行监管的起步比较晚,目前《国际航权监测管理办法》对我国航空公司国际航班计划的执行情况、国际航权的使用情况进行记录,采取记分制,视情况不予批复新增航线和增加航班量申请;我国的国际航线审批结果定期公开,根据运营情况可随时取消或恢复,在性质上属于奖惩机制。

为了避免传染性疾病国内外交叉感染,尽可能减少突发公共卫生事件对我国造成的影响,我国颁布了一系列法律法规。中央和地方政府以其为依据,将各项传染病的应急预防控制措施已调整为常态化管理和控制措施,不断完善监管机构和监管方式,努力保护机组成员和航空旅客的健康安全。

突发公共卫生事件防控涵盖九个方面的内容,主要有防控措施联动、疫情通报、健康告知、旅客健康巡查、传染病人交接和传染病定点医疗、人员培训教育、完善预案和应急程序、加强监督检查等制度。① 各民航地区管理局、航空安全监督管理办公室、航空运输单位应结合实际情况,制定实施本地区、本单位的突发公共卫生事件应急预案。② 突发公共卫生事件按严重程度分为四级,建立预警、信息收集和报告制度,并重点对应急控制措施、紧急运输、保障措施等作出规定。目前,中国已经建立了国家、民航局、运营单位(包括机场、航空公司等)传染病预防控制三级

① 参见《加强预防控制传染病境外传入和通过交通工具传播的措施》。

② 参见《突发公共卫生事件民用航空应急控制预案》,载中国民航局网站,http://www.caac.gov.cn/index.html。

预案体系。

不仅如此,民用航空医学中心在民航局的支持下于2005年成立,作为民航防控传染性疾病的技术支持部门。根据常态化管理控制理念,我国民航局已将落实传染病防控措施作为对航空公司、机场等单位的航空安全审计内容。

五、塑造突发公共卫生事件下中国特色的国际航班监管模式

(一)明确“精准适度”的监管理念及原则

在发生突发公共卫生事件的情况下,各国享有较大的决策权,可采取不同程度的国际航班限制措施。我国的国际民航突发公共卫生事件应急工作,应遵循预防为主、常备不懈的方针,贯彻统一领导、分级负责、依法规范、措施果断、依靠科学、加强合作的原则①,同时要发挥我国“集中力量办大事”的社会主义制度优势,成立突发公共卫生事件应急工作领导小组,在确保预防控制传染性疾病传播扩散的前提下,做到最大限度减少人员伤亡,保证民用航空运输的安全畅通和正常生产。从国家战略意义上看,我国急需明确突发公共卫生事件下国际航班监管的理念及原则。

在突发公共卫生事件的背景下,国际航班监管工作务必秉持“精准适度”的理念,在保障人民群众的生命健康与国际民航运输高效运营间寻求一种平衡。“精准适度”监管的内涵主要包括两个方面:一方面,“精准适度”监管强调“精准”,即根据不同民航市场主体、运输特点,科学制定相应的监管政策和措施,让监管更加具有针对性、精准有效。这种监管方式注重依据民航运营实际情况进行监管,避免了简单粗暴地的“一刀切”式监管,使监管更加科学合理。另一方面,“精准适度”监管强调“适度”,即在监管过程中要平衡不同利益主体之间的关系,既要防范疫情传播风险,维护疫情形势稳定,也要避免过度严格的监管措施损害国际民航市场活力和效率。适度监管理念可以从行政法的比例原则②出发,以保证实现监管效果最大化的平衡。

首先,适度监管理念重视监管措施与其所要达成目标的比例关系,即民航监管机构在采取行政措施时需要权衡疫情防控公共利益和国际航班运营权利之间的关系,确保采取的措施既符合法律规定,又不会对运营人的合法权益造成过度损害。

① 参见《突发公共卫生事件民用航空应急控制预案》。

② 参见顾东婧、李明伟:《应重视行政比例原则在实践中的运用》,载《中国行政管理》2016年第5期,第158页。

其次，适度监管理念注重民航监管机构对行政行为目的的合理追求①，在制定监管措施时要考虑其社会价值，并尽可能地做到措施的必要性和适度性，避免误伤航空企业。再次，适度监管理念强调民航监管机构的行政执法应当有明确的程序和标准，确保监管活动有章可循、公开透明，使国际航班各主体能够了解监管标准和监管措施，增强监管的可预测性和合理性。最后，适度监管理念还应注重民航监管机构与被监管者之间的协作，更多地采取沟通、协商、引导等方式，促进监管对象自觉履行法律责任并持续改进经营，避免过度干预或不合理处罚所造成的航空企业损失。

这种监管方式注重在保证国际航班运输秩序的前提下，将监管与市场创新有机结合，推动国际民航经济持续健康发展。总的来说，"精准适度"监管是以疫情形势为导向，以规范运营人、机场和航空人员的准入、运行和限制为中心的一种全新的监管理念。它是在坚持市场化、法治化原则的基础上，以精准的监管政策和适度的监管措施来规范各类民航市场主体的行为，从而促进国际民航健康发展。

（二）构建全过程监管路径

一旦出现突发公共卫生事件，仅依靠点对点针对某一环节完全排除病毒传播风险几乎无法实现，因此必须实现全过程监管，但是这又不等同于回归"保姆式"监管，而是构建全过程的监管路径。

在事前监管过程中，应当明确"十四五"时期适航审定的基本原则②，未来应当基于智慧民航建设的主线，创新监管理念，建立健全系统性的适航审定机制，以提高体系效能为重点，严格评估国际航班的公共卫生保障能力，包括是否落实我国的防疫措施、执行我国防疫要求，有无违反我国卫生相关法律法规的记录、航班是否配备卫生用品和具备卫生知识的保障人员等。

从事中监管出发，我国应当借鉴日本的国际航班监管模式，将法定自查与精准监管紧密结合。法定自查是自律监管的形式之一③，法定自查事项清单应当涵盖排除病毒传播风险，包括查验检测报告、提供消毒用品、无接触乘机服务等，我国进而根据事项落实情况和感染人员数量对国际航班实施奖惩措施。制订精准监管计

① 参见周佑勇：《行政法原论》（第3版），北京大学出版社2018年版，第73～74页。

② 坚持"安全发展，智慧建设""科技引领，创新驱动""系统思维，高效审定""统筹协调，融合发展"的基本原则，参见《"十四五"民航适航发展专项规划》，载中国民航局网站，http://www.caac.gov.cn/index.html。

③ 参见沈瑨、孟祥鹏：《民航监管模式改革视角下法定自查工作的推进与创新》，载《民航管理》2020年第9期，第16～19页。

划,监管事项库同样应当包括排除病毒传播风险,将该事项作为监察员培训的重要内容,根据奖惩情况投放监管资源、配备不同数量的监察员,最后发挥智慧民航的优势,采取“双随机、一公开”检查方式和非现场监管方式。

事后监管亟需建立一个国际性的信用管理体系和联合惩戒机制。虽然在此次新冠疫情期间我国无法针对外国航空公司实现信用管理和联合惩戒,但是在全球化背景与“互联网+监管”的趋势下,未来各国的航班监管很有可能突破国际壁垒、实现信息共享,最终使得信用管理和联合惩戒机制渗透至国际航班监管领域。

(三)形成国内法与国际法的协同规制

突发公共卫生事件下航空领域立法是卫生法与航空法的交叉领域,具有国际性强、非常态化的特点。立法首先应符合精准适度的要求,这是前述国际航班监管的核心理念。但是在本次突发公共卫生事件中,我国对国际客运航班实行的“五个一”措施以及奖励和熔断机制,在国内具有《突发事件应对法》《国境卫生检疫法》等法律依据,但是在国际上遭到抨击,甚至因此产生国际民航纠纷,所以有必要建立国内法与国际法的协同规制。

国内法要与国际法接轨,要吸收和借鉴其他国家的民航监管经验。充分发挥市场在国际航线资源配置中的决定性作用,要建立公平竞争的市场秩序①,严格贯彻落实国际航线申请与批准制度,减少因限制国际航班入境而产生的国际争端,这是民航市场全球化发展的必然要求。要从我国民航面临的突发公共卫生事件出发,理论结合实际,使我国的国际航班监管法律法规与IHR、ICAC等国际法接轨。IHR、ICAC均规定一旦出现传染病,在某些前提下可以采取航班限制措施;在双边协定中,限制国际航班通行也应当遵守已达成的协定规定以及协定指向的准据法。因此,不妨将国际法中的该类规定整合融入我国民航监管法律体系,体现我国对国际法的尊重,并为国际争端提供充分的法律依据。同时,借鉴美国的“公共利益”监管模式、日本的“自律为主,监管为辅”模式以及各国的入境审批制度,在我国的民航监管方面树立“精准适度”的监管理念,完善法定自查制度,创新适航审定工作。

注重立法质量,程序法与实体法并重。保证民主立法和各主体参与程度,法律法规以及预案的出台要经过卫生疾控领域和航空领域专家论证,广泛征求航空公司、机场和公众的意见,以此保证民航监管法律的科学性和可操作性。鉴于目前我国民航监管文件纷繁复杂,规范性文件甚至达到上千份,应当定期梳理民航卫生疾

① 参见李晨丹:《民用航空立法改革趋向研究——以监管为视角》,载《河北法学》2016年第9期,第104~112页。

控领域的法律法规，明晰分类管理工作，适时将规章、规范性文件的成熟经验上升为法律。英美法系重程序，轻实体，所以我国的国际航班监管法律法规必须注重适航审定、民航人员资质许可、惩戒机制等方面的程序性规定。推进依法行政，培养增强民航监管人员的程序意识，严格按照法定程序行使职权、履行职责。

除此之外，加强国际合作，共同制定并遵守国际民航监管的法律框架和规范。推动相关国际组织的发展，在法律、技术等方面进行深入研究和协调，推动国际民航监管的法律依据更加完善和健全。各国应加强对国际民航监管相关法律和法规的制定和完善，从而为国际民航业提供有效的法律保障。提高监管机构的能力和水平。加强监管机构在人才、技术等方面的培训和建设，确保有效执行国际民航监管的法律框架和规范。我国最终要在突发事件民航监管领域建立一套以《民用航空法》《突发事件应对法》《国境卫生检疫法》为主干，以国际法为分支，大量行政法规、规章和规范性文件共同组成的、科学合理的、国际化的国际航班监管法律体系。

（四）建立刚柔并济的国际航班监管框架

在精准监管的大前提下，建立刚柔并济的国际航班监管框架是处理民航领域突发公共卫生事件的行之有效的策略。刚性监管方式是指行政强制、行政处罚等；柔性监管方式是指强制性监管方式之外的，法律允许的“软性”方式，如书面或口头咨询以及行政约见等。针对不同类型的航空公司和航班，制定相应的监管政策和标准，包括行业规范、技术标准及飞行安全等方面的政策，以确保公共利益和市场秩序的稳定和可持续发展。加强信息共享和数据分析。通过建立信息共享平台和数据分析系统，收集和分析各类监管信息和数据，识别潜在风险和问题，及时采取相应的监管措施和预警机制，保障航空安全和乘客权益。采用柔性的监管方式和合作机制，与航空公司进行沟通和合作，在尽量减少干预的情况下，促进企业的创新和发展。

在民航面临新的发展趋势，以及积极推进智慧民航建设的背景下，我国可以引入“合作行政”①的概念。国际航班监管手段需要具有一定弹性，充分注重民航运营者的合作意愿，调动民航被监管者法定自查的主动性，提高监管的效能。例如，美国业已存在的执法警示制度②，对存在小微安全隐患的航空公司，联邦航空局会采用标准化表格，对航空公司进行口头咨询或者书面致函，在向其提出安全质询的同时，及时协助其解决安全问题。

---

① 朱宝丽：《合作监管的兴起与法律挑战》，载《政法论丛》2015 年第 4 期，第 137 ~ 144 页。

② 参见李大朋：《中国民航创新监管的重点路径研究》，载《北京航空航天大学学报（社会科学版）》2023 年第 1 期，第 121 ~ 130 页。

在此次新冠疫情期间,我国对国际客运航班实行“五个一”措施以及奖励和熔断机制,体现刚柔并济的内在奖惩机制,在传染病防控方面效果显著。因此,可以考虑将其作为紧急情况下启动的国际航班监管模式,并作为一种成型制度载入防控预案或法律法规中,以应对未来突发公共卫生事件。

简言之,通过创新监管方式,建立刚柔并济的国际航班监管框架,形成监管主体与监管对象基于共同的目标与价值,互促互进、良性互动的监管格局。[①]

(五)探索灵活有效的监管工具

基于我国已有的疫情防控经验,结合2020~2022年突发公共卫生事件下我国国际航班监管模式,笔者提出以下两点新型监管措施,以求探索灵活有效的监管工具。

使用区块链技术[②]来追踪航班数据和乘客健康信息,推广使用生物识别技术(如面部识别或虹膜扫描)来验证乘客身份,以提高安全性和可靠性,同时提高监管精度和效率。传统的疫情防控方法需要人工采集大量数据,并依靠人工识别和数据整合来确定患者的行程轨迹,而运用区块链技术可以实现数据自动化记录和存储,降低数据篡改的风险,提高数据追溯的精度和效率。生物识别技术也能够减少人为错误和不准确数据的风险。同时,基于这些技术,监管机构和医疗部门可以快速了解患者的行程轨迹,及时检测可能存在的风险区域,并采取适当的预防措施来控制疫情传播。乘客也可以在感染后通过以上技术手段,主动向有关部门上报信息。

与医学专家合作,开发基于健康评估的国际航班管理计划,以确保传染病不会通过国际航班传播。首先,基于医学专家的建议,制定适当的健康评估标准,以确定旅客是否有传染病或存在健康问题。这些标准应该包括体温检测、咳嗽和流感等症状的筛查,以及过去14天内是否接触过确诊患者等信息。其次,收集旅客信息。在预订航班时,根据健康评估标准将乘客分为不同的风险类别。对于高风险旅客,他们的航班信息将交由公共卫生部门进行追踪。再次,及时采取紧急干预措施,如果航班上出现可疑症状,机组人员将立即通知医务人员进行诊断并采取适当的隔离和消毒措施。如果有旅客在登机前或在途中被诊断为感染患者,他们将立即被隔离并接受治疗。最后,需要各方协调合作。这需要航空公司、机场、医务人员、公共卫生部门等多方面的协调配合。航空公司应该培训机组人员如何发现和

---

① 参见李大朋:《中国民航创新监管的重点路径研究》,载《北京航空航天大学学报(社会科学版)》2023年第1期,第121~130页。

② 参见朱婉菁:《区块链技术如何影响国家应急管理:一项预判性分析》,载《电子政务》2021年第11期,第80~91页。

处理可疑情况,并制定相应的应急预案。同时,机场应该配备充足的医疗设备和药品,以应对突发情况。

六、结语

突发公共卫生事件下,我国国际航班的监管模式存在监管理念、原则缺位;监管过程存在漏洞;国际航空条约、双边协定与国内监管的关系不明,致使实行国际航班监管的法律依据不充分;未建立国际航班监管的工具库等问题。为此,需要进一步明确国际航班监管"精准适度"的理念及原则,构建全过程监管路径,形成国内法与国际法的协同规制,建立刚柔并济的国际航班监管框架,探索灵活有效的监管工具,最终实现突发公共卫生事件下我国国际航班监管模式的重构,既保障人民群众的生命健康安全,又维持民航行业的平稳运营,促进航空经济稳步发展。

[俄乌冲突下的航空法问题]

俄乌冲突中俄罗斯民航业反制裁措施的国际法分析*

李大朋　甘　睿**

在当今大变局时代，制裁已经成为国家增进其政治、经济目的的核心外交政策工具①。航空器经常跨越国界，进行全球飞行，并且具有高价值性，因此以航空器为标的的融资租赁成为全球化程度最高的商业活动之一，进而极易成为制裁与反制裁的对象。在此次俄乌冲突中，有关当事方针对航空业互相出台严厉的制裁与反制裁措施，导致航空器融资租赁业受到了严重冲击。尽管这些大量的制裁和反制裁均有明确的国内法基础，但这些措施仍然面临着国际合法性评价问题。尽管国家有权按照其意愿开展对外经贸活动，自主决定贸易的对象和方式②，然而现代国家对内统治受到本国宪法和法律的约束，对外参与国际交往也受到国际法治的约束③。因此，无论是以美国为首的西

* 基金项目：司法部国家法治与法学理论研究课题“航空安全国际法问题研究”（项目编号：19SFB2055）。

** 李大朋，中国政法大学航空与空间法研究中心研究员。甘睿，中国政法大学国际法学院硕士研究生。

① 参见霍政欣：《〈反外国制裁法〉的国际法意涵》，载《比较法研究》2021年第4期，第144页。

② 参见霍政欣：《〈反外国制裁法〉的国际法意涵》，载《比较法研究》2021年第4期，第148页。

③ 参见[美]博登海默：《博登海默法理学》，潘汉典译，法律出版社2015年版，第46页。

方国家发起的制裁，还是俄罗斯为应对制裁出台的反制裁，都要受到国际法制的约束，面临着条约法和习惯国际法的双重评价。本文从条约法和习惯国际法着眼，就俄乌冲突中俄罗斯针对民航业的反制裁措施展开国际合法性分析，认为俄罗斯的反制裁本身可能会违反某些条约义务，如果符合习惯国际法，则可以排除其国际不法性；如果其限制了中国出租人的取回权，则超越了习惯国际法允许的反措施范围，具有国际不法性。

一、俄乌冲突中针对民航业的制裁与反制裁措施

在俄乌冲突发生后，美国、欧洲联盟（European Union，以下简称“欧盟”）与英国对俄罗斯民航业进行了严厉的制裁。美国商务部修改了《美国出口管理条例》（Export Administration Regulations，EAR），全面禁止向俄罗斯出口航空器与发动机。[①] 欧盟禁止成员国和个人向俄罗斯提供相关的物品（包括航空器和零部件）和技术（包括航空器维修、大修、检查、更换、改装等），禁止向俄罗斯提供与航空器物品和技术相关的融资、保险与再保险服务（从 2022 年 3 月 28 日起并追溯适用于 2022 年 2 月 26 日之前当事人签署的合同）。[②] 英国禁止向俄罗斯提供航空器相关物品和技术，禁止向俄罗斯提供与航空器物品和技术相关的融资、保险与再保险服务。[③] 美国、欧盟与英国的制裁措施覆盖了融资租赁交易的全部领域，非常全面且精准，旨在让俄罗斯的航空公司无法再从国际市场获得航空器，俄罗斯已经获得的航空器也面临着被外国出租人取回的风险，以使俄罗斯的航空运输业彻底瘫痪。

俄罗斯为了应对制裁，采取了一系列反制裁措施，在航空器融资租赁相关领域，俄罗斯先后采取了下列两个反制裁措施专门阻止外国出租人取回航空器。

1.《履行义务法草案》

2022 年 3 月 22 日，“关于俄罗斯联邦某些立法法案修正案”的联邦法律草案提交俄罗斯国家杜马审议。该法案规定：如果由于（外国政府）对俄罗斯实施的制裁，在客观上绝对无法履行义务，则该义务应全部或相应终止；如果由于（外国政府）对俄罗斯实施的制裁，客观上暂时无法正确履行义务，则不履行或不当履行的义务不应被视为违约；如果债务人因（外国政府）对俄罗斯实施制裁而没有履行或不当履

---

① See Implementation of Sanctions Against Russia Under the Export Administration Regulations (EAR), 87 FR 22130.

② See the Russia (Sanctions)(EU Exit)(Amendment)(No. 6) Regulation 2022, 2022 No. 241.

③ See the Council Regulation (EU) 2022/328 of 25 February 2022 amending Regulation (EU) No. 833/2014.

行其义务,则债权人有权单方面终止合同。该修正案预计将从2022年2月24日起追溯适用。①

2.《租赁外国飞机注册法令》

2022年3月,俄罗斯总统普京签署法令,允许俄罗斯航空公司保留其机队并继续运营租赁的外国飞机,允许俄罗斯航空公司注册其在租赁外国飞机上的权利,并允许相关俄罗斯政府当局为此类飞机重新登记为俄罗斯国籍并签发俄罗斯适航证书。②

这两项法令旨在产生以下两种法律后果:一是不允许国外出租人从俄罗斯境内取回航空器;二是允许在国外注册的航空器在俄罗斯进行重新注册,俄罗斯重新签发适航证书,以保障这些航空器继续在俄罗斯境内运营。俄罗斯的反制裁具有一定的针对性,旨在让遵守这些制裁措施的外国出租人无法从俄罗斯境内取回航空器,以最大限度减少制裁对俄罗斯境内航空运输业的影响。

本质上,反制裁属于单边制裁的范畴。单边制裁是一国或多个国家或国家集团在没有多边条约机制授权的情况下,"自主地"决定采取经济、贸易或其他强制性措施,以达到迫使某一国改变其政策的目的,只不过反制裁同时具有"私力救济"的性质,是由"报复"发展而来的③。传统上,反制裁的合法性并没有清晰的界限,争议较大,需要从条约法和习惯国际法双重角度进行评价。

二、俄罗斯反制措施的条约法分析

从条约法角度看,俄罗斯有针对性出台的反制裁措施面临着以下挑战:一是以国内法阻止出租人取回航空器是否合法;二是以国内法承认航空器双重国籍是否合法,笔者分析如下。

(一)阻止出租人取回航空器

《移动设备国际利益公约》(以下简称《开普敦公约》)的《航空器议定书》针对航空器标的物特别规定了两种救济措施,主要针对境外债权人的自力取回问题,包括:(1)申请办理航空器的注销登记;(2)办理航空器标的物从其所在地的出口和实物转移。但是这两种救济措施必须经债务人同意且只能在债务人同意的限度内行使。在债务人事先同意的情况下,这一条使得债权人可以要求航空器登记机关配

---

① Законопроект № 92282 – 8.

② Федеральный закон от 14.03.2022 № 56 – ФЗ.

③ 参见霍政欣:《〈反外国制裁法〉的国际法意涵》,载《比较法研究》2021年第4期,第148页。

合其办理注销与出口手续。[①] 根据《航空器议定书》规定，这种救济主要通过两种途径实现：一种是通过法院；另一种是通过申请登记不可撤销的注销与出口授权书（irrevocable de-registration and export request authorization, IDERA）。所谓 IDERA，是指由债务人签发的，授予被授权方（债权人）向航空器登记机关与其他有关机关请求注销与出口航空器的授权，该授权是不可撤销的；航空器登记机关或其他机关有义务尊重并配合被授权方的申请。[②] IDERA 经过债务人签字并向航空器登记机关登记后即发生效力。

可见，IDERA 是《开普敦公约》的《航空器议定书》创设的、便利出租人跨境取回航空器的特殊制度。具体而言，这是承租人向出租人签发的不可撤销的允许出租人单方面向缔约国航空器登记机关与其他有关机关申请注销与出口航空器的书面授权。根据这一授权，缔约国有义务配合出租人办理航空器注销与出口手续，以便于出租人迅速取回航空器。

俄罗斯是《开普敦公约》的《航空器议定书》的缔约国，因此在外国出租人取得 IDERA 的情况下，其有义务配合出租人办理航空器注销和出口手续。但是俄罗斯却通过国内法阻止外国出租人办理注销和出口手续，以阻止其取回航空器，构成对《开普敦公约》条约义务的违反。

（二）允许航空器双重国籍

与一般动产不同，航空器拥有国籍。根据 1944 年《国际民用航空公约》（以下简称《芝加哥公约》）第 17 条规定，航空器拥有登记国的国籍[③]，根据第 18 条规定，航空器登记可由一国转移至另一国，但是不能在两个以上国家登记，因此航空器只有一个国籍，不能有两个以上国籍[④]。航空器国籍国有义务确保其登记的航空器安全运营，不论该航空器在何处运营，其必须遵守登记国的法律和安全规章。

在航空器融资租赁交易中，航空器所有权属于出租人，但是实际运营航空器的为承租人。如果航空器登记在出租人所在国，由于航空器在承租人所在国实际运营，将导致出租人所在国无法对航空器进行有效监管。相反，如果航空器登记在承租人所在国，则在承租人违约时，出租人取回航空器也将面临非常复杂的程序，包

---

① 参见《航空器议定书》第Ⅸ(1)、(2)条。

② 参见《航空器议定书》第Ⅸ(5)条。Donald Gray, Jason MacIntyre & Jeffrey Wool, *The Interaction between Cape Town Convention Repossession Remdies and Local Procedural Law: a Civil Law Case Study*, Cape Town Convention Journal, Vol. 4, 2015, No. 1, p. 26.

③ 参见《芝加哥公约》第 17 条。

④ 参见《芝加哥公约》第 18 条。

括注销原国籍、取回航空器、重新注册国籍等。① 因此,为了适应国际航空器融资的发展,更好地规范和监督在国际航空器融资中的航空安全问题,1980年10月6日,在国际民用航空组织第23届大会上通过了《芝加哥公约》第83条分条(Article 83 bis of Convention on International Civil Aviation,以下简称"第83条分条")。第83条分条规定,当在一缔约国登记的航空器,被另一缔约国经营人租用、包用或互换时,登记国可与该另一国达成协议,将登记国的全部或部分职能或义务转移给另一国。对于已转移的职能或义务,登记国不再承担责任。但是对于缔约国之间的类似协议,需向国际民用航空组织理事会登记并公布,或者直接通知其他缔约国,否则该转移对其他缔约国不发生效力。②

可见,依据《芝加哥公约》第83条分条规定,对航空器进行管理和规制的责任可由原先航空器登记国与航空器运营地所在国达成协议,从原先航空器登记国转移至航空器运营地所在国,确保航空器不会因为租赁、包用或互换而导致对其无法监管的现象出现。有基于此,俄罗斯与百慕大、爱尔兰等达成了类似的协议,以处理外国出租人提供的由俄罗斯航空公司运营的航空器国籍问题。例如1999年,百慕大和俄罗斯达成了一份转移监管职责的双边协议,根据该协议,针对在俄罗斯运营的航空器,作为登记地的百慕大将关于《芝加哥公约》附件1《人员执照的颁发》、附件2《空中规则》、附件6《航空器的运营》的职责转移给俄罗斯,仅保留关于附件8《航空器适航性》的管理。

可见,尽管在《芝加哥公约》缔约国之间,对航空器进行管理和规制的责任可由原先航空器登记国转移至航空器运营地所在国,但是《芝加哥公约》第18条并未放开,不允许航空器存在双重国籍,一架航空器只有在原登记国注销后,才能在另一个缔约国登记。因此,俄罗斯为了应对制裁,允许未被注销外国国籍的航空器再次注册为俄罗斯国籍,并为其颁发适航证,违反了《芝加哥公约》第18条。

---

① See Brian F. Havel & Gabriel S. Sanchez, *The Principles and Practice of International Aviation Law*, Cambridge University Press, 2014, p. 343.

② 《芝加哥公约》第83条分条规定:"一、尽管有第十二条、第三十条、第三十一条和第三十二条第一款的规定,当在一缔约国登记的航空器由在另一缔约国有主营业所或永久居所的经营人根据租用、包用或互换航空器的协定或任何其他类似协议经营时,登记国可以与该另一国达成协议,将第十二条、第三十条、第三十一条和第三十二条第一款赋予登记国对该航空器的职责和义务转移至该另一国。登记国应被解除对已转移的职责和义务的责任。二、上述协议未按照第八十三条的规定向理事会登记并公布之前,或者该协议的存在和范围未由协议当事国直接通知其他有关缔约国当局之前,转移对其他缔约国不发生效力。三、上述第一款和第二款的规定对第七十七条所指的情况同样适用。"

三、俄罗斯反制措施的习惯国际法分析

一般而言,有关反制裁的习惯国际法主要体现在由联合国国际法委员会制定的《国家对国际不法行为的责任条款草案》(以下简称《草案》)中,尽管该《草案》尚未生效,但是被公认为具有习惯国际法的性质。

报复是一些行为,虽在通常情形下不合法,但却例外地被允许作为一个国家对另一个国家侵犯其权利的反应①。根据《草案》第22条的规定,一国不遵守其对另一国国际义务的行为时,其不法性可在该行为构成一项反措施时解除。因此,对于违反条约义务的反制裁措施,如果满足习惯国际法中的合法性反措施标准,可以解除非法性。

反措施被称为国家对国际不法行为责任方面最有争议的问题之一,因为“受害国或受害国代表对国际不法行为诉诸反措施的可能性受到《草案》第三部分第二章规定的各种实质性和程序性限制”②。一般认为,反措施是否合法取决于以下要件:目标国先前作出国际不法行为、相称性要求、临时性要求、程序性要求等。③

(一)先前行为的国际不法性

报复是对破坏国际法,即对国际不法行为的反应,习惯国际法给予每个国家在其利益范围被另一国家侵犯时采取报复,即具有对另一国家利益范围加以有限度干预性质的强制行动的法律权力④。

根据《草案》第49条第1款规定,反措施针对的必须是满足可归因于责任国和违反国际义务两个构成要件的国际不法行为。首先,《草案》在第一部分的第4~11条对“行为可归因于一国”作出了具体规定,其中由国家政府机关作出的行为属于可归因于国家。美国、欧盟、英国的具体制裁措施都是由政府机关以修改法律或发布禁令的方式作出的,属于可以归因于国家的行为。其次,对于美国、欧盟、英国的制裁行为是否属于对国际义务的违反这一问题,一般认为,经济制裁措施的国际合法性源于两个方面:一是执行联合国安全理事会的集体制裁决议;二是国际法允许的反措施,既直接遭到国际不法行为侵害的国家针对不法行为国采取的制裁措施。以美国为首的西方国家的经济制裁并非执行联合国安全理事会的集体制裁决议,

---

① 参见[美]汉斯·凯尔森:《国际法原理》,王铁崖译,华夏出版社1989年版,第20页。

② 詹姆斯·克劳福德:《国家对国际不法行为的责任条款》,载联合国网站,https://legal.un.org/avl/pdf/ha/rsiwa/rsiwa_c.pdf。

③ See Masahiko Asada, *Economic Sanctions in International Law and Practice*, Routledge Press, 2019, p. 11.

④ 参见[美]汉斯·凯尔森:《国际法原理》,王铁崖译,华夏出版社1989年版,第20页。

并且以美国为首的西方国家也未在俄乌冲突中遭受国际不法行为的侵害,因此,从俄罗斯的视角看,以美国为首的西方国家的经济制裁不属于现有国际法框架下的制裁,这些制裁措施是没有国际法依据的。

(二)相称性

报复必须与其针对的不法行为相称,这是一项公认的原则。① 根据《草案》第51条规定,反措施必须和所遭受的损害相称,并应考虑到国际不法行为的严重程度和有关权利。对相称性的要求事实上也体现了反措施的性质,即反措施的目的是促使对方履行国际义务而非进行惩罚。

对反措施是否具有相称性进行判断时,不仅需要考虑采取反措施的国家所遭受的损害程度和反措施的程度,对二者进行"量"的比对;也需要考虑国际不法行为的严重程度和有关权利的严重程度,即对二者进行"质"的比对。例如,在加布奇科沃—纳吉马洛斯项目(Gabčíkovo-Nagymaros Project)案中,常设国际法院认为,通航河流的资源共享是一种具有普遍性、基础性的法律权利,而捷克斯洛伐克的单边行为剥夺了匈牙利对这些自然资源的权利,这是一种基础的权利,因此捷克斯洛伐克的反措施不具有相称性。② 可见本案中常设国际法院对受害国和责任国受到损害的权利的性质进行了相称性衡量。另外,实践中也存在仲裁庭将是否存在损害较小的可替代措施作为判断反措施是否具有相称性的标准之一的情况。③ 尽管如此,习惯国际法对于"相称性"的判断标准依旧十分不明确,导致对相称性的判断较为困难。

在此次美国、英国、欧盟与俄罗斯在航空领域的制裁与反措施中,美国、英国和欧盟通过法令等形式禁止向俄罗斯提供航空器、技术、服务等,而俄罗斯则通过一系列措施阻止外国人从俄罗斯取回航空器,制裁与反制措施涉及的权利性质并没有明显的差别。因此,很难得出俄罗斯的反制裁措施具有不相称性的结论。

---

① 参见诺利拉案。1914年,德国西非属地的一名官员和两名军官被诺利拉德葡萄牙边境哨所人员杀死,另外两名德国人受伤,并被拘留。作为报复措施,德属西非总督命令德国部队攻击并摧毁葡萄牙边境地区上的许多堡垒和哨所。此后,德国总督还派遣军事远征队前往诺利拉堡垒,该堡垒的葡萄牙驻军进行反抗后,被迫放弃堡垒。法庭认为,正当行使报复的权利的一个必要条件是:报复所针对的国家破坏了一项国际法规制,并且与激起报复的行为完全不相称的报复是过分的,因此是不法的。因此判定德国应负责任。

② See Gabčíkovo-Nagymaros Project, p. 56, paras. 85 and 87, citing Territorial Jurisdiction of the International Commission of the River Oder, Judgment No. 16, 1929, P. C. I. J., Series A, No. 23, p. 27.

③ See The International Center for Settlement of Investment Disputes, Archer Daniels Midland Company and Tate & Lyle Ingredients Americas, Inc. v. the United Mexican States, Case No. ARB(AF)/04/05, award, 21 November 2007, para. 160.

(三)临时性

根据《草案》第49条第2款的规定,反措施限于暂不履行对责任国的某些国际义务。其中"暂不履行"是对反措施实施时间的限制,这种时间上的限制与反措施的目的相关,即反措施的目的是促使责任国履行义务,而不是对责任国进行惩罚,因此如果责任国履行其义务,反措施就不应再继续。

根据《草案》第49条第3款、第53条和第52条第3款(b)项的规定,反措施在规定时应该容许实施方在责任国遵守其义务时恢复履行有关义务,一旦责任国按照第二部分履行其与国际不法行为有关的义务,即应尽快终止反措施;而如果有关国家已诉诸于有权作出具有约束力之决定的主管法院或法庭,也需要停止反措施。《草案》第53条是对第49条的强调,强调反措施在责任国履行义务应"立即"终止。目前美国、英国、欧盟的制裁措施还在继续,因此俄罗斯反制措施的持续是正当的。

(四)程序性问题

《草案》第52条是对采取反制措施的程序性问题作出的规定。根据《草案》第52条第1款规定,受害国有义务要求责任国履行其停止损害和赔偿的义务,还需要通知责任国采取反措施的任何决定,并给予其谈判的机会。此条规定的原理在于反制措施可能给对方造成较为严重的后果,因此需要提前通知对方。《草案》第52条第2款允许受害国采取"必要的紧急反措施以维护其权利",即在第1款的通知要求妨碍措施目的实现的情况下,《草案》允许受害国采取保护自身权利所必需的反措施。

俄罗斯的反制裁举措并未提前通知其他国家,似乎有违在实施反措施前进行通知并尝试通过谈判解决争端的规则,但在较为严峻的形势下,提前通知他国将要采取的反措施可能会导致外国主体在收到通知后立即开始准备取回航空器,导致俄罗斯反措施的目的完全落空。因此,对于俄罗斯此次实施的反措施在程序上是否符合习惯国际法要求,需要综合整体局势进行考虑,而不能因其没有进行事先的通知、谈判就简单认为其不符合《草案》对反制措施的程序性要求。

可见,从习惯国际法角度看,俄罗斯反制裁措施是否违反习惯国际法尚存在讨论空间,并不能简单认定俄罗斯的反制裁措施违反习惯国际法。当然,笔者承认对这一问题澄清远非彻底,还有待进一步研究。

四、中国的应对策略

俄罗斯此次出兵乌克兰,作为冷战后西方国家与俄罗斯矛盾的总爆发,影响极为深远。[①] 有学者认为,此次俄乌冲突大体结束了本轮经济全球化的进程。[②] 中国并不是俄乌冲突的双方,也不是以美国为核心的西方国家与俄罗斯之间矛盾的当事方,中国也无意于介入冲突。尽管如此,中国也可能无法独善其身,可以预见到,在未见缓解迹象的俄乌冲突,或者未来可能出现的其他地缘冲突中,中国被制裁或反制裁所波及的可能性并不低。事实上,经过多年的发展,中国的租赁公司已经在全球航空器租赁市场中占有一定份额。在俄乌冲突发生前,中国的租赁公司向俄罗斯的航空公司提供了一百多架大型客机,价值数十亿美元,在双方激烈的对抗中,中国的租赁公司也可能被波及。对于俄罗斯的反制措施,就中国政府的应对策略,建议如下。

1. 同俄罗斯进行外交交涉

对于俄罗斯的反制裁措施而言,尽管存在符合习惯国际法的可能性,但如果俄罗斯阻止第三国出租人通过对其生效的国际条约途径或正常的民商事争议解决途径取回航空器,本质上是对第三国企业的制裁,超越了国际法允许的反措施的范围,不具有反措施的"报复"属性,面临着国际合法性问题。因此,如果反制裁措施损害中国企业利益,中国政府可以向俄罗斯提出关切,甚至进行外交交涉,以维护中国企业的合法权益。

2. 向中国企业提供外交领事保护

中国的租赁公司提供给俄罗斯航空公司的航空器属于中国公司的财产,并且这些租赁公司多数为国有企业,或者国有企业占有股份,或者未取回的航空器上设立了中国国有银行的担保,无法取回航空器涉及重大国有资产流失。因此,我国外交部门可以向中国的租赁公司提供外交领事保护,积极与俄罗斯外交部门协商,帮助中国的租赁公司取回航空器。

3. 鼓励中国的租赁公司向全球市场提供中国制造的航空器

西方国家经济制裁破坏力的根源为其在全球航空器融资租赁市场中的优势地位,特别是在航空器制造业中的绝对垄断地位。因此从这一角度看,俄罗斯的反制裁措施也是无奈之举。为有效应对未来可能出现的任何类似制裁和反制裁,中国应努力提升在全球航空器融资租赁市场中的地位,特别是鼓励与支持中国的租赁公司向全球市场提供中国制造的航空器。进一步说,如果能够充分利用此次危机给其他国家带来的不信任感与危机感,向这些国家提供受西方经济制裁影响较小的中国制造航空产品,这将是C919大飞机打破波音与空客垄断,进入国际市场的重要契机。

---

① 参见倪峰等:《俄乌冲突对国际政治格局的影响》,载《国际经济评论》2022年第3期,第38页。

② 参见易小准等:《俄乌冲突对国际经贸格局的影响》,载《国际经济评论》2022年第3期,第9页。

留置权对融资租赁飞机取回权的阻断

——以俄乌冲突下涉俄飞机取回为视角

耿亚杰*

在飞机融资租赁交易中，飞机是重要的缓释风险工具，流通性好，具有较好的物权担保功能。如果交易出现了风险，可以通过取回飞机实现飞机物权回收来缓释风险。飞机取回后，无论是再次出租还是出售处置，都能够快速实现出租人资产的流动。本文从涉及俄罗斯航空飞机取回权问题看飞机融资租赁法律关系中物权取回权的障碍。

一、涉俄飞机租赁中的飞机取回权问题

众所周知，俄罗斯民航运输主要依赖西方国家的飞机。截至 2022 年 2 月，俄民航客机数目大约为 860 架，而其中大部分以租赁形式运营，约为 695 架。这些飞机大部分都来自空客、波音或庞巴迪等公司，也就是说多数飞机是进口的，选择了融资租赁的模式。而俄罗斯租赁的这些飞机，飞机注册地多数不在俄罗斯，而是选择了避税天堂，如百慕大群岛、爱尔兰。

自俄乌冲突发生以后，很多俄罗斯飞机被西方国家扣押。而且以美国为首的西方国家对俄罗斯进行经济制裁，要求西方几大航空公司与俄罗斯切断联系，包括不得为俄罗斯的飞机提供加油、维修和保养服务。基于以上原因，普京于 2022 年 3 月

* 耿亚杰，北京市中伦文德律师事务所合伙人律师。

签署了一项法令,允许俄罗斯的航空公司保留外国飞机用于国内航班。有了这条法令,俄罗斯交通部直接“扣押”全球近 700 架融资租赁或经营租赁来的飞机。

由于西方制裁,俄罗斯航空公司的美元账户被冻结,无法按约定向航空租赁公司支付租金,构成合同违约事件。因此,大部分飞机租赁公司与俄罗斯终止合作。2022 年 5 月,世界最大的飞机租赁公司 AerCap 在爱尔兰最高法院向俄罗斯伏尔加 – 第聂伯 Volga-Dnepr 航空公司提起诉讼,指控后者在 AerCap 已经终止租赁协议后,拒绝将 8 架波音飞机返还,并继续使用它们在俄罗斯境内飞行,要求赔偿 4.27 亿美元。伏尔加 – 第聂伯航空公司则将问题归咎于政府,称他们原本想将这些飞机物归原主,前提是必须要得到海关批文,但一直没等到。

关于涉俄飞机的项目处置问题,主要有两个解决思路:

(1)出租人去爱尔兰诉保险公司赔偿战争险,诉战争险的难点在于飞机没有灭失,所有权也没有变化,不一定属于战争险范畴。

(2)出租人去俄罗斯指定法院(依据《移动设备国际利益公约》(以下简称《开普敦公约》)诉俄航空公司(AerCap)解约取回。《开普敦公约》对私力救济取回飞机是认可的。

案例分析:俄罗斯 S7 集团旗下的全球巴士航空公司(Globus)在获得俄罗斯政府的许可后,将归还两架波音 737 MAX 8 飞机给租赁公司。

2018 年 10 月, Globus 在爱尔飞机租赁公司(Air Lease)和航空资本集团(Aviation Capital Group, ACG)处分别租赁了一架 737 Max 8。在俄罗斯航空业受到制裁后,两架飞机一直滞留在俄罗斯。两架 737 MAX 8 分别于 2018 年 10 月 11 日和 25 日被租给 Globus,受空难影响,自 2019 年 3 月 13 日起被封存。在短暂的运营期间,睿思誉(Cirium)记录下了两架飞机的累积飞行时间,分别为 1947 小时、434 个循环和 1825 小时、392 个循环。停飞后,两架飞机一直放在新西伯利亚的托尔马切沃机场。因新西伯利亚气候恶劣,所以不太适合长期停放商用飞机。但这段时间,原始设备制造商(Original Equipment Manufacture, OEM)在积极协助航空公司对飞机进行妥善保存,以便今后能获得相关批准恢复使用。

两架飞机本可以在 2022 年早些时候恢复使用,但就在这时俄乌冲突发生了。冲突发生以来,由于西方制裁, OEM 被禁止向俄罗斯提供援助。但大部分滞留在俄罗斯的飞机仍在继续运营,这些飞机的技术状况变得越来越不确定。与运营中的飞机相比,两架处在封存中的飞机风险较低。但笔者认为,把归还的两架飞机恢复到正常飞行的状态将是一个挑战,也是最大的风险所在。也有业内人士称,俄罗斯之所以愿意把这两架飞机归还给出租人,是由于这两架飞机完全不具备适航性了。

由上述分析可以看出，在涉俄问题上，飞机的取回权尤其难以行使，可以说障碍和困难重重。涉俄飞机的取回权障碍主要在于政治原因，西方的制裁和俄罗斯的政令法案，都涉及政治因素考量；退一步讲，即使飞机能够取回，相关航空租赁公司也可能由于违反西方的制裁禁令，波及本公司或本公司高管，导致相关航空租赁公司因存在较大的合规风险而不敢操作。抛开政治因素，从商事法律角度看，飞机取回还面临着留置权障碍。

二、融资租赁法律关系中飞机取回的留置权障碍

国内外多项案例表明，留置权是影响融资租赁中出租人取回飞机的主要障碍。

中国法下的留置权，特指在债权人已经合法占有债务人财产的前提下，债务人不履行到期债务，债权人可以继续占有该财产直到债权获得清偿。

不管留置人对于飞机是否可以构成物权，但对于留置财产的占有足以影响出租人对飞机的取回权。

（一）留置权的主体

关于哪些主体有权行使飞机的留置权，主要国家的立法如下。

1. 各国立法例

我国《民法典》第447条："债务人不履行到期债务，债权人可以留置已经合法占有的债务人的动产，并有权就该动产优先受偿。前款规定的债权人为留置权人，占有的动产为留置财产。"依照我国法律，凡是符合"合法占有"，并满足"债权已到期"条件的债权人，均可以成为留置权的主体。

《法国民法典》第2286条："任何依据合同事先合法占有他人之物，并且以对方支付费用为返还该物条件的债权人，都可以行使留置权。留置权的主体仅限于法律规定的特定类别的服务提供者。"

英美国家"普通法"上的留置权主体仅限于特定服务的提供者，即限于公共承运人、旅馆经营者、劳务提供者等法律确认的服务提供者。只有前述类型的服务提供者并且要基于已经完成的服务，才能享有留置权，且限于已经完成服务的限额范围内。同时，针对融资租赁（包括经营租赁）法律关系中飞机为客体的留置权，则主要是基于为飞机提供特定服务而形成的"劳务留置权"（lien for work done）。

2. 留置权的除外情形

留置权的除外情形即留置权主体不能主张留置权的情形。例如，普通法上的劳务留置权，仅限于提供增值服务的服务提供者，因此，对于不构成增值的飞机维护工作，其服务者不能主张留置权。同时，对于所有的为了防止财产价值下降的维

护工作,也不能形成留置权。

3. 其他主体可以行使留置权的情况

在普通法规则之外,美国、英国、加拿大等国还通过成文法确认了多种可以针对飞机行使的留置权:

(1)供应商。例如,根据美国某些州法的规定,为飞机运营提供燃油以及其他材料的供应者,也可以享有留置权。

(2)维修者和保管者。例如,根据加拿大安大略等省份的规定,符合条件的维修者和保管者都可以行使飞机留置权。

(二)留置权的客体

留置权的客体,是指留置权行使的客观对象,即留置的物是什么。这里的重点在于两个问题:一是留置权的客体是否应该与产生留置权的原因债权处在同一个法律关系之中?二是留置权的客体是否应该仅限于债务人所有的财产,即包含债务人所占有或所有的财产?这两个问题对于评估留置权对于飞机租赁交易的影响尤其具有现实意义。

留置权的客体是否要与原因债权处于同一法律关系中?针对这一问题,本文举例予以阐述。

案例:甲航空公司拥有对A飞机、B飞机的所有权,乙公司为A飞机提供维护服务,但是甲航空公司一直未支付乙公司为A飞机维护的费用,欠款5000万元,此时,乙公司是否有权对甲航空公司的B飞机主张留置权?

分析:

观点一:乙公司无权对B飞机主张留置权。因为如果法律按照"留置权与债务要处于同一法律关系"的要求,B飞机并不是债权法律关系的客体,因而也不能成为留置权的客体,不能主张留置。

观点二:乙公司有权对B飞机主张留置权。因为如果法律法规没有要求"处于同一法律关系",B飞机同样属于甲航空公司的财产,因而其能够成为留置权的客体,乙公司可以主张留置。

而在民航业运营实践中,航空公司一般都是由机队(多架飞机)来提供航空运输服务,航空公司对于机队的维护保养与飞机维护服务公司之间也通常难以做到"一一对应"。也就是说,机队的维护保养费用可能不会严格对应到某一架飞机上。

一方面,如果没有"处于同一法律关系"的要求,飞机维护保养服务的供应商行使留置权的客体范围将扩大至航空公司的整个机队,则更有利于提供飞机维护保养服务的供应商追偿相关服务费。

另一方面,若"不要求留置权处于同一法律关系",对于飞机融资租赁公司即融资租赁或经营租赁的出租人来说是极其不利的。尤其是对于飞机租赁公司来说,不要求留置权处于同一法律关系,飞机被他人留置的机会显著增大,而且飞机融资租赁项目或经营租赁项目出现风险,飞机租赁公司要行使合同权利,要取回飞机时,它可能要对抗的债权数额也显著提升,因为这可能包括了承租人、债务人其他的飞机维护保养费用。

通过以下几个方面做进一步分析:

1. 从各国立法例看,留置权的客体是否要求处于同一法律关系?

在英美法系国家,普通法上曾有一般留置权(general lien,不要求处于同一法律关系中)、特定留置权(particular lien,要求处于同一法律关系中)。

经查询,相当一部分大陆法系国家有"商事留置权"的规定。商事留置权是基于商事主体之间的商事债权而产生的,它区别于民事留置权对留置物必须与产生留置权的主债权处于同一法律关系的限制。商事留置权可以针对债权人合法占有的、属于债务人的任何动产而行使。

实践中,为飞机维修、养护等服务多被归入商事活动,那么根据商事留置权的规定,留置权人可以对债务人占有的、航空公司机队的任何一架飞机主张留置权。

就我国而言,《民法典》第 448 条规定:"债权人留置的动产,应当与债权属于同一法律关系,但是企业之间留置的除外。"第 449 条规定:"法律规定或者当事人约定不得留置的动产,不得留置。"由此可见,我国的留置权要求属于同一法律关系,但企业之间留置例外。同时又规定了,如果有法律规定排除了留置权,或者当事人之间通过合同或其他方式约定不得留置的动产,则不得留置。

因此,在适用中国法的实务操作中,如在融资租赁合同或在经营租赁合同或协议中,建议约定排除留置条款,这对于保护出租人利益,保护飞机租赁公司出租出去的飞机物权至关重要。

2. 留置权的客体是否限于债务人所有的财产?

(1)肯定论,即要求留置物必须限于债务人所有的财产,日本、韩国、加拿大魁北克等国家或地区的立法对此持肯定论。

(2)否定论。没有限制留置物必须属于债务人所有,债务人有使用权或处分权的财产也可以纳入留置物的范围。英美法系普通法规定的"劳务留置权"就属于这类规定。

例如,劳务留置权人可以在财产所有人事先同意开展劳务服务的情况下,对该项不属于债务人的财产进行留置。再如,在财产为租赁承租人、租售承租人合法占有(管理)期间,如果产生留置权的服务属于维持财产价值保持在原来的状态或者承租人权限范围内的正常活动,可以推定已获得财产所有者的事先同意。

(3)折衷论。处于前两者之间,即原则上要求客体为债务人所有的财产,但也允许一定的例外,如债权人基于善意占有不属于债务人所有的财产。

瑞士是采用折衷论的典型。《瑞士民法典》规定,"债权人对其善意取得的不属于债务人所有的物,有留置权"。留置人善意的认定,即他对于留置物不属于债务人所有的事实并不知情。在飞机租赁领域,对于飞机存在所有权登记制度的国家,飞机所有权的归属可以通过权利部门或公开渠道查询获知,留置人很难以"善意"来主张飞机留置权。

3.关于增值性服务的认定

部分立法例将获得"增值性"服务作为留置物为债务人所有原则的一个例外。例如,依据丹麦法律,留置物原则上限于债务人所有的物,但如果债务人对于留置物提供的服务达到了增加其价值或避免其价值下降的效果,即使该物不属于债务人所有,债权人也可以行使留置权。

从实践上来分析,由当前航空业运营机队的情况来看,有近半数的飞机都不属于其实际运营方所有。因此,基于肯定论立法例,要求留置物必须限于债务人所有的财产,这有利于保障飞机出租人即飞机租赁公司的利益,但是对服务提供者最不利。基于否定论立法例,没有限制留置物必须属于债务人所有,债务人有使用权或处分权的财产也可以纳入留置物的范围,对于飞机出租人的利益产生明显不利影响,但是对相关服务者利益保障显著提升。

可见,在融资租赁(包含经营租赁)法律关系中,由于飞机的所有权和使用权分离,留置权的设计是适用肯定论还是否定论或是折衷论,是否要求属于"同一法律关系",是一种立法利益的选择和权衡,受立法者更倾向于维护出租人的利益还是更倾向于保护承租人的利益选择的影响。

(三)留置权的内容

一般认为留置权的内容包含占有留置物。那么,除了占有留置物的权利外,留置权人是否还可以以留置物的价值优先受偿。

在部分大陆法系国家的法律中,留置权被划为担保物权的一种,留置权的内容自然也就包含了"占有留置物"和"以留置物价值优先受偿"两项。

在法国、德国等将留置权划归为债权的国内法上,留置权的内容仅限于"占有留置物",留置权的担保作用是通过限制留置物的返还,来督促债务履行实现的。英国普通法上的留置权,内容也仅限于占有留置物。

就我国而言,最高人民法院《关于适用〈中华人民共和国民法典〉有关担保制度的解释》第62条规定:"债务人不履行到期债务,债权人因同一法律关系留置合法占有的第三人的动产,并主张就该留置财产优先受偿的,人民法院应予支持。第三人以该留置财产并非债务人的财产为由请求返还的,人民法院不予支持。企业之间留置的动产与债权并非同一法律关系,债务人以该债权不属于企业持续经营中发生的债权为由请求债权人返还留置财产的,人民法院应予支持。企业之间留置的动产与债权并非同一法律关系,债权人留置第三人的财产,第三人请求债权人返还留置财产的,人民法院应予支持。"

可见,各国立法例关于留置权的内容多数包含了"占有留置物"和"以留置物优先受偿"两项。而我国法律体现了"同一法律关系"这一项,对于第三人来说,若"属于同一法律关系",则面对留置权,不能要求返还;若"不属于同一法律关系",面对留置权,则能够要求返还。而对于债务人来说,"不属于同一法律关系",在债权不属于企业持续经营中发生的债权时,则可以请求返还留置财产。

在融资租赁(包含经营租赁)法律关系中,如果适用中国法,在飞机维修公司对于维修费用主张对所维修飞机的留置权时,法院是支持的。由于属于同一法律关系,如果此时飞机租赁公司主张本架飞机所有权属于本公司,飞机租赁公司出租人债务人要求行使飞机取回权取回飞机,此时法院不会支持。

如果飞机维修公司维修了A飞机,就维修费要求对B飞机留置,由于不属于同一法律关系,而B飞机属于飞机租赁公司出租给债务人的,此时飞机租赁公司主张对B飞机行使取回权,法院会予以支持。

(四)留置权的效力

留置权的生效以占有为前提,占有也是保有留置权效力的公示条件。反之,留置权人如果丧失了对留置物的占有,也就丧失了留置权。正是因为"占有"这一公示途径,我国国内法对于飞机留置权普遍没有登记的要求。

在美国的部分州,被吸收进成文法的飞机留置权公示要求发生了一定的变化。具体是,根据部分州法律的规定,针对飞机(以及飞机机身)行使的留置权应当登记于美国联邦航空局(Federal Aviation Administration,FAA)的航空器权益备案系统。登记以后,即使权利人丧失占有飞机(以及飞机机身),留置权的效力依然被承认和认可。

而在融资租赁法律关系中,由于作为承租人的航空公司占有了飞机,占有权是以一种现实存在的状态显现的,飞机使用权登记也会在民航局显示。因此,我国法律并没有留置权登记这一项,若某飞机维修公司基于维修费用主张对飞机的留置权,该权利是可以直接行使的。

如果作为承租人的航空公司是在美国留置权立法的州注册的,该州的飞机因维修被登记了留置权,即便该飞机占有的状态不存在,如该航空公司把飞机转租给了别的航空公司,若前述飞机维修商就其维修费产生了留置权,即便作为承租人的航空公司不占有飞机,维修商也可以直接留置该飞机,此时作为出租人的飞机租赁公司就面临非常不利的境地。

三、关于留置权的实务案例分析

案例分析:2009 年我国白云机场留置权案

白云机场为原告,为东星航空公司的 8 架飞机提供机务、维修、停靠等服务。之后,东星航空公司破产,拖欠原告白云机场机务维修费、起降费等大量费用,白云机场因此对停靠在机场内的两架由东星航空公司运营的飞机实施留置。

通用电气商业航空服务有限公司等(被告)与东星航空公司系融资租赁法律关系,为被留置飞机的所有人和出租人,其行使租赁关系中的飞机取回权,向白云机场提出了取回飞机的要求。之后,白云机场向法院提起诉讼,要求确认其对飞机的留置权以及由被告代为支付留置权所担保的债务。

法院经过审理认为,被告东星航空公司拖欠原告白云机场机务维修费、起降费等费用,是由前述8架飞机产生的,其中两架被原告留置,因此留置权产生的基础与被留置的两架飞机属于同一法律关系,白云机场享有对涉案飞机的留置权,可以对抗融资租赁法律关系中出租人的所有权和取回权,因而支持了白云机场的请求。

由此案例可见,留置权对飞机进行占有的事实状态会对其他物权主体的利益产生显著影响,其中对于飞机租赁交易的影响尤为明显。一旦租赁的飞机被留置,不仅承租人对于飞机的使用权被剥夺,出租人、所有人对飞机的物权利益也会受到留置权的影响。

在实践中,在承租人丧失偿债能力无力取回飞机的情况下,即使出租人、所有人对于飞机享有充分的物权利益,很多情形项下,也难以对抗留置权,而被迫也只能以代为清偿相关债务而获得留置权人对飞机占有的放弃,之后再以取得物权的飞机处置清偿相关债务。如果飞机的余值有限,不足以清偿留置权对应的债务及出租人的应收租金债务时,出租人的风险敞口无疑将扩大。

四、结语

综上所述,涉俄飞机租赁交易问题由于俄乌冲突已经导致了多家飞机租赁公司遭受惨重损失。而刨除政治因素,对于融资租赁法律关系中的出租人来说,取回飞机仍然困难重重,其中留置权就是阻碍出租人取回飞机的一大障碍。留置权的相关法律要素及立法论,其背后是立法者对于飞机租赁公司(金融机构)、航空公司、维修养护运营方(包括维修公司、机场等)等几方利益的权衡。

对于作为出租人的金融机构来说,要想保护好自己的利益,保护自己在融资租赁关系中对于飞机的所有权即物权,应该充分考量各个国家法律对于留置权的立法规定,并充分利用法规赋予商事主体的意思自治空间,利用资金方的优势地位,做好相关留置权排除的合同约定,以充分保障自己的利益。而对于留置权主体来说,需要充分研究适用各个准据法关于留置权的规定,尤其关注关于留置权登记的规定,以充分保障自己的利益。

[航空犯罪问题]

编造、故意散播航空虚假信息罪研究*

杨若愚　丁科缘**

一、引言

自2021年印发《"十四五"民用航空发展规划》以来，我国民航事业发展再上新台阶，并逐步迈入航空运输大众化时代。民航业健康稳健发展的前提是安全，安全是民航业的生命线。对此，习近平总书记多次对民航安全作出重要指示，国家也投入了大量财力物力以保障民航安全、高效运营。在实践中，除少数真实存在并极具危害性的航空器内恐怖袭击事件外，对民航发展产生重大不利影响的还有编造航班或机场不安全的虚假恐怖信息事件。这类行为在我国非法干扰民航运营案件中竟屡见不鲜，《2020年民航行业发展统计公报》显示，仅在2020年一年，全国民航安检部门就处置编造虚假恐怖威胁信息非法干扰事件27起。

所谓与民航相关的编造、故意散播虚假信息罪，是指编造恐怖信息或明知是恐怖信息而故意传播，造成一定范围内人员的恐慌，扰乱机场或航行正常运行秩序的行为。常见的扰乱机场正常运营秩序的虚假信息包括"×××要炸×××机场""×××机场、航站楼的×××处放有炸弹"等。虽然在绝大部分案件中，以

* 基金项目：中国民航大学航空法律与政策研究中心开放式基金项目（项目编号：HKFYZCYJZX202107）。

** 杨若愚，中国民航大学讲师、管理学博士，研究方向：公共管理法律制度。丁科缘，中国民航大学公共事业管理专业本科生。

上言论被证实为假并且未造成公众所预想的杀伤性危害后果，但仍然会扰乱民航运营秩序，产生不必要的资源浪费和经济损失，愚弄各方协调机构，造成了十分恶劣的社会影响。同时，为了排查安全隐患，机场等运营单位往往会选择封锁场地、疏散人群，公众出行计划被打乱，进而对管理机构、航空公司产生不信任感，出行满意度大幅度降低。因此，国际公约将散布虚假信息行为界定为危及航空安全的严重犯罪之一。相比在航空器内实施带有恐怖主义色彩的犯罪，在机场、航站楼或者航空器外散布与民航运营相关的不实恐怖信息行为则体现出更明显的主体不特定性、更强的监管控制复杂性和恶劣影响的广泛性。在理论和实践中，如何治理相关非法行为值得深究。

二、法律依据

对与民航运营相关散播虚假信息罪的法源和相关案例判决涉及的法律依据，笔者作了系统的梳理和分析，以期在法律层面对该罪做出更加系统和全面的解读。主要包括如下内容：

（1）《刑法》第六章第291条之一第2款对编造、故意传播虚假信息罪作出如下规定："编造虚假的险情、疫情、灾情、警情，在信息网络或者其他媒体上传播，或者明知是上述虚假信息，故意在信息网络或者其他媒体上传播，严重扰乱社会秩序的，处三年以下有期徒刑、拘役或者管制；造成严重后果的，处三年以上七年以下有期徒刑。"

（2）《治安管理处罚法》第三章第25条第1项规定，散布谣言，谎报险情、疫情、警情或者以其他方法故意扰乱公共秩序的有下列行为之一的，处五日以上十日以下拘留，可以并处五百元以下罚款；情节较轻的，处五日以下拘留或者五百元以下罚款。

（3）《民用航空法》第十五章第196条进一步细化至民航领域，规定："故意传递虚假情报，扰乱正常飞行秩序，使公私财产遭受重大损失的，依照刑法有关规定追究刑事责任。"

（4）《突发事件应对法》第54条规定："任何单位和个人不得编造、传播有关突发事件事态发展或者应急处置工作的虚假信息。"

（5）我国缔结的关于民航方面的国际条约《制止危害民用航空安全的非法行为公约》（以下简称《蒙特利尔公约》）第1条规定，任何人如果非法地和故意地从事传送他明知是虚假的情报，从而危及飞行中的航空器的安全的，即是犯有罪行。

（6）在具体实施过程中，最高人民法院也作出相关司法解释，发布《关于审理编造、故意传播虚假恐怖信息刑事案件适用法律若干问题的解释》，阐明了"虚假恐怖信息"的含义，即是指以发生爆炸威胁、生化威胁、放射威胁、劫持航空器威胁、重大灾情等严重威胁公共安全的事件为内容，可能引起社会恐慌或者公共安全危机的不真实信息。此处就提及有关民航安全运行的虚假恐怖信息问题,以下将只对民航有关方面的信息作出简述。"严重扰乱社会秩序"这一危害结果中包含了致使机场等人员密集场所秩序混乱,或者采取紧急疏散措施,致使公安、武警、消防、卫生检疫等职能部门采取紧急应对措施。在《刑法》范围内从重处罚的有:致使航班备降或返航或多次编造、故意传播虚假恐怖信息的行为。

(7)在传播媒介是网络平台的诸多案例判决中,涉及的相关法律规范还有《网络安全法》第12条第2款。该款规定:"任何个人和组织使用网络应当遵守宪法法律,遵守公共秩序,尊重社会公德,不得危害网络安全,不得利用网络从事危害国家安全、荣誉和利益,煽动颠覆国家政权、推翻社会主义制度,煽动分裂国家、破坏国家统一,宣扬恐怖主义、极端主义,宣扬民族仇恨、民族歧视,传播暴力、淫秽色情信息,编造、传播虚假信息扰乱经济秩序和社会秩序,以及侵害他人名誉、隐私、知识产权和其他合法权益等活动。"

(8)《突发公共卫生事件应急条例》第52条规定:"在突发事件发生期间,散布谣言、哄抬物价、欺骗消费者,扰乱社会秩序、市场秩序的,由公安机关或者工商行政管理部门依法给予行政处罚;构成犯罪的,依法追究刑事责任。"

(9)《中国民用航空应急管理规定》第39条规定:"任何单位和个人不得编造、传播有关突发事件或者民航应急处置工作的虚假信息。发布的信息应当避免干扰或者妨碍民航应急处置工作。"

上述法律条文是对编造、散播虚假信息一系列违法行为的规定,涵盖了行为的整体解释和涉及民航安全领域具体细化的多个方面,可以认为在这一领域相关的法律制度已经比较完善。但是在实际生活中,虚报谎报机场安全信息的案件还是时有发生。因此,为了提出有针对性的治理对策,尽可能减少因误信、错信虚假民航安全信息而带来的损失,本研究对相关典型案件进行案例分析。借助中国裁判文书网、北大法宝等检索网站搜集18个判例,对近年来因散播虚假信息扰乱民航正常运行秩序的犯罪案例进行分析,试图找出案件的关联与不同,从而在探究现状的基础上提出缓解和治理措施,提升民航安全保障水平。

三、相关判例简述与案例分析

虽然在以往文献中,一些学者已经从法律规制或者公共安全的视角梳理了与民航运营相关的散播虚假信息罪的理论与实践进展。但是,从管理学和法学交叉的视角进行原因探寻的文献还比较少。在实践中,相关管理主体的治理对策依旧存在可以改进的提升空间。因此,本研究拟从犯罪原因入手对近五年与民航运营相关的散播虚假信息罪判例进行汇总、归纳、分类，以管理学和法学学科交叉的思维提出避免此类事件发生或最大限度降低不必要损失的对策。具体而言，近年来与民航运营相关的散播虚假信息案例的犯罪原因主要包括行为人私人纠纷或宣泄情绪、行为人存在精神或者智力等障碍、乘机纠纷等。

（一）犯罪原因一——私人纠纷、宣泄情绪

此处提及的私人原因，是指与机场和航空公司工作无关，仅因行为人的个人生活、感情、工作等方面受挫，受到刺激或情绪一时难以控制，为了平衡内心、泄愤、发泄情绪等而做出的扰乱机场正常运行的行为。表5－1是近年来因个人纠纷和情绪发泄而导致的与民航运营相关的散播虚假信息罪判例。可以看出，私人原因导致虚报危险信息的案件不在少数，通过电话、微博、邮件等方式报警或者散布虚假恐怖消息，尤其是在情绪一时冲动之下造成的“报假警”占比比较高。在个人情绪难以控制的情形下，如何让行为人依旧保持理性行为，保障民航正常、安全运营，成为一个值得思考的问题。

表5－1　与民航运营相关的散播虚假信息罪判例（犯罪原因是私人纠纷）

案号	影响范围	犯罪原因	犯罪方式	影响结果	判决结果
（2016）粤0111刑初2819号	广州白云国际机场	情侣纠纷，阻止登机	致电公安局航站区派出所，谎称航班上有恐怖分子携带炸弹	航班延误	有期徒刑六个月，没收作案工具手机1台
（2016）苏0104刑初1024号	内蒙古自治区呼伦贝尔市海拉尔机场、广东省深圳市宝安国际机场、江苏省南京市禄口国际机场等多家机场	情感纠纷，发泄情绪	致电多家航空公司和机场，谎称飞机上有炸弹	启动航空器非法干扰应急预案，对涉案航班重新安检，加强安保等级，延误起飞	有期徒刑二年
（2018）沪02刑终295号	上海虹桥国际机场	宣泄个人情绪	手机拨打110电话报警，谎称本市虹桥国际机场内藏有炸弹	启动紧急预案，出动警力、安保人员进行排查，并加强机场内的安保力量	有期徒刑八个月

续表

案号	影响范围	犯罪原因	犯罪方式	影响结果	判决结果
(2018)鲁1502刑初96号	济南国际机场、咸阳国际机场	夫妻争执,阻止登机	拨打110报警,谎称前妻携带爆炸物品登机	进行商务清仓,导致航班延误起飞	有期徒刑八个月
(2018)粤04刑终371号	珠海金湾机场	夫妻争执,阻止登机	手机拨打110,谎称即将飞往北京的航班有一男子携带了炸弹,后又谎称是其夫携带炸弹	启动非法干扰处置预案,飞机延误起飞	有期徒刑九个月
(2020)粤01刑终97号	中国国际航空股份有限公司下属山东航空公司、中国南方航空股份有限公司	个人纠纷,民间矛盾	编造含有"飞机上有炸弹、准备与飞机同归于尽"内容的邮件,随机选择航空公司邮箱进行发送	导致航空公司启动应急处置措施,增加安某、防爆等工作,并造成了影响相关航班正常运行	有期徒刑一年六个月
(2020)内0702刑初70号	呼伦贝尔东山国际机场	不满政府对女儿工作的分配,试图引起政府重视	编造恐怖信件邮寄至机场等单位	提升机场安保等级进行防控,启动非法信息干扰应急预案,提升预警等级,进行安全防范检查	有期徒刑九个月
(2020)粤0105刑初345号	广州白云国际机场	情侣纠纷,阻止登机	致电机场,谎称女友确诊新冠肺炎并私自逃离广州	机场、疾控部门、公安等多方启动应急处置	有期徒刑七个月

本研究选择其中一项行为人因个人情感纠纷而编造虚假信息严重扰乱民航秩序的典型案例作出具体描述,以供学者和管理实践者进行分析和思考。

(1)基本案情

2018年7月5日,被告人乐某与丈夫胡某发生争执,胡某来到珠海机场准备搭乘当日21时30分起飞的中国国际航空股份有限公司珠海至北京的航班,但航班延误,该航班计划起飞时间延误至次日凌晨。7月5日23时,乐某通过手机定位,追寻胡某在珠海机场。得知胡某已通过安检进入候机区,乐某试图进入候机区,但遭到珠海机场安检工作人员的制止。为了阻止胡某搭乘飞机,乐某于次日凌晨许通过手机拨打110,谎称即将飞往北京的航班有一男子携带了炸弹。接到报警后,珠港机场启动非法干扰处置预案,将该航班飞机拖至隔离机位,机场消防、医疗、安检、场务、安保等其他应急处置人员、设备、车辆等出动待命。当地特警到场处置,协同机场相关部门对飞机进行搜爆和清舱检查,并对所有旅客的人身、行李物品及货物进行重新安检。其间,珠海市公安局机场派出所民警通过走访调查,于次日凌晨在珠海机场候机楼二楼找到被告人乐某,并将乐某传唤回派出所接受调查。乐某继续谎称携带炸弹的人是胡某,民警随即将胡某及其随身行李带回派出所接受调查。经查实,胡某没有实施携带炸弹的行为,珠海市珠港机场管理有限公司遂于2018年7月6日凌晨解除非法干扰处置预案,并于当日凌晨安排旅客重新登机,航班则于2018年7月6日凌晨从珠海起飞。

(2)法院判决

一审法院判决,被告人乐某犯编造虚假恐怖信息罪,判处有期徒刑九个月。缴获的苹果手机一部,予以没收,上缴国库。

后乐某不服,请求改判缓刑,提出上诉。二审法院认为:上诉人乐某的犯罪动机虽有别于以扰乱社会秩序为直接目的的情形,但在行为的危险性和所造成的危害后果上,却与基于其他动机实施的编造恐怖信息犯罪行为并无二致;编造虚假恐怖信息拦停飞机,虽然给航空公司造成直接经济损失,但实际危害的却不仅是航空公司,还给社会公众造成恐慌、对警力造成浪费、严重扰乱社会秩序,考虑到此类犯罪成本低、造成的危害后果却极其严重,而且极容易被效仿,司法实践中一贯坚持严厉打击的原则,故原判决对上诉人乐某不予适用缓刑并无不当。二审法院最终驳回上诉,维持原判。

(二)犯罪原因二——精神或者智力障碍等

精神障碍,是指大脑机能下降,导致认知、情感、意志等精神活动异于常人的病症总称。[①] 关于智力障碍的界定,国内外学者众说纷纭。最新的标准是美国智力与发展障碍协会(American Association on Mental Deficiency,AAIDD)于2021年发布

① 参见纵博:《以威胁、引诱、欺骗方法获取口供的排除标准探究》,载《法商研究》2016年第6期,第134~145页。

的,具有三个条件:(1)在智力测量中,智商低于79~75;(2)在两个或更多适应领域(社交生活,工作和娱乐所需技能,比如沟通或者自立)存在重大缺陷;(3)这些情况在22岁之前表现出来。① 但是应当注意的是,这里的精神障碍与刑法理论上的完全无刑事责任和相对无刑事责任的精神病患者有着本质上的区别。比起上述两种行为人完全不可辨认和控制自己的行为或间歇性不可辨认和控制自己的行为,这里要讨论的是在医学上被鉴定为有精神障碍,但不影响其认知的精神疾病,例如神经衰弱、焦虑症、疑病症、强迫症等。表5-2是行为人存在精神或者智力障碍而导致的与民航运营相关的散播虚假信息罪判例。这些行为人虽然在日常生活中存在一些精神或者智力障碍,但是他们具有刑事责任能力。相关的案例的发生具有随机性、偶然性。有些行为人的状况虽然令人同情,但并不能成为行为人编造和传播虚假信息的理由和借口。在实践中,对于有精神、智力障碍的人群,我们在对其不法行为作出严厉惩戒的同时,也要注重人文关怀,早发现早解决。坚持教育与惩戒相结合,注意对有精神、智力障碍的人群的监护和引导,发挥家庭、社区、公安机关等多元主体的作用。

表5-2 犯罪原因是行为人精神或者智力障碍的相关判例

案号	影响范围	犯罪原因	犯罪方式	影响结果	判决结果
(2017)浙0802刑初490号	衢州机场、空军航空兵部队	边缘智力	通过微博多次向警方发送炸弹信息	多部门启动应急预案,实施全域排查	有期徒刑一年
(2017)鄂0583刑初248号	三峡机场	轻度精神发育迟滞	致电警方称机场放有炸弹	多部门进行搜索排查炸弹	有期徒刑一年三个月
(2019)浙0802刑初189号	杭州萧山国际机场	人格障碍	向警方发送短信称"机场有炸弹"	多部门搜查、航空公司退票	有期徒刑一年八个月
(2019)粤0306刑初2135号	深圳宝安国际机场	分裂型障碍	致电警方称机场飞机上被安装定时炸弹	启动相关预案开展处置工作	有期徒刑一年

① 参见傅王倩、郭媛媛:《论智力障碍定义演变及其实践影响》,载《中国特殊教育》2021年第12期,第35~40页。

续表

案号	影响范围	犯罪原因	犯罪方式	影响结果	判决结果
(2019)津 0116 刑初 20724 号	北京首都国际机场	强迫症	在机场官网留言编造炸掉机场的信息	启动应急预案	有期徒刑六个月

本研究选择其中一项行为人存在精神或者智力障碍而编造虚假信息严重扰乱民航秩序的典型案例作出具体描述,以供学者和管理实践者参考。

(1)基本案情

2018 年 9 月 1 日,被告人张某使用手机拨打 110 报警电话,称深圳宝安国际机场的飞机上有炸弹,然后挂断电话。深圳市公安局接报后立即要求机场分局安排警力到现场核实处理。经核查,并未发现异常情况。2018 年 10 月 17 日,被告人张某又使用手机拨打深圳市公安局 110 报警电话,称深圳宝安国际机场的飞机上被安装了定时炸弹。接警后,深圳市公安局立即指示机场分局启动相关预案开展处置工作,机场分局值班局领导赶赴航站楼现场指挥处置,分派特警大队警察、机场安检站、航站区管理部对航站楼重点区域和乘机旅客进行排查,特警支队安检排爆大队民警、刑警支队民警、警犬大队警犬及时赶到现场协助开展处置。经核查,在机场 T3 航站楼区域未发现疑似爆炸物。

2018 年 10 月 19 日,深圳市公安局机场分局办案民警在河南社旗警方的协助下,在被告人张某家中将其抓获归案,并缴获拨打报警电话的手机一部。

经深圳市康宁医院法医精神病司法鉴定所鉴定,被告人张某的精神状态为"分裂型障碍"且张某在 2018 年 10 月 17 日实施涉案行为时无精神病理因素的影响,辨认和控制能力在正常范围。

另查明,被告人张某于 2018 年 7 月至 10 月期间曾 400 次拨打深圳交警及公安报警电话。

(2)法院判决

法院判决,被告人张某犯编造虚假恐怖信息罪,判处有期徒刑一年。扣押的作案工具手机一部,予以没收,上缴国库。

(三)犯罪原因三——乘机纠纷

乘机纠纷往往发生于旅客航班延误、未及时登机、与机场工作人员产生正面冲突等情境。相较于私人纠纷、情感宣泄和精神、智力障碍两类难以及时发现并作出预警的情况,此类事件显得更可控、也更容易防患于未然。但即便如此,乘机纠纷在实践中依然时有发生。由此可见,机场和航空公司在运营中的确存在一些问题和疏漏,需要加以改进和完善。表5-3是由于乘机纠纷导致的与民航运营相关的散播虚假信息罪判例。通过对相关案例进行研判和分析,可以发现乘机纠纷大多和地勤服务工作人员有直接的关系,笔者认为航班延误、未及时登机、机场地面冲突等突发事件及旅客的个人性格都会成为此类案例的导火索,乘客对民航运行流程的不了解、工作人员对突发事件处置不当也是产生此类案件的原因之一。因此,未来需要提高公众对民航的认识、提升工作人员的应变沟通能力,在发生航班延误、乘机纠纷等突发事件时,要及时对乘客进行心理疏导和引导,有效避免或者减少此类犯罪行为发生。

表5-3 与民航运营相关的散播虚假信息罪判例(犯罪原因是乘机纠纷)

案号	影响范围	犯罪原因	犯罪方式	影响结果	判决结果
(2017)云0111刑初1450号	昆明长水机场祥鹏航空公司	航班提前关闭舱门,撤离柜台工作人员,接警人员误答引发乘客不满	多次向接警员虚报飞机上有炸弹	航班返航	有期徒刑一年,缓刑二年
(2018)粤0306刑初3344号	广州白云国际机场、深圳宝安国际机场、西部航空有限责任公司	未赶上飞机,与机场工作人员起争执	致电警方谎称飞机上有炸弹	备降广州白云国际机场进行安全检查	有期徒刑一年两个月
(2019)粤0111刑初3506号	上海市浦东国际机场、南方航空公司、广州白云国际机场	要求无偿退票、无偿改签,被拒	多次致电警方谎称飞机上有炸弹	启动应急响应、多方协助排查、航班延误	有期徒刑八个月
(2019)川0116刑初1130号	成都双流国际机场、四川航空公司	航班延误心生不满	微博发言其准备携带炸弹登机	航班被迫停飞、航班滑行后返回机位并再次延误	拘役四个月,缓刑五个月

本研究选择其中一项典型案例作出具体描述,以供学者和管理者进行分析和思考。

(1)基本案情

2019年4月12日,被告人彭某在成都双流国际机场T1航站楼25号登机口候机。其间,被告人彭某因其搭乘的四川航空3U8887航班延误而心生不满,遂在新浪微博平台上编造、发布内容为“好的我可能准备携带炸药登机了”的爆炸威胁信息,并附其搭乘航班信息及25号登机口照片。当日17时许,被告人彭某登机并入座35C座位,该航班准备起飞,后因被告人彭某所编造、发布虚假爆炸威胁信息,该航班被迫停飞接受检查,公安机关民警在飞机座舱内挡获被告人彭某。经查,截至案发,被告人彭某通过新浪微博手机客户端所编造、故意传播的虚假恐怖信息内容被阅读量达123次,且造成四川航空航班滑行后返回机位并再次延误,影响民航客机正常运行。

(2)法院判决

被告人彭某犯编造、故意传播虚假恐怖信息罪,判处拘役四个月,缓刑五个月。

四、治理对策

与民航运营相关的散播虚假信息罪判例,涉及多元治理主体,包括公安机关、航空公司、机场、行为人等。同时,在信息的传播过程中还涉及传播媒介,包括电话、微博、邮件等形式,以及信息获取双方对信息的解译和反应。通过对以上案例进行综合分析和研判,本研究从以下五个维度提出对策,以减少与民航运营相关的虚假信息发布与散播行为,及时防控、降低经济财产损失。

(一)提升信息研判能力,先期进行“应急”分析

基于上文的判例,可以发现警方或机场、航空公司相关管理主体在接收到关于威胁民航安全运行的危险信息后,大都毫无例外地迅速展开了不同程度的应急处置。虽然可以肯定管理主体为保障旅客安全所做出的努力,但同时也暴露出了相关问题,尤其是在对危险虚假信息的判别方面,不能及时甄别真伪。对于“机场有炸弹”“我要炸飞机”等言论,各方主体并没有做到预先判断信息的真假,或者即使可能怀疑过信息的真实性依旧选择启动应急响应,从而造成了严重的经济损失后果。这就需要注意,在有多次报假警前科的精神障碍患者散播虚假信息、犯罪人实施散播行为后被询问并予以否认的类似情形下①,是否还需要机场、航空公司、警方启动应急响应方案,或者是启动较低响应的方案。一般情况下,在出现异常原因“报假警”时,机场或航空公司会迅速与警方取得联系,此时警方完全可以对行为人

① 参见林泉、李凌霄:《散播虚假信息类非法干扰行为的犯罪学分析》,载《航空法评论》2022年第10辑,第147页。

的个人信息进行筛查,如果行为人有前科或者存在关于精神、智力障碍的记录,亦或者具有精神类疾病的家族病史,那么就应该考虑到可能会报假警,从而对信息的可信度作进一步深入分析。通过再次与行为人取得联系,核实信息细节,推敲报案信息是否前后矛盾、是否符合常理等,或在小规模范围内开展安全摸排,降低对航空运营的秩序不利影响。在未来,可以考虑通过借助强大的大数据分析技术、通信信息技术和追踪技术,在短时间内定位嫌疑人的位置,在机场方作出反应的同时,警方尽快锁定嫌疑人,确认事实真伪,更加节约时间,提高应急效率,以防止重大经济损失和不必要的秩序混乱。当然,出于对安全的高度重视,在关于"报假警"的信息研判问题上还需要长时间的摸索和实践,积累、总结经验,更好地进行分辨。但就目前来看,公安系统正在将统计推理和大数据技术运用于警务信息的研判,对收集到的一定时期、一定区域、一定领域内的各类信息进行处理,以作出解释、判断、预测并辅助决策。[①] 在未来,民航领域能否借助公安机关的大数据信息研判平台或自主开发有关一切民航安保,对包括但不限于编造、传播民航危险信息行为、航空器内实施恐怖活动等行为进行预先研判是值得期待和考虑的。

(二)给予精神、人格或智力障碍群体更多的关怀和教育

从上述案例中不难看出,有相当大比重的编造和传播危险信息的行为人是患有或重或轻心理疾病的一类群体。在日常生活中,他们认为自己生活遭到不公平或处于弱势地位而产生了不当的报复社会行为。由于民航领域的特殊性,"恐吓"在民航业影响更大,更加容易达到行为人"报复社会"或者"愚弄他人""娱乐自己"的心理预期。因此,这类群体将注意力放在民航内散播危险信息,企图造成混乱。对此,(1)政府部门要关怀此类人群,让其生活有着落,加大社会保障投入,消除其因生计问题而产生的不良想法。(2)打造良好的生活氛围,提高行为人环境抗逆力。环境抗逆力,是指行为人抵御危机事件带来的破坏性后果、适应危机环境并获得成长的能力。在突发创伤、慢性多重压力源等危机情境下,具有高抗逆力的行为人能够获得较好的保护和支持,对于破坏性事件的发展具有掌控感,进而避免负面影响的叠加影响其生活状态。[②] (3)提供良好的生活保障和社会保障,相关人群的家人朋友应对其给予帮助进行心理疏导,有问题及时就医,在发现此类人群有不良想法或不良行为时予以制止和劝说,帮助精神、人格或智力障碍群体尽快走出情绪

---

① 参见杨俊斌、曹敏:《大数据在公安领域的应用研究》,载《网络安全技术与应用》2021 年第 2 期,第 64~65 页。

② 参见齐建、于玲、王素明、王志中:《青少年精神障碍者日常生活实践的失序与重塑》,载《医学与哲学》2022 年第 6 期,第 52~56 页。

阴霾。(4)加强引导、教育和干预,社会组织应发挥作用,宣传自我调适的心理方法和提供免费的心理咨询等公益活动,为这类人群送去温暖,营造心理关爱与帮扶的良好社会氛围,将心理关爱与帮扶作为精神文明建设的重要内容,建立人际互动的激励机制,鼓励广大人民群众学习心理关爱与帮扶的方法并付诸实践,①减少消极心理问题演变为冲动犯罪的现象。

(三)提升航空运营者服务能力,加强沟通

“空怒一族”的出现,对民航正常运行提出新的难题。在上述案例中,相当一部分行为人是因为未能按时乘坐航班,或是与机场工作人员出现矛盾,一气之下为了报复和情绪的发泄选择了虚报危险信息。除旅客个人性格原因外,航空公司和机场工作人员也应自我反思,从主体角度减少引发乘客不悦的现象。一方面,服务人员的良好态度和迅速反应能力。如果是由于服务态度差、信息传递不及时,甚至是因为工作能力有限而导致沟通不顺畅,使得乘客情绪激化,那么就应该在提升服务水平和沟通交流能力方面多下功夫。面对民航业的迅猛发展,民航服务业将会遇见形形色色的旅客,如何妥善处理不同旅客的情绪,需要民航从业人员时时精进学习,尤其是学习心理学和公共关系学。在乘客的不同语气、表情中迅速掌握其内在想法,以合理正当、共情的语调、词语传达自身的服务观念和提出解决措施,尽可能减少旅客的不良情绪。另一方面,合理规划航班频次,分散航班时间,学习利用价格等其他附加价值的方式引导乘客乘坐非高峰期航班,从而减少航班延误,降低旅客长期等待起飞引发不耐烦的可能性,从而使得因“一怒之下报复机场”的现象从根源上得到遏制。

(四)及时处理网络舆情,有效利用数字化平台实现多方共治

在既往案例中,部分行为人传播虚假信息的媒介是微博、微信、邮件等网络新媒体平台,会引发网络舆情,造成社会恐慌,危及公共安全。因此,政府部门、公安机关、航空公司等要联合起来,充当信息求证者、舆情引导者,抵制和破解各种与民航运营相关的虚假信息和网络舆情②,及时调查、探明真相,第一时间将实情告知公众和处置部门,避免事态扩大引起的不必要的损失和动乱③。对于在网上发布虚假

---

① 参见彭丽丽:《社会心理服务体系建设研究:回顾与展望》,载《社区心理学研究》2021 年第 1 期,第 79 ~ 95 页。

② 参见周飞、郭韧:《基于多方博弈的政府回应网络舆情策略研究》,载《情报杂志》2015 年第 5 期,第 128 ~ 133 页。

③ 参见祁凯、韦晓玉、郑瑞:《基于系统动力学模型的政务短视频网络舆情动力演化分析》,载《情报理论与实践》2021 年第 3 期,第 115 ~ 121 页。

信息者,要注意核实身份和IP地址,及时进行管控和规制。要合理研判网上言论,及时、高效验证信息真伪、影响范围和危害后果。对于影响范围较小、未产生明显危害的行为人,采取说服教育的手段,防止行为再次发生。对于影响范围较大、已经产生明显危害的行为人,要进行制裁,并且还要在政府官网、航空公司或者机场的媒介平台上适时公开信息,对社会大众情绪和情感进行合理引导。政府部门、公安机关、机场、航空公司、网络运营平台等多方治理主体应该有效利用数字化工具和现代信息技术平台实现资源、信息的互联互通,及时、高效、妥善处置相关的网络舆情,实现多方联动,形成合力。构建共治共享的智慧治理格局,鼓励公众参与并对此进行监督,防患于未然。

(五)加大宣教力度,完善激励机制

相比铁路和水运的历史性和大众性,民航业对于一部分民众而言依旧是“高高在上”的“高端”交通工具,一些公众对其运行模式了解甚少。未来可以借助大众传播媒介,如常用的短视频平台、公益广告等方式,将民航工作全过程更加生动活泼地展现在民众面前。适当科普民航业对安全的高标准要求和航班起飞降落的时间安排,让民众逐步接受民航安全文化,了解飞行的复杂过程以及对任何可能造成民航不正常运行行为的严厉追责,能够在很大程度上缓解“空闹”现象,理解航班延误的原因,加之对其进行心理疏导采取合理应对措施,可以避免造谣传谣,减少矛盾和纠纷。同时,在实践中要实现法律效果和社会效果的统一,对于编造虚假恐怖信息威胁民航安全的行为,不能以简单的处罚形式草草了事,或轻或重的处罚都不是目的而仅仅是手段,要坚持罪责刑相适应的原则,高度重视、谨慎判决。加大宣教力度,让惩戒措施在社会范围内起到教育和威慑作用,使行为人在严苛处罚或刑罚的威慑力下,不把民航安全视作儿戏,对编造、传播虚假危险信息不敢想、不敢为。还可以借助大数据和数字化治理平台,构建信用体系、激励制度和惩罚机制,有效预防和遏制相关违法犯罪现象。

五、结语

为保证民航的安全,我国已经在法律制度层面给予高度重视,但法律毕竟是道德底线最后的防护门,仅仅通过法律的惩戒手段远不能希望彻底消除在机场或航空公司内编造、传播虚假信息的行为。如果能够在造成损失前就将虚假危险信息破除,或者对一些有可能发布虚假信息的智力、精神障碍行为人进行引导和规劝,加强人文关怀,利于损失控制。在法律框架内,结合管理学中合作治理和危机处理、应急管理的思想,为减少因编造、传播虚假信息而扰乱民航正常运行的事件发

生,我们从多维度、多主体的层面提出治理对策:(1)防患于未然,进行引导和宣教,政府部门、公安机关、民航运营单位要重视信息的研判,不听风即雨,在信息面前保持理性;关爱精神、人格和智力障碍人群,使其正确、审慎地对待自己的行为。(2)航空公司、机场等民航运营单位在处理乘机纠纷时要冷静,控制网络舆情,防止事态恶化,将损失控制在最小层面。(3)相关管理主体要加强民航安全宣传,总结经验教训,严肃处理犯罪分子,以示警醒,多管齐下,震慑有不良动机的人。(4)创新治理工具,进行多方联动和合作治理。搭建大数据平台,实现信息、资源的共享,借助数字化治理平台和互联网信息技术工具,构建信用体系、激励制度和惩罚机制,有效预防和遏制相关违法犯罪现象。

机场不停航施工中的危险作业罪研究*

张莉琼　任思彧**

一、引言

随着民航业的快速发展，旅客流量及货运周转量已经超出前期预测的数值。为了满足大幅增加的旅客和货运流量需求，全国各地机场改扩建工程如雨后春笋般拔地而起。① 疫情期间，为了不影响机场的正常运行，民航企业大多选择不停航施工的方式进行机场改扩建建设。但双线程同时运转的机场运行模式对于机场安全以及航空器飞行安全都产生了一定的消极影响，主要体现在人员安全管理问题、机械设备使用问题和安全风险管理问题三个方面。由于不停航施工多在飞行保障区域内开展，施工行为会对正常的飞行产生一定的威胁，存在威胁飞行安全的隐患。②

不停航施工，是指在保持机场正常运行前提下开展的施工作业。在不停航施工条件下，机场未完全关闭，可以依据原有的航班计划接收与放行飞机。③ 不停航施工主要应用于民用机场

---

* 基金项目："国际航空犯罪的国内立法研究"（项目编号：2012QD08X）。

** 张莉琼，中国民航大学法学院教授，法学博士，研究方向：刑法学、航空法学。任思彧，中国民航大学法学院硕士研究生。

① 参见彭科：《浅谈机场不停航施工安全管理》，载《居舍》2020 年第 1 期，第 153 页。

② 参见瞿磊、韩彦：《浅析不停航施工的安全建议》，载《民航管理》2019 年第 7 期，第 61 ~ 62 页。

③ 参见李建新：《民航机场不停航施工对飞行安全的影响及防治》，载《工程建设与设计》2020 年第 11 期，第 290 页。

的改扩建工程，其主要工作内容包括：飞行区域内土质的沉陷处理、排水处理；跑道、滑行道、机坪的整修与维护；跑道、滑行道、机坪、供油设施、空管设施的改建与扩建项目；机场照明设施等的维护与更换等。①

这些作业行为可能对航空器飞行安全产生以下威胁：飞行区内的不停航施工行为会在机场跑道区域内堆积大量障碍物，进而影响正常运行机场中航空器的飞行安全；改扩建跑道、滑行道的不停航施工行为会影响设置在跑道、滑行道的部分机械设备的正常使用，如果所关闭的跑道、滑行道的标志不明显，会使航空器在没有看到明显标志的情况下误认为跑道畅通而起飞，从而导致严重安全事故；改造助航灯光的不停航施工行为会对驾驶员产生视觉干扰，对正常驾驶飞机产生消极影响。②

国内外法律实务中均有不同施工行为引发不安全事件的案例，国内案例如：无锡硕放机场对机场跑道等改扩建导致航班复飞事件；九寨黄龙机场不停航施工导致航向台设备故障事件；南航航班在银川河东机场错落滑行道事件等。③ 国外案例如：新加坡航空 006 号班机事故④；亚特兰大机场错落事件⑤；丹麦空运 AT72 卡鲁普起飞损坏边灯事件⑥。部分案例中的行为对机场及航空器正常运行造成的危险程度已达到我国危险作业罪所要求的具体危险程度。在《刑法修正案（十一）》生效之前，我国实务界对此种提升安全风险的行为均处以行政处罚，随着危险作业罪的增设⑦，我们

① 参见李建新：《民航机场不停航施工对飞行安全的影响及防治》，载《工程建设与设计》2020 年第 11 期，第 290 页。

② 参见韩彬：《机场改扩建项目不停航施工的安全管理》，载《工程技术研究》2018 年第 16 期，第 124 ~ 125 页。

③ 参见《机场行政执法及不安全事例集》，载豆丁网 2018 年 10 月 6 日，https://www.docin.com/p-550972666.html。

④ 参见《新加坡 006 号班机事故》，载百度百科，http://baike.baidu.com/item/新加坡航空 006 号班机事故/5991206? fr=aladdin。

⑤ 刘学建：《美国航空器落错跑道事件给目视助航设施运行管理的启示》，载微信公众号“刘小好的好望角”，https://mp.weixin.qq.com/s/4L663jrg4untGJfxsfe-1A。

⑥ 刘学建：《国外民航与目视助航设施有关事故（一）》，载微信公众号“刘小好的好望角”2022 年 11 月 12 日，https://mp.weixin.qq.com/s/V4Qwr66-V1B2MxnSFebWgg。

⑦ 《刑法修正案（十一）》第 134 条之一关于危险作业罪的规定：在生产、作业中违反有关安全管理的规定，有下列情形之一，具有发生重大伤亡事故或者其他严重后果的现实危险的，构成本罪：（1）关闭、破坏直接关系生产安全的监控、报警、防护、救生设备、设施，或者篡改、隐瞒、销毁其相关数据、信息的；（2）因存在重大事故隐患被依法责令停产停业、停止施工、停止使用有关设备、设施、场所或者立即采取排除危险的整改措施，而拒不执行的；（3）涉及安全生产的事项未经依法批准或者许可，擅自从事矿山开采、金属冶炼、建筑施工，以及危险物品生产、经营、储存等高度危险的生产作业活动的。本罪属于具体危险犯，不过，实施上述行为时通常会立即发生具体危险。实施本罪行为造成责任事故或者安全事故的，应视具体案情分别按重大责任事故罪、重大劳动安全事故罪论处。犯本罪的，处 1 年以下有期徒刑、拘役或者管制。

还应当从该罪刑规范所规定的三种行为样态分析不停航施工行为的法律性质。

二、不停航施工所涉危险作业罪的构成特征分析

(一)不同施工行为样态案例检视

1. 飞行区内的堆积物威胁飞行安全

飞行区内不停航施工包括飞行区内大面积地基处理工程,围界迁改、控制区给排水的改造工程,滑行道、跑道、机坪的改扩建工程和影响民用航空器活动的其他工程。[①] 这些施工行为会在机场运行区域内产生堆积物。例如,在克雷格钻孔公司与沙特航空一案[②]中,钻孔公司在机场滑行道开展不停航施工后,在机场滑行道放置了钻井设施却未设置明显的警示标志,导致飞机与地面所堆积的钻井设施碰撞,威胁了航空器飞行安全和地面人员的财产安全。

由于危险作业罪的成立以"具有发生重大伤亡事故或者其他严重后果的现实危险"为构成要件,本案中的堆积物对飞机起降的影响尚不足以造成飞机毁损的具体危险,故此案可通过行政处罚来规制,无须刑法介入。

实践中也存在机场施工中的钻井平台与飞机碰撞的情形。例如,新加坡航空006号班机事故,该航班在起飞时误闯进入因施工而暂停开放的跑道导致起飞失败,机头着地爆炸,是由于飞机错落在施工跑道上导致重大事故发生的典型案例。当时的照片显示,事故现场的05右跑道上有施工痕迹,地面有坑洞积水,堆积在跑道上的挖土机的挖斗与机身分离。[③] 从该案例可见,在不停航施工的情况下,地面堆积物所造成的现实危险很可能转化为严重的伤亡后果。由于本案已经造成了严重后果,超出了危险作业罪的危险范围而可能构成重大责任事故罪。

2. 改造助航灯光导致飞行员视觉干扰

不停航施工中的一个重要施工项目是扩建或更新改造助航灯光及电缆工程,其中,助航灯光的更新改造可能在一定程度上对飞机驾驶员产生视觉干扰。[④] 但这

---

① 参见李建华等:《机场不停航施工组织管理》,载《工程建设与设计》2021年第24期,第185~186页。

② See Craig Test Boring Co. ,Inc. v. Saudi Arabian Airlines Corp. ,138 F. Supp. 2d 553 (2001).

③ 新加坡航空006号班机是从新加坡樟宜国际机场出发,经台北中正国际机场(今台湾桃园国际机场)飞往洛杉矶国际机场的定期航班。2000年10月31日,台湾当地时间夜间23时17分,在象神台风强风暴雨天气下,该班机准备自中正机场05L跑道起飞时,误闯进入了因施工而暂停开放的05R跑道。客机起飞失败后,机头着地爆炸,机身断为三节,最终造成83人死亡的严重后果。

④ 参见韩彬:《机场改扩建项目不停航施工的安全管理》,载《工程技术研究》2018年第16期,第124~125页。

种视觉干扰能否达到具体危险的程度，还需要专业人员根据实际情况进行具体认定。例如，2009 年亚特兰大错落事件和 2017 年加航客机错落飞机跑道事件，均是由于地面助航灯光设施出现亮度不一致导致的错落。国内也有相关案例，例如，在浦东机场二跑道部分助航灯光短时关闭事件中，塔台机组报告二跑道边灯不亮，区别于前述国外案例中，塔台机组没有立即指挥正在 05 右跑道准备进近的航班终止进近并改在另一跑道落地。此事件在塔台机组及时的指挥下没有发生飞机错落跑道的情况，灯光短时关闭的原因为工程师违反操作规程，在不停航施工过程中对灯光进行整改调试，违规重启系统从而导致 4 条回路灯光关闭。

不停航施工改造助航灯光过程中使助航灯光熄灭，对于正在进近的飞机驾驶员短时间无法起到助航作用或者助航灯光对飞机驾驶员造成视觉干扰从而产生误判，最终错落在正在施工并停用的机场跑道，有导致飞机与地面设施碰撞发生爆炸及火灾造成重大伤亡事故的具体危险，可能构成危险作业罪。

危险作业罪是法益保护前置化的立法表现①，是对重大责任事故罪及重大劳动安全事故罪所规定的重大事故发生之前所产生的现实危险进行刑法规制的新罪名。由于民航安全生产领域的特殊性，不停航施工过程中发生的安全事故通常会造成严重的人员伤亡和财产损失。例如，在美国卡尔霍恩机场不停航施工导致飞机损毁一案②中，一架准备降落的飞机在到达机场跑道时，由于跑道正在施工，导致地面出现众多裂痕，使得飞机在降落时严重受损，造成了约 24 万美元的财产损失。这是不停航施工导致航空器事故的典型案例。危险作业罪的规定和适用可将不停航施工所产生的现实危险纳入刑法的规制范围，从而有效避免类似事故的发生。

我国《刑法》规定了危险作业罪的三种行为方式：首先，关闭、破坏直接关系生产安全的监控、报警、防护、救生设备、设施，或者篡改、隐瞒、销毁其相关数据、信息的行为。该危险行为的手段仅包含关闭和破坏两种，例如九寨黄龙机场不停航施工导致航向台设备故障事件③，施工人员在未经申报的情况下进入跑道施工，导致航向台设备关机，该施工行为符合“关闭直接关系生产安全的监控、设施”的行为模

---

① 刑法对法益保护的前置化是指在并未发生法益保护的迫切需要，或者说并未有法益侵害的具体而紧迫的危险时，刑法也将相关行为规定为犯罪的一种立法现象。参见刘军：《危险驾驶罪的法理辨析——兼论刑法法益保护的前期化》，载《法律科学（西北政法大学学报）》2012 年第 2 期，第 115 页。

② See Brooks v. U. S. ,695 F. 2d 984 (1983).

③ 2006 年 9 月 12 日，九寨黄龙机场对拦阻材料嵌缝进行不停航施工，因施工人员进入航向台保护区，导致航向台设备工作异常自动关机，造成 9 月 13 日 CA4453、CA4481、CA4479、CA4483、3U8603 航班返航，3U8635 航班备降成都。

式。其次,因存在重大事故隐患被依法责令停产停业、停止施工、停止使用有关设备、设施、场所或者立即采取排除危险的整改措施,而拒不执行的。对此,需要明确重大事故隐患的认定标准。根据《安全生产法》第118条的规定①,在民航安全生产领域,施工过程中的任何一个细节上的疏忽都可能造成严重事故,但也不能将民航领域的事故认定标准直接作为裁判依据。应当坚持形式认定和实质认定相统一,针对不停航施工出现的不安全事件问题,首先,在形式上要按照民航行政执法的标准以及一般事故认定标准进行初步判断。其次,需接受司法机关的实质审查,针对不同行为样态的不安全事件得出形式认定和实质认定相统一的判断结论。② 最后,涉及安全生产的事项未经依法批准或者许可,擅自从事建筑施工,以及危险物品生产、储存等高度危险的生产作业活动。根据《运输机场运行安全管理规定》第十章"不停航施工管理",施工前需要向机场所在地的民航地区管理局报批的,在未经批准的情况下提前开展不停航施工的,无疑会增加发生重大事故的现实危险。

(二)不停航施工涉危险作业罪的"现实危险"分析

不停航施工对机场生产安全及正常航班飞行安全的"危险"能否被评价为危险作业罪法条规定的有发生重大伤亡事故或其他严重后果的现实危险,从而对不停航施工行为论以刑事处罚?要解决该问题,需对具体危险的结果要素作专门判断,否则会不当扩大危险作业罪的处罚范围,违背罪刑法定原则。

1."现实危险"的判断标准

我国刑法理论界对危险作业罪客观构成要件所要求的现实危险的判断有较大争议③,争议主要集中在以何种事实作为判断资料,以及采取什么样的判断标准。其中,影响较大的是具体危险说和客观危险说,具体危险说的判断以行为时行为人特别认识到的事实和一般人可能认识到的事实为基础,以一般人的认识为标准;客观危险说以事后查明的全部事实为判断依据,判断标准是科学的因果法则。④ 目前,支持客观危险说的学者也普遍承认应以行为时一般人的认识为判断依据,因此

---

① 《安全生产法》第118条第2款规定:"国务院应急管理部门和其他负有安全生产监督管理职责的部门应当根据各自的职责分工,制定相关行业、领域重大危险源的辨识标准和重大事故隐患的判定标准。"

② 参见辛佳东、曾文科:《法益保护前置化下危险作业罪的规范解读与适用》,载《广西政法管理干部学院学报》2022年第4期,第53页。

③ 参见贾学胜:《不能犯的立场选择与证成——客观危险说之提倡》,载《刑事法论丛》2014年第2期,第217页;马乐:《客观危险说的两个教条及其批驳》,载《河南财经政法大学学报》2016年第2期,第95页。

④ 参见杨绪峰:《安全生产犯罪立法的体系性反思——以〈刑法修正案(十一)〉的相关修改为契机》,载《法学》2021年第3期,第20页。

两种学说也有逐渐趋同的现象。

对于不停航施工所产生的现实危险的判断应采具体危险说,以行为时一般人的认识为判断标准。因不停航施工造成设备火灾、航空器碰撞受损等危险状态时,可以认为符合危险作业罪中"危险"的客观构成要素。因为安全生产中的风险在实际生产过程中具有不可预测性。尤其是在民航生产领域,航空器事故的发生通常无法提前预知。以具体危险说作为判断标准,更加贴合安全生产犯罪中"现实危险"的特性。如果持传统的客观危险说有扩大该罪处罚范围之嫌。① 因此,不停航施工使航空器起飞降落出现偏差而有发生航空器碰撞的现实危险的,应以行为时一般人的认识角度具体判断是否有现实危险。

2. 机场不停航施工引发"现实危险"的因果关系分析

明确了通过何种观点判断具体危险这一危险作业罪的客观构成要素后,还需确定行为与所产生的现实危险之间是否有刑法上的因果关系,即现实危险的发生能否归责于施工行为的问题。

机场不停航施工行为制造或者至少促进了现实危险的发生,即现实危险的发生能归责于施工行为才可能构成危险作业罪。机场不停航的状态会提升造成危险的现实可能性,是危险发生的原因,在例外的情况下,客观归责理论可以为部分不停航施工中的危险提供出罪事由。② 客观归责理论中所包含的风险升高理论、降低风险理论以及规范保护目的等规则,都有利于在理论层面解释不停航施工行为造成的危险能否入罪的问题。

例如,虽然施工过程违反了相关安全生产法规,施工行为造成了一定程度的现实危险,但是最终的危害后果并不是违反相关注意规范所引起的,则可通过客观归责理论中的规范保护目的予以出罪。在机场不停航施工过程中,由于机场生产设备问题已经具有危险可能性,施工人员采取相应补救措施降低该危险进一步向实害结果发展的,即使现实危险已经产生,施工人员的行为属于降低风险发生可能性的行为,不构成犯罪。

(三)机场不停航施工所涉危险作业罪的适用限度

危险作业罪就是针对重大安全事故发生之前已经出现的现实危险而增设的犯

① 参见陈冉:《论危险作业罪中"现实危险"的司法认定》,载《法律适用》2022 年第 11 期,第 16 页。

② 客观归责理论的整体判断思路分为三个阶段:行为制造法所不允许的危险、行为实现不被法所允许的危险并且结果没有超出构成要件的保护范围,即符合构成要件的规范保护目的。这是狭义的客观归责理论,即将客观归责理论视为一种规范判断理论,是在事实因果关系判断之后的一种价值评价。简单来说,由条件说等因果关系论进行"归因",客观归责理论进行"归责"。参见周光权:《客观归责理论的方法论意义 兼与刘艳红教授商榷》,载《中外法学》2012 年第 2 期,第 232 页。

罪类型,体现了风险刑法中的积极预防理念。风险刑法的构建来源于风险社会的概念。风险刑法基本立场中刑法的安全观和预防观都体现出安全生产领域犯罪的立法现状。

目前,理论上对于风险刑法的批判主要是认为其会无节制扩大刑法的规制范围,应当限制风险刑法的存在范围,对于可以通过行政手段解决的风险,不能过度强调防卫从而使刑法提前介入;对于需要刑法预防的风险,不能一味强调犯罪化。①

风险刑法属于传统立法的例外模式,仅适用于对集体法益的特别保护,其中包含了危害公共安全犯罪中的安全生产犯罪。② 在机场作业的过程中,不停航施工行为会威胁到航空器飞行安全以及机场地面安全等集体法益,对于这些集体法益的保护可以通过风险刑法的预防观进行解释。不停航施工行为所引发的不安全事件造成具体危险的情形可构成危险作业罪,但如果该行为仅造成对特定个人法益的侵害,不能认定为危险作业罪,如在施工过程中对机场地面其他工作人员造成的人身或财产损害,可适用刑法侵犯人身权、财产权的相关罪名或行政处罚进行规制。

(四)不停航施工所涉危险作业罪的主观过失分析

刑法理论上对危险作业罪是过失犯罪还是故意犯罪仍有争议。过失犯论者认为,危险作业罪中的"现实危险"是作为构成要件要素中行为人"主观方面"认识的内容,行为人对该现实危险在心理上持否定态度。③ 故意犯论者认为,本罪属于业务过失犯的行为犯罪化,设置为故意危险犯的故意犯论,基于积极预防将处罚前置化,它是将刑法保护前置化的一种特殊表现形态。④ 折衷论者认为,本罪既可以出于故意,也可以出于过失,只是从不同角度有不同的判断结果。⑤

笔者认为,过失犯论有一定合理性,因为危险作业罪的罪状中多次出现"事故"这一过失犯的典型表述。但是,本罪中的"事故"不属于构成要件要素,仅是"现实危险"体现在文字上的修饰性表述,不是过失罪过形式的规范表述。要区分"事故的现实危险"和"事故"本身,前者强调的是危险发生的可能性,是能够被认识到的;后者则是过失的文字表述。⑥ 因此,从立法论上看,难以将危险作业罪解释为过失

① 参见姜涛:《社会风险的刑法调控及其模式改造》,载《中国社会科学》2019年第7期,第109页。

② 参见姜涛:《为风险刑法辩护》,载《当代法学》2021年第2期,第24页。

③ 参见时延安:《刑法修正案(十一)评述与案例》,中国法制出版社2021年版,第99页。

④ 参见陈兴良:《公共安全犯罪的立法思路嬗变:以〈刑法修正案(十一)〉为视角》,载《法学》2021年第1期。

⑤ 参见赵秉志主编:《〈刑法修正案(十一)〉理解与适用》,中国人民大学出版社2021年版,第83页。

⑥ 参见钱小平:《积极预防型社会治理模式下危险作业罪的认定与检视》,载《法律科学(西北政法大学学报)》2021年第6期,第15页。

危险犯。

危险作业罪不属于纯正的事故类犯罪，因为其中的“事故”一词只是为了强调现实危险发生的可能性。本罪在罪过结构上呈现出两个判断步骤，首先是对于行政前置法“违反安全管理的规定”的主观认识，其次是对“现实危险”是否存在故意或者过失。

但是，安全生产领域的事故类犯罪有必要设立过失危险犯，在目前技术快速发展的时期，安全生产活动的规模不断扩大，设立过失危险犯能够在重大事故发生之前发挥提前预防的作用。因为一旦发生事故，造成的后果都极为严重，因此在事故类犯罪中设立过失危险犯有其应然性。①

因此，基于民航安全生产领域的特殊性，应当将危险作业罪的罪过形式解释为犯罪过失，这样也能体现出刑法立法的体系性。由于重大责任事故罪是过失结果犯，针对该结果犯所增设的危险作业罪应属于过失危险犯。目前，多数不停航施工引发不安全事件案例所呈现的行为样态中，行为人对行为造成现实危险的主观心态都是过失。

由于不停航施工需经有关部门审批核准才能合法开展，在正常审批流程下，不停航施工在具体生产过程中违反了具体的民航安全生产规章制度，这符合违反前置法的客观构成要件要素的要求。对于行为造成具体危险的心态属于疏忽大意的过失。当不停航施工已经存在一定程度的事故隐患被有关部门依法责令停产停业，从施工方拒不执行停产停业的通知的行为可知，施工行为已有发生现实危险的可能性。从社会一般人的认知来判断，行为人拒不执行有关部门责令停产停业通知的主观目的并非“发生重大伤亡事故或者其他严重后果”，而是追求效益。在此种情形下，施工方只是轻信能够避免发生现实危险，其主观罪过形式属于过于自信的过失。② 因此，危险作业罪属于过失危险犯，包括疏忽大意的过失和过于自信的过失两种形式。

对于一些仅有过失而没有发生重大现实危险的行为，通过行政处罚即可达到规制效果，不需要刑法的介入，可以更好地划分刑事处罚与行政处罚之间的合理界限。③

---

① 参见贺国荣：《再议过失危险犯——兼论事故类犯罪危险犯的设立》，载《河北法学》2017 年第 10 期，第 165 ~ 169 页。

② 参见骆群：《过失危险犯有限肯定论》，载《中国刑事法杂志》2022 年第 6 期，第 16 ~ 17 页。

③ 参见钱小平：《积极预防型社会治理模式下危险作业罪的认定与检视》，载《法律科学（西北政法大学学报）》2021 年第 6 期，第 17 页。

三、不停航施工所涉危险作业罪的行政犯属性分析

(一)危险作业罪的双重违法性分析

危险作业罪属于行政犯,具有行政和刑事双重违法性。不停航施工属于民航领域的特殊生产方式,其所涉行为是否构成危险作业罪需要借助于对作为前置法的民航内部规章及规范性文件的分析,包括《运输机场运行安全管理规定》(CCAR-140-R2)和2023年8月1日起施行的《运输机场不停航施工管理办法》(AP-140-CA-2023-03)等,在判断行为违反行政前置法之后,再将此行政违法行为置于刑法体系下进行独立评价,考察行为是否还侵犯了刑法保护的法益。

以吴某危险作业罪为例①,本罪是具有行政违法性且通过刑法独立评价有具体危险而构成危险作业罪的典型案例。在本案中,岱山县海洋行政执法局会同岱东镇人民政府对涉案船只进行登船检查,发现部分船员未经专业培训,无船员证书,不符合出航条件,遂指令吴某整改。但吴某未对存在的问题进行整改便出航,最终因违规驾驶、操作不当及航道复杂、航线生疏等原因,发生触损,导致该渔船侧翻沉没。吴某在渔业生产过程中违反有关安全管理规定,符合危险作业罪中的第二种行为模式,虽然最终全部船员均已获救,但造成船只沉没,众多人员落海,已具有发生重大伤亡事故的现实危险,其行为构成危险作业罪。航空器飞行和船只航行有相似之处,在具体危险的认定中,飞行事故所引发的现实危险通常比船只事故更易转化为实害结果。因此,该刑事裁定书对于机场不停航施工构成危险作业罪的刑事责任分析有一定的参考价值。

刑法明确规定构成危险作业罪以行为违反安全管理规定为前提,这是将部分客观构成要件要素置于行政前置法下进行评价,是不停航施工行为所涉危险作业罪行政犯属性的体现。刑事违法性的判断实质上是对法益侵害程度的判断,故在体系上应将刑事违法性置于构成要件符合性阶段判断。这符合当前主流观点倡导的将构成要件实质化,以法益指导构成要件解释的目的论解释方法。② 在构成要件符合性阶段对法益侵害程度作实质性判断,以区分行政违法性和刑事违法性。违法性阶段的任务则是在法秩序统一性原理下对不停航施工可能涉及的行为的行政违法性和刑事违法性之间的界限进行分析和评价。

---

① 参见吴某危险作业罪案,浙江省舟山市中级人民法院(2022)浙09刑终71号刑事裁定书。

② 参见马春晓:《区分行政违法与犯罪的新视角:基于构成要件之质的区别说》,载《中国刑事法杂志》2020年第1期,第86~87页。

（二）“违反有关安全管理规定”的前置法范围

关于危险作业罪法条中“违反有关安全管理规定”的前置法规范的来源问题，在刑法理论中存在广义说和狭义说两种不同学说。狭义说依据《刑法》第96条“违反国家规定”，认为应当对“违反有关安全管理的规定”作狭义理解，否则会违反罪刑法定原则。例如，有学者认为，“有关安全管理的规定”应当仅限于狭义的强制性安全管理规范。① 广义说对“违反有关安全管理的规定”作广义理解，认为有关安全管理规定具体包括三个方面：一是国家颁布的各种有关安全生产、作业的法律法规的明文规定；二是企业、事业单位及其上级管理机关制定的规程、规则、章程等明文规定；三是虽无法律法规等明文规定，却反映了生产、科研、设计、施工中安全操作的客观规律，公认的在企业、事业单位中通行的行之有效的正确的操作习惯与惯例。② 依广义说，违反民航机场内部的安全管理规章以及违反航空公司制定的安全管理规定均属于“违反有关安全管理规定”。

广义说具有合理性，主要理由是：

首先，不停航施工是在未完全关闭机场的环境下开展的，施工区域多在飞行保障区内。在施工过程中，除了对施工区域的地面安全造成影响外，还会对航空器飞行安全造成影响。因此，针对民航安全生产可能造成事故的特殊性，其安全管理规定多是由企业或机场自身制定的。如果持狭义说，此类特殊性规定无法作为前置法来适用，在实务中就无法对民航安全生产过程中发生的特殊情形进行认定，无法进行行政犯双重违法性中的行政违法性的规范解释。

其次，对于因危险作业而造成安全事故的，应视具体情况认定为重大责任事故罪或重大劳动安全事故罪。这表明危险作业罪和这两个罪名是密切相关的，对三个罪名中“违反安全管理规定”应当作相同解释，这也符合刑法体系解释的要求。对于重大责任事故罪中“违反安全管理规定”的界定，最高人民法院在2011年12月30日发布的《关于进一步加强危害生产安全刑事案件审判工作的意见》有明确的规定③，对危险作业罪作和该意见相同的解释，将民航安全生产规章纳入行政前置法的范围，可以有效界分违反前置法规定的不安全行为。

① 参见代海军：《风险刑法背景下我国惩治危害生产安全犯罪功能转向——基于〈刑法修正案（十一）〉危险作业罪的分析》，载《中国法律评论》2021年第5期，第200~201页。

② 参见高铭暄等：《刑法学原理》（第1卷），中国人民大学出版社2005年版，第359页。

③ 《关于进一步加强危害生产安全刑事案件审判工作的意见》第三部分 正确确定责任 第七点规定：“认定相关人员是否违反有关安全管理规定，应当根据相关法律、行政法规，参照地方性法规、规章及国家标准、行业标准，必要时可参考公认的惯例和生产经营单位制定的安全生产规章制度、操作流程。”

再次,在不违背《安全生产法》等上位法的前提下,将危险作业罪中"违反安全管理规定"作广义解释不违背罪刑法定原则。[①] 2021年修正的《安全生产法》确立了安全第一、预防为主和综合治理的原则。这些原则为其下位法的制定提供了立法基础,只要下位法的行业标准以及民航生产经营单位制定的安全生产规章制度和操作规程没有违反上位法的立法目的和原则,就可以认定其属于危险作业罪中"违反安全管理规定"的范围。目前,我国安全管理法律体系尚未完备,相关安全管理规定并未建立起统一配套的法律、行政法规和规章。如果将这些行业标准或企业安全管理规定排除在前置法规范来源之外,将无法明确特殊行业安全生产所涉危险作业罪的成立条件。

最后,危险作业罪属于行政犯中的不法依附型行政犯类别。不法依附型行政犯,是指行政犯的不法属性要受到来自行政规范的限制,具有一定的依附性。在构成要件中明确以违反特定的行政规范内容为犯罪成立条件。[②] 不法依附型行政犯规范来源的多样性以及前置法规定的模糊性,使该特殊类别的行政犯在规范外观上存在空白。有学者认为,前置法范围不能完全排斥部门规章和行业惯例等规范补充解释,也不能无条件地将效力层级较低的规范性文件纳入刑法的解释过程。《刑法》第96条的限制仅能适用于分则中"违反国家规定"等特定类型的构成要素,对于规范表述明显不同的"违反规章制度""违反行业标准"等不法依附性构成要件仅具有参考价值,并无法律上的约束力。[③] 笔者认为,危险作业罪的构成要件中"违反安全管理的规定"作为不法依附型行政犯对前置法存在模糊性规定,区别于《刑法》第96条"违反国家规定"的特定类型,不会受其限制。故要明确认定危险作业罪的犯罪成立条件,就需要民航业的行业标准[如《运行机场安全管理规定》(CCAR-142-R2)]或公认的行业惯例等效力层级较低的规范进行补充解释。

四、机场不停航施工所涉危险作业罪行刑衔接分析

近年来,刑法理论界对不同部门法之间的关系如何处理的问题有诸多讨论,基本上都赞同"法秩序统一性原理是处理不同部门法之间的矛盾时应遵守的基本规

---

① 参见陈志军:《危险作业罪认定中的三个疑难问题研究》,载《江西社会科学》2022年第6期,第136~137页。

② 参见王志远、邹玉祥:《不法依附型行政犯及其前置法范围界定》,载《北方论丛》2022年第3期,第53页。

③ 参见王志远、邹玉祥:《不法依附型行政犯及其前置法范围界定》,载《北方论丛》2022年第3期,第57页。

则,具有不可动摇的性质"的观点。[①] 但是,法秩序统一性原理内部也存在违法一元论和违法相对论的对立。前者认为,违法是对整个法秩序的违反,任何法域的违法行为都会破坏整体法秩序;后者认为,各不同法域的目的、法律效果各不相同,违法性中当然也会存在差异。[②] 在违法一元论之中,存在严格的违法一元论和缓和的违法一元论之分。前者认为,在一个法域认定为违法的行为,在其他法域不可能认定为合法。后者认为,违法性虽在整体法秩序上是统一的,但违法存在不同的类型与程度。[③]

不停航施工主要涉及危险作业罪这一将违反安全管理规定作为客观构成要件要素的行政犯,因此当施工行为没有违反相关安全管理规定时则不具有行政违法性。因此,从刑法上的判断来看,由于没有违反安全管理规定而不具备全部的构成要件要素。[④] 针对该特殊的行政犯属性,笔者赞成基于违法一元论,以合法的统一而非违法的统一作为其内涵进行判断,能够有效处理此类安全生产领域的行刑衔接问题。在构成要件要素的判断中,没有行政违法则无刑事犯罪。但是这里需要将合法的统一界定为行为指引的统一,这一点对于不停航施工所涉危险作业罪的判断具有重要作用。在行政审批过程中,审批文件有效并不代表审批后所实施的所有施工行为是合法行为,审批通过后的不停航施工行为,仍有可能违反安全生产法及民航相关安全生产规章制度并造成具体危险,从而有构成危险作业罪的可能性。例如,在深圳航空飞机落地误入修建中尚未开放使用快滑事件[⑤]中,机场 K3 滑行道没有设置禁行标志,与此同时,机组观察不周、空管没有提醒机组,根据 2000 年 12 月 18 日颁布实施的《民用机场不停航施工管理规定》(CCAR - 163)第 19 条规定,给予湖南省机场管理集团有限公司长沙黄花国际机场罚款人民币壹万元整的行政处罚。从刑法的角度分析,施工监管人员没有按照民航规章的相关规定设置提醒标志,符合危险作业罪的违反有关安全管理规定的客观构成要素,只是不符合危险作业罪中的第三种行为模式。但此种判断符合法秩序统一性的要求,也做

---

① 参见周光权:《"刑民交叉"案件的判断逻辑》,载《中国刑事法杂志》2020 年第 3 期,第 4 页。

② 参见[日]前田雅英:《刑法总论讲义》,曾文科译,北京大学出版社 2017 年版,第 25 页。

③ 参见张明楷:《外国刑法纲要》(第 3 版),法律出版社 2020 年版,第 115 页。

④ 参见马春晓:《法秩序统一性原理与行政犯的不法判断》,载《华东政法大学学报》2022 年第 2 期,第 42 页。

⑤ 塔台指挥飞机从 C 滑行道脱离跑道。飞机滑跑到位于 C 道口南侧的正在施工未开放使用的 K3 快速出口滑行道道口时,机长自称观察到了 C 道口指示牌,误将 K3 快速出口滑行道当作 C 滑行道,操纵飞机进入了该快速出口滑行道。本次事件共造成 8 个航班备降,10 个航班在地面等待而延误。

到了通过构成要件实现基于刑法目的的相对性判断。[①]

根据法秩序统一性原理,诸如危险作业罪这样的行政犯要基于行政从属性独立判断其刑事不法性。一个行政法上被禁止的行为,在刑法上当然也应受到否定评价。但是,最终是否具有刑事不法,仍要结合具体构成要件的"质"与"量"作出独立的刑法判断。[②] 不停航施工行为主要是对危险结果作出独立判断,在具备违反安全管理规定的行政违法性之后,在构成要件符合性上对于"现实危险"这一结果的构成要件要素作独立判断,在能够认定行为对机场或航空器具有发生重大伤亡事故或者其他严重后果的现实危险时才认定构成危险作业罪,从"量"的角度进行独立的刑法判断。

五、结语

2021年9月1日修正实施的《安全生产法》对于民航业在第10条专门规定了要依照本法和其他法律、行政法规的规定,在各自的职责范围内对有关行业、领域的安全生产工作实施监督管理。第90条[③]也明确规定了负有安全生产监督管理职责的部门工作人员相应的法律责任。2022年2月11日交通运输部第二次修正的《运输机场运行安全管理规定》(CCAR-140-R2)也明确规定对不停航施工进行监督管理,最大限度地减少不停航施工对机场安全运行的影响,避免危及机场运行安全。由于不停航施工需经民航地区管理局审批,地区管理局对于不符合不停航施工所要求的安全生产条件予以批准或者验收通过的,会使施工方错误地认为施工行为符合安全管理规定并开展作业。在此情形下,一旦由于不停航施工导致事故发生,除了施工方需要承担相应危害公共安全的刑事责任之外,负责机场不停航施工的审批人员由于故意或过失批准了不符合规定的不停航施工审批材料而致使

---

① 参见陈文涛:《犯罪认定中的法秩序统一性原理:内涵澄清与规则构建》,载《华东政法大学学报》2022年第2期,第53~54页。

② 参见马春晓:《法秩序统一性原理与行政犯的不法判断》,载《华东政法大学学报》2022年第2期,第43~44页。

③ 《安全生产法》第90条规定:"负有安全生产监督管理职责的部门的工作人员,有下列行为之一的,给予降级或者撤职的处分;构成犯罪的,依照刑法有关规定追究刑事责任:(一)对不符合法定安全生产条件的涉及安全生产的事项予以批准或者验收通过的;(二)发现未依法取得批准、验收的单位擅自从事有关活动或者接到举报后不予取缔或者不依法予以处理的;(三)对已经依法取得批准的单位不履行监督管理职责,发现其不再具备安全生产条件而不撤销原批准或者发现安全生产违法行为不予查处的;(四)在监督检查中发现重大事故隐患,不依法及时处理的。负有安全生产监督管理职责的部门的工作人员有前款规定以外的滥用职权、玩忽职守、徇私舞弊行为的,依法给予处分;构成犯罪的,依照刑法有关规定追究刑事责任。"

公共财产、国家和人民利益遭受重大损失的，也应承担相应的刑事责任。根据具体行为模式分别构成滥用职权罪或玩忽职守罪，这也是渎职罪在民航领域的具体表现形式。

不停航环境下的施工行为是民航安全生产领域较可能构成危险作业罪的行为模式。国务院安全生产委员会于2022年4月12日印发了《"十四五"国家安全生产规划》，明确到2035年基本实现安全生产治理体系和治理能力现代化的奋斗目标。民航安全生产活动不仅有传统安全生产活动可能产生的事故危险，还有对航空器飞行安全的威胁。在民航安全生产的过程中一旦发生事故，其后果非常严重。通过发挥刑事立法的积极预防功能，将民航安全生产领域可能发生重大事故的危险行为纳入刑法的调整范围，发挥刑法的一般预防功能从而防止民航业重大事故的发生，对促进民航业持续稳步安全发展有重大意义。

再谈《蒙特利尔公约》第三十五条“两年期间”的理解

李志宏*

2023年6月,上海市高级人民法院发布2023年第一批参考性案例(见“上海高院”微信公众号),其中编号为151号的泛亚班拿国际运输代理(中国)有限公司诉俄罗斯空桥货运航空公司国际航空货物运输合同纠纷案同样涉及1999年《统一国际航空运输某些规则的公约》(以下简称《蒙特利尔公约》)第35条的理解和适用,最终关系到国际航空运输承运人是否应该承担赔偿责任。两级法院对该条的解释援引了《维也纳条约法公约》,但落脚于国内法规定,解释路径和结论均值得商榷。

《蒙特利尔公约》有六种语言文本,中文文本第35条标题为“诉讼时效”,内容表述为:“一、自航空器到达目的地点之日、应当到达目的地点之日或者运输终止之日起两年期间内未提起诉讼的,丧失对损害赔偿的权利。二、上述期间的计算方法,依照案件受理法院的法律确定。”英文文本的标题为“Limitation of Actions”,内容表述为:“1. The right to damages shall be extinguished if an action is not brought within a period of two years, reckoned from the date of arrival at the destination, or from the date on which the aircraft ought to have arrived, or from the

* 李志宏,北京仁人德赛(上海)律师事务所合伙人律师。

date on which the carriage stopped. 2. The method of calculating that period shall be determined by the law of the court seised of the case.”

一、基本案情

2016年10月14日，泛亚班拿国际运输代理(中国)有限公司(以下简称“泛亚班拿公司”)接受案外人博世汽车部件(苏州)有限公司(以下简称“博世公司”)委托，为其进口的两批共12台设备(其中10台旧设备运至苏州申报进口、2台新设备运至上海申报进口)，提供从法国巴黎戴高乐机场运往中国的运输代理服务。同日，泛亚班拿公司(托运人)就博世公司的上述货物与俄罗斯空桥货运航空公司(Air Bridge Cargo Airlines LLC，以下简称“俄罗斯空桥公司”)(承运人)签订《空运单》一份，约定涉案货物的始发站机场为法国巴黎戴高乐机场，目的地机场为上海浦东国际机场，涉案货物数量为12件。

2016年10月20日，涉案货物由法国巴黎戴高乐机场抵达上海浦东国际机场并发往了博世公司处。其后，苏州工业园区海关在进关查验时，发现申报进口的10台设备中的打螺丝机、激光刻码机并不存在，进口的实际货物中除8台旧设备外，还有新设备止回阀安装机、贴膜机各一台。因申报进口的货物品名与实际货物品名不符，影响了海关监管秩序，苏州海关对博世公司作出了1万元罚款的行政处罚。后博世公司对涉案货物进行了退运处理，并产生了退运损失人民币(以下币种同)138,506.41元。

2016年11月1日，泛亚班拿公司要求俄罗斯空桥公司对上述事件进行调查。2016年11月14日，俄罗斯空桥公司回复称，涉案12台设备运到航空公司在法国的仓库后，由于粘贴了错误的航空标签，使本应发往上海的止回阀安装机、贴膜机发至苏州，而将本应发至苏州的打螺丝机、激光刻码机发至上海。

2018年9月19日，泛亚班拿公司以电子邮件的方式就涉案事件向俄罗斯空桥公司提出索赔主张。2018年11月20日，博世公司与泛亚班拿公司签订《和解与责任解除书》，在泛亚班拿公司向博世公司赔偿损失后，将因涉案事件的索赔权让渡给泛亚班拿公司。

2019年1月24日，泛亚班拿公司通过银行转账的方式向博世公司支付了78,056.46元。后因泛亚班拿公司与俄罗斯空桥公司未就错误贴标的赔偿事宜达成一致，泛亚班拿公司于2019年10月8日向法院提出诉讼，请求法院判令俄罗斯空桥公司赔偿泛亚班拿公司损失78,056.46元以及相应的资金占用利息损失。

俄罗斯空桥公司答辩称，根据1999年《蒙特利尔公约》的规定，泛亚班拿公司向俄罗斯空桥公司主张权利的期限为2年。该规定系除斥期间,不得中止或中断计算。现该期间已然经过,泛亚班拿公司丧失了主张损害赔偿的权利。

二、法院裁判理由

该案先后经两级法院审理,审理法院均认为:涉案航空运输的出发地位于法国,目的地位于中国,两国均为《蒙特利尔公约》的缔约国,涉案航空运输属于公约定义的国际运输,故本案应当自动适用《蒙特利尔公约》。本案的争议焦点为泛亚班拿公司的起诉是否超过了《蒙特利尔公约》所规定的两年期间。《蒙特利尔公约》第35条第1款规定:"自航空器到达目的地点之日、应当达到目的地点之日或者运输终止之日起两年期间内未提起诉讼的,丧失对损害赔偿的权利。"根据我国于1997年加入的《维也纳条约法公约》规定,对于国际公约的解释,应当依其用语按其上下文进行善意解释。从文意解释来看,《蒙特利尔公约》第35条第1款本身并未直接明确两年期间的性质。结合该条第2款规定,"上述期间的计算方法,依照案件受理法院的法律确定",本案关于期间的计算方法,应适用中华人民共和国相关法律规定。

根据我国《民事诉讼法》第85条第1款规定:"期间包括法定期间和人民法院指定的期间。"其中法定期间,是指由法律直接作出规定的诉讼期间。在本案中,原告的诉讼主张在性质上属于损害赔偿请求权。根据我国民法的相关规定,损害赔偿请求权系债权请求权,应当适用诉讼时效的相关规定。反观被告的抗辩主张,并无相关法律依据予以支持,故不应予以采信。本案中,泛亚班拿公司提出的诉讼主张,应当适用我国民法关于诉讼时效的相关规定。涉案货物于2016年10月20日运抵上海,泛亚班拿公司于2018年9月19日向俄罗斯空桥公司主张权利,符合诉讼时效的中断情形。现泛亚班拿公司于2019年10月8日通过起诉的方式主张权利,其并未超出《蒙特利尔公约》所规定的两年期间,其诉权受到法律保护。

因涉案错误的贴标行为系发生在《蒙特利尔公约》所规定的航空运输期间内,故承运人俄罗斯空桥公司应对事件的发生及导致的损失承担相应的赔偿责任。现泛亚班拿公司提交了相关证据,证明其因俄罗斯空桥公司错误贴标行为所导致的经济损失为78,056.46元,故泛亚班拿公司主张俄罗斯空桥公司赔偿该项损失,符合法律规定,应予支持。

三、判决点评

法院对"两年期间"的解释,首先援引了《维也纳条约法公约》,这是正确的。但

《维也纳条约法公约》对条约的解释，既有第 31 条确立的一般解释规则，也有第 32 条确立的辅助解释规则，法院似乎只关注了前者。而且即使依据第 31 条，对“两年期间”的理解也应按照《蒙特利尔公约》上下文并参照条约之目的及宗旨所具有的通常意义进行善意解释，还应一并考虑：(1)当事国另外订立的关于条约之解释或其规定之适用的任何协定；(2)条约适用过程中形成的确定各当事国对条约解释的协定或任何惯例；(3)适用于当事国间关系的任何有关国际法规则。因“两年期间”来源于 1929 年《关于统一国际航空运输某些规则的公约》(以下简称《华沙公约》)第 29 条，国际社会在长期适用《华沙公约》的过程中，对“两年期间”的解释已形成一定的惯例，在裁判过程中应予以考虑。

《维也纳条约法公约》第 32 条也是不可忽视的解释规则，即如果依据第 31 条作解释而意义仍属不明或难解，或所获结果显属荒谬或不合理，则应使用解释之补充资料，包括条约之准备工作及缔约之情况在内。本案判决先依据第 31 条无法直接明确两年期间的性质，即直接适用国内法律，并未依据《维也纳条约法公约》第 32 条使用补充资料进行解释。

我国积极参与《蒙特利尔公约》制定，也是第一批签署国。公约经过长达近十年的国际社会讨论，产生了多个文本。1999 年 5 月 10 日 ~28 日最终讨论通过《蒙特利尔公约》的国际航空法会议，也有相应的会议文件，详细记录了每一条款的争论、修改、定稿过程，包括“两年期间”条款(讨论稿的条款序号为第 29 条)，这些文件均属于《维也纳条约法公约》第 32 条所指的补充资料，应在解释“两年期间”含义时予以适用。而且此适用属于法院依职权解释法律，不是当事人的举证义务。

至于《华沙公约》第 29 条和《蒙特利尔公约》第 35 条第 2 款的含义，也应依据《维也纳条约法公约》从第 31 条到第 32 条的顺序进行解释。国际航空法专家邓普西(Dempsey)教授在其著作中援引适用《华沙公约》审理的两个案件判决表明：该款指的是案件受理法院应当根据当地法律决定权利开始的时间(何为航空器到达目的地点之日，或应当到达目的地点之日，或者运输终止之日)，并不是将第 1 款的“两年期间”交由国内法解释。

四、案件启示

《蒙特利尔公约》第 35 条是一个非常重要的条款，涉及当事人的权利行使和责任承担，因此对该条款“两年期间”的理解，应完整贯彻《维也纳条约法公约》确立的解释规则，准确探寻其本意。这其中要注意收集整理《蒙特利尔公约》制定过程中不同版本的对比、特定条款的研究资料、会议讨论资料、不同语言文本的对比，以及与《蒙特利尔公约》有历史渊源的《华沙公约》在长期适用中的各国案例、惯例资料，形成系统的国际条约规则资料库。

《蒙特利尔公约》是国际航空法律领域的重要立法成果，其宗旨就是统一国际上的航空承运人责任规则，既确保我国承运人在国外得到平等对待，也要保证各国承运人在我国受到同等对待。司法实践中，当事人要围绕争议条款对《蒙特利尔公约》进行系统研究，提供尽可能全面的参考资料，司法机关要注意遵循《维也纳条约法公约》确立的条约解释原则，首先进行全面的文义解释，再要借助补充资料进行辅助理解，力求准确查明争议条款的含义，谨慎适用国内法进行解释。

空中交通管制服务的法律责任

——以乌柏林根空难诉讼案为切入点*

杨万柳　索铭歌**

2002年发生在德国瑞士边境的小城乌柏林根上空的两架飞机相撞事件(以下简称"乌柏林根空难"),正是由于空中防撞系统(Traffic Collision Avoidance System ,TCAS)和空管指令相冲突造成的。在这之后,各国航空公司均要求当空中防撞系统建议与航管指示有冲突时,飞行员应遵从空中防撞系统指示,以免再度发生同样事故。国际民用航空组织也随之进行跟进。文章以乌柏林根空难诉讼案为切入点,希求较为深入地研讨空中交通管制服务的法律责任问题。

一、乌柏林根空难诉讼案件事实和裁判要点

(一)案件事实

俄罗斯巴士基尔航空第2937次班机(BTC2937),是一架图-154M型客机,该班机载有9名机组人员和60名乘客,原计划于2002年7月1日由俄罗斯首都莫斯科飞往西班牙的巴塞罗纳。2002年7月1日21:16:10,该飞机进入德国领空,21:30:11与位于苏黎世的瑞士空中交通管制中心建立无线

---

* 基金项目:中央高校科研基金项目(项目编号:3122015R001)。

** 杨万柳,中国民航大学航空法律与政策研究中心研究员、法学博士,研究方向:国际航空法。索铭歌,中国民航大学法学院硕士研究生,研究方向:国际航空法。

电联系。

DHL快递公司第611次航班(DHX611),是一架波音757-200SF型货机,该班机载有2名机组人员,原计划于2002年7月1日从巴林国际机场经意大利的贝加莫国际机场飞往比利时的布鲁塞尔。2002年7月1日21:21:50,该飞机与瑞士空中交通管制中心建立无线电联系。

事发当日两架飞机都在相同的高度(Flight LeveL,FL 360)飞行,并以90度角相互接近。尽管两机已经进入德国领空,但根据德国和瑞士签订的协议书,由位于苏黎世的瑞士空中交通管制中心在南德部分空域提供空中交通管制服务。当晚瑞士空中交通管制中心只有空中交通管制员彼得·尼尔森一人值班,而另一名空中交通管制员正在休息,他同时在两个控制台上进行调度操作,直到空难发生前1分钟,他才发现两架班机的航线冲突。随后,他首先同BTC2937班机取得了联系,通知其飞行员降低高度300米,以避免同DHX611班机相撞。

BTC2937机组依照指挥开始下降高度,但几秒后,飞机的TCAS提示他们将飞机拉高。21:34:32,几乎在同一时刻,DHX611的空中交通管制提示机组下降飞机高度。如果两架航班上的飞行员都按各自的防撞系统提示操作,即可避免这场灾难。DHX611遵照防撞系统的提示下降了高度,由于他们将注意力都集中在了雷达屏幕上的BTC2937航班,而没有及时将自身状况通知空中交通管制员。在碰撞发生前8秒钟,DHX611的垂降速度已经低于碰撞范围,依照空管的要求达到了每分钟730米。而此时BTC2937则是按照空中交通管制员的指示也在继续下降高度,并第二次将他们的磁方位向同一方向又更改了10度。

随后,尼尔森再次提示BTC2937下降高度,由于事发当晚空中交通管制中心的主雷达正在维修中,这意味着空中交通管制员必须在很慢的系统速度下指挥往来航班,而这也导致了尼尔森向BTC2937机组提供的DHX611的方位信息出现错误。BTC2937遵照空中交通管制员的指示而忽视了来自防撞系统的警告,继续下降高度。不过,随着机上防撞系统指示有飞机越来越接近及不断提示要爬升,机组人员已开始质疑空中交通管制员的指示。两机在相撞前3.8秒终于可以互相目视对方,尽管BTC2937已立即爬升飞行高度,但毕竟为时已晚。21:35:32,两架飞机在34,890英尺的高度相撞并坠毁,两架飞机机组人员和乘客全部遇难。

(二)裁判要点

乌柏林根空难发生后,俄罗斯巴士基尔航空作为原告,在德国康斯坦斯地方法院(Konstanz Landgericht)对德国提起了诉讼,要求被告德国联邦政府赔偿该公司失事飞机的损失260万欧元。[①] 但被告对原告提出了反诉,并申请原告使被告免受第三方(特别是DHL)的任何索赔,且进一步辩称原告的飞行员应该遵守TCAS的指示,而不是空中交通管制员的指示。2006年7月27日,康斯坦斯地方法院作出一审判决,判决德国联邦政府应对乌柏林根空难承担责任,赔偿失事的俄罗斯巴士基尔航空飞机损失和遇难家属可能提出的赔偿要求。

法院根据《德国民法典》第839条[②]有关国家赔偿制度的规定,根据"国家承担责任"的理论基础,判决德国联邦政府承担赔偿责任。这种国家赔偿责任在德国和其他西方国家的学者中,有不同的称谓,例如,德国学者海因茨·黑因克称其为"政府赔偿责任";其他学者,有的称其为"公共赔偿""行政赔偿"等,但所指均为国家赔偿责任。[③] 德国的法学家们在德国国家赔偿制度的建立过程中,提供了重要的理论依据,这种赔偿制度正是建立在"国家承担责任"的理论基础之上。早在1863年,德国法学家海因里希·阿尔贝特·茨卡利埃在《公务员违法作为与不作为的国家责任》[④]一文中提出,国家应当对公务员职务上的行为负责,无论其是合法还是违法,以保障公民的合法权益不受侵犯。1867年德国法学界在慕尼黑召开了专门研讨国家赔偿责任及其立法的学术会议,以后又相继召开数次关于该专题的讨论会。[⑤] 德国法学家们认为,既然国家是主权的行使者,同时也是所有权的拥有者,理当而且能够承担赔偿责任。

关于国家责任索赔先决条件的以下考虑因素对法院的裁决具有决定性意义:事故发生时位于苏黎世的瑞士空中交通管制中心的管制员正在执行政府职能。根据《国际民用航空公约》(以下简称《芝加哥公约》)第1条[⑥],由于事故发生在德国领空,德国政府有责任履行政府职能。而同时,德国和瑞士签订的协议书,足以证

---

① Bashkirian Airlines v. Federal Republic of Germany.

② 《德国民法典》第839条规定:"1.(1)公务员因故意或过失违背其对于第三人应执行的职务者,应对第三人赔偿由此而造成的损害;(2)仅因公务员的过失造成损害者,以被害人不能依其他方法受赔偿而请求赔偿时为限,负其责任。2.(1)公务员因对诉讼事件作出判决而违背其职务时,以违背职务涉及犯罪行为为限,应对由此而造成的损害,负赔偿责任。(2)对违背职务而拒绝或拖延执行职务者,不适用本条的规定。"

③ 刘兆兴:《德国国家赔偿法研究》,载《外国法译评》1996年第3期,第1页。

④ Vgl. Heinrich. Albert zachariae, "Die Haftungsverbindlichkeit des Staates aus rechtswidrigen Hand lungen und Unterlassung Seiner Beamten"; Prodromos Dagtoglou, Die Staatehaftung, Eine Kommentie rung des Art. 34GG, 1971, p. 23.

⑤ 在1871年、1905年、1955年、1968年,先后召开了4次德国法学会议(Der Deutschen Juri stentag)。

⑥ 《芝加哥公约》第1条规定:"缔约各国承认每一国家对其领土之上的空气空间具有完全的和排他的主权。"

明德国政府将在南德部分地区的空中交通管制职能分配给瑞士空中交通管制中心,空中交通管制中心的政府职能包括服务于第三方的安全利益,如航空公司、航空公司机组人员和乘客。

法院裁定以下行为违反了有关空中交通管制中心服务的政府职责:第一,空中交通管制员采取必要步骤将飞机垂直分离为时已晚,主要是因为他被接近的客A320分散了注意力,使他有必要从一个工作站切换到另一个工作站;第二,当事故发生时,只有一名空中交通管制员负责瑞士空中交通管制中心的所有空中交通管制职责,而另一名空中交通管制员正在休息,考虑到当时的技术限制,这个做法显然不够;第三,由飞行数据处理系统为空中交通管制员生成的空中交通管制控制单不包含有关飞机飞行路径(交叉固定)的可预见交叉点的任何信息;第四,人员配备不足和有关技术限制信息的缺乏,空中交通管制中心的专线电话也因检修工作而暂时被切断,这部电话本可接收到德国境内卡尔斯鲁厄空管站的空中交通管制员对事发空域异常情况的报警。这些行为均充分暴露了空中交通管制中心的管理缺陷,促成了严重局势的发生。

同时,法院还审议了原告飞机飞行员的重大过失问题,并得出以下结论:关于空中交通管制员的指示与TCAS解决方案之间的冲突,没有公认的国际或国家标准。原告的飞行操作手册,TCAS或飞机制造商的指示,国际民用航空组织、欧洲航空局或欧洲空管局材料或德国法规都没有为这种情况提供任何明确的指导。因此,法院认为,不能指责飞行员遵守空中交通管制员关于下降到FL 350以下(事故发生在34,890英尺)的反复和紧急指示,因为该指示的目的是使原告的飞机迅速下降而不是达到一定高度。法院进一步讨论了飞行员未能向空中交通管制员表明他的下降指示与TCAS(空中交通管制员无法注意到)之间存在冲突的重要性,尤其是因为飞行员只有在可能为时已晚的时候才能引起空中交通管制员的注意。法院依据《德国民法典》第33条共同过失的法条,认为空中交通管制员的下降指示是事故的根本原因,而其他原因是如此微不足道,如飞行员遵守空中交通管制员的指示或飞机固有的危险属性,以至于它们可以被忽略不能成为共同过失辩护的依据。

此外,关于德国联邦政府的国家责任问题,只有政府空中交通管制职能的有效转移才能影响德国的法定国家责任。此判决不是判决谁对该事故负有过失,而是谁应承担责任。尽管这次空难的责任在瑞士空中交通管制部门,但联邦德国也不能因此逃避责任,因为失事地点在德国领空和德国领土范围内。领空属国家主权,对领空的责任不能转让,转让领空责任违反德国的基本法,也就是违反宪法。瑞士空中交通管制部门自苏黎士机场投入使用以来,就和德国有关方面达成协议,负责德国境内从博登湖一直往西至德、法边境地区的空中导航和空中交通管制工作。瑞士负责德国这块领空的飞行安全已经有数十年,德国和瑞士虽然于2001年10月18日签署了《关于瑞士在德国南部某些地区提供空中交通管制服务的协议》①,但瑞士和德国都没有批准该条约,德国也从来没有为瑞士提供的服务支付过任何费用。

二、跨境提供空中交通管制服务的国家责任

(一)关于空中交通管制服务的国际法规范

空中交通服务产生于1919年《巴黎公约》签订生效之后。依据《巴黎公约》成立的国际空中航行委员会通过了8个技术附件,第一次实现了航空活动在某些技术方面的一定程度的统一。1944年《芝加哥公约》对空中航行作了一般规定,其附件对空中交通服务作了详细的规定。根据《芝加哥公约》附件2第1章的定义,空中交通服务包括飞行情报服务、告警服务、空中交通咨询服务、空中交通管制服务等。其中,空中交通管制服务是最主要的内容,而飞行情报服务和告警服务是其辅助手段。空中交通管制服务的目的,一方面在于防止航空器之间以及在机动区内的航空器和障碍物之间相撞,另一方面在于加速和维持空中交通有秩序的流动。②

《芝加哥公约》是国际民用航空组织管理国际民航运输活动的主要法律文件之一,是国际航空领域的宪章性文件,对国际民用航空领域的基本问题作出了规定。《芝加哥公约》的一系列附件是关于国际航空安全与管理的标准和建议措施,事关世界民用航空的运转,其中与空中交通管制联系较为紧密的标准和建议措施主要体现在《附件2》《附件10》《附件11》《附件12》中。《附件2》为空中规则,包含一般规则、目视飞行规则和仪表飞行规则,适用于飞越公海上空以及在与其他空中规则不冲突时的越其他国家领土上空的情况;《附件10》为航空电信,关于航空通信、导航和监视等方面;《附件11》是空中交通服务,对空中交通服务的范围以及服务标准作出了规定;《附件12》是搜寻与救援,对救援工作的原则、开展和工作程序作出统一规定。虽然公约附件并非强制措施,对缔约国不具有强制约束力,但是各缔约国应自觉遵守。

除了《芝加哥公约》及其附件,《空中航行服务程序——空中交通管理》(Doc4444)也是空中交通管制方面的重要国际法律规范,较于公约及其附件,该规

---

① 该协议本质上属于双边国际条约。

② 《芝加哥公约》附件2《空中规则》。

定更加具体、修改更加灵活,适用更能满足实际中不同情况的需要。《空中航行服务程序——空中交通管理》由理事会批准,不具有强制约束力,被推荐给各缔约国在世界范围内使用,主要是一些尚不成熟的规定,当这些规定的适用成熟和稳定时,可被批准为标准和建议措施从而被纳入附件。

虽然各国的法律规定可能会有所不同,但是上述这些文件是各国空中交通手册和其他规定的法定范围的基础。

(二)关于空中交通管制服务的国内法规范

国际民用航空组织发布的国际文件并不是空中交通管制员工作唯一需要遵守的,不同国家和地区也会制定自己的法律法规来规范空中交通管制员的工作,各国国内法都规定空中交通管制人员属于特殊行业人员,提供特殊的服务,应当持有有效的执照才能上岗。以我国为例,我国规制空中交通管制服务的国内法规范主要分为三个层级:第一层级为法律,包括《民用航空法》和《气象法》;第二层级为行政法规,包括《中华人民共和国飞行基本规则》《中华人民共和国通用航空飞行管制条例》《中华人民共和国无线电管理条例》等;第三层级为民航规章体系,包括《中国民用航空空中交通管理规则》以及《民用航空空中交通管制员执照管理规则》等。除此之外,在飞行事故法律责任承担方面,根据事故发生的实际情况,空中交通管制人员或机构有可能需要承担民事责任、刑事责任或行政责任,因此还可能涉及《民法典》《刑法》《治安管理处罚法》等法律法规。

(三)跨境提供空中交通管制服务国家责任的承担

在民航业诞生初期,事故原因多为机械设备因素,但随着技术的发展,设备越来越精良,出现故障的情况越来越少。发展至今,飞行事故和不正常情况中机器和设备的原因占比约为23%。随着技术的改进,这个比例会持续下降;除去其他原因占比1.5%,人为因素占75.5%且比重在不断升高。在所有人为因素导致的飞行事故中,机组原因约为35%,管制员原因约为20%,二者共同原因约为40%;在机组原因导致的飞行事故中,约20%的事件是可以被空中交通管制员察觉并提出从而避免的,而机组人员发现空中交通管制员出现错误并进行纠正的可能性不足2%。①

学者里森(Rasmussen)将人为失误分为三类:第一类为"技术基础的失误"(skill based error),是在作业过程中非故意的疏失行为,多发生在例行性作业中,此

① 参见黄庆伟:《试论管制差错中的人为因素》,载《中国民航飞行学院学报》2004年第2期,第26页。

类失误多为“疏忽”和“遗忘”。主要是在不知道、不察觉,或生理、心理负荷过重时,发生执行上的错误或动作顺序的错误。第二类为“规则基础的失误”(rule based error)。当作业人员需要应用储存的规则去解决问题时,由于判断或推论过程的错误,发生目标选择或作业方法上的错误,大部分发生的情形为误用好的规则或应用错误的规则。第三类为“知识基础的失误”(knowledge based error)。当作业人员尝试解决不熟悉或从未发生过的情况时,由于操作人员缺乏此情况的相关知识,在认知过程中产生错误,产生错误的行为。因此,对相似情况或事件发生的偏见、过分自信,都会造成此种错误的发生。①

在乌柏林根空难中,瑞士空中交通管制中心空管员不仅存在“技术基础的失误”,而且存在“规则基础的失误”。事发当晚,苏黎士空中交通管制中心,只有皮特·尼尔森一名空中交通管制员指挥着这一空域的往来航班。而其他的空中交通管制员在另外一个屋子里面休息,这是不符合规定的,但空中交通管制员们这一习惯性行为,数年来得到了相关管理机构的默认。由于空中交通管制站处在检修期,当晚有另外几位空中交通管制员、部门主管随时准备着换班,而尼尔森并没有意识到这一点,也可能是他不想让同事冒疲劳工作的风险。另外,一个位于地面的用来提示空中交通管制员避免撞机的光学碰撞预警系统,在事发前因例行检修而被关闭,而尼尔森并没有留意到这一状况。另一部安装在空中交通管制中心内的音频防撞预警系统,事发当晚 21 时 35 分,即在碰撞发生前 32 秒发出了声响警报,但并没有被任何人听到,事后对此设备的技术检查也证实其工作状态良好。空中交通管制中心的星象指南(Skyguide)专线电话,也因检修工作而暂时被切断,这部电话本可接收到德国境内卡尔斯鲁厄空管站的空中交通管制员对事发空域异常情况的报警。由此可以看出,空中交通管制员明显存在着“过失”,需要承担法律责任。

一直以来,空中交通管制服务都是由政府部门提供,几乎所有欧盟成员国都成立了提供空中管制服务的公司实体,尽管有一些公司实体已经私有化或者准备私有化,但大多数仍是公有性质的。对于核心的空中交通管制服务而言,这些空中交通管制服务提供者享有天然的垄断特权,其责任区与其该国所属领空以及所属公海领域基本一致。由于欧洲范围内国家众多,在有些情况下,欧洲采取了跨国界的方法来提供空中航行服务。例如,比利时、卢森堡、荷兰三国和德国北部的高空空域是一个由欧洲航空安全组织(Eurocontrol)所成立的马斯特里赫特高空区域管制

① 参见王颖骏:《航空安全管理概论》,台北,扬智文化事业股份有限公司 2007 年版,第 90 ~ 94 页。

中心(MUAC)来负责的。[①] 又如,在乌柏林根空难案件中,德国和瑞士签订的协议书约定,由位于苏黎世的瑞士空中交通管制中心在南德部分空域提供空中交通管制服务。由于空难发生在德国领空,根据《芝加哥公约》第1条关于领空主权的规定,虽然事故发生地的空中交通管制权限暂由瑞士空中交通管制中心行使,但是德国仍然对其领土之上的空气空间享有完全的和排他的主权,德国应当对其境内的空中交通管制行为予以监管。案件事实清晰地表明德国并未尽到监管责任。况且,德国和瑞士签订的协议书虽然已经签署,但一直未在德国得到批准。德国若以已与瑞士签署协议为由抗辩应由瑞士承担责任,此项抗辩依据国际法和国内法并不能产生法律上的效力。故而,德国联邦政府应就其境内发生的乌柏林根空难承担国家责任。

三、空中交通管制员和飞行员责任的划分

在大多数国家,空中交通管制是由国家或政府机构或政府所控制的机构提供的服务,所以一旦发生问题,只能适用有关国家责任的法律原则。尤其是类似于乌柏林根空难诉讼这样的案件,在一国将其空中交通管制权委托另一国来行使的情况下,往往就涉及国家责任的承担问题。但是,从乌柏林根空难诉讼的判决中可以看出,法院不仅关注到国家责任的承担问题,还对飞行员与空中交通管制员的责任划分进行了分析。当然,如果空中交通管制人员有渎职行为而造成人员伤亡的,可以依据国家刑法的规定,追究其刑事责任。如果发生与空中交通管制有关的事故诉讼的情形,空中交通管制单位的民事责任也不应被排除在外。

与空中交通管制人员不同的是,机长并不知道同时飞行的其他航空器的准确位置,特别是处在仪表气象条件的时候。机长必须根据飞行计划进行飞行并且尽可能不偏离航路,而空中交通管制单位发现民用航空器偏离指定航路、迷失方向时,应当迅速采取一切必要措施,使其回归航路。只有在紧急情况下,机长才可以偏离航路。

一般而言,在目视飞行的情况下,机组的责任显然要大些,飞行机组应当注意观察避免与其他航空器相撞,机长对目视飞行的安全负直接责任。而在仪表飞行的情况下,则需要结合具体情况来加以区分。

例如,1977年1月22日,一架型号Cessna飞行员通过无线电申请仪表飞行计

---

① 参见[英]安德鲁·库克编著:《欧洲空中交通管理的理论与实践》,杨新湦、苗旋译,中国民航出版社2013年版,第199页。

划,从美国的亚利桑那州诺加利斯飞往加利福尼亚州弗雷斯诺。飞行员请求批准从诺加利斯到弗雷斯诺的交会点,转往66号航路,然后以一万英尺的高度飞往弗雷斯诺。值班人员无法在航图中找到,便指示飞行员相对直航路飞往弗雷斯诺,结果中途因为飞机的巡航高度不够导致飞机撞山。美国国家运输安全委员会在事故调查中认定,事故是由于空中交通管制人员发出了不当的离港指令,爬升高度不够和不当的飞越高度许可。空中交通管制人员知识缺乏,没有遵守空中交通管制标准程序导致航空器距离山区太近,因此当时飞行员在实施由空中交通管制人员指挥的紧急转弯时,失去了对航空器的控制。当然,飞行员也有责任事先熟悉与新航路的飞行路线有关的该山区的地形地貌,并且相应地请求对飞行许可作出修正。美国运输安全委员会最终得出结论,飞行员和空中交通管制人员都没有适当地履行其职责,但空中交通管制人员应当承担主要责任。①

又如,加拿大太平洋航空公司DC-8飞机降落在悉尼机场后,要求在16跑道"由原路返回"。空中交通管制员发出了"向右滑行"(taxiway right)的指示,飞行员误解成"如果你喜欢由原路返回"(backtrack if you like)。由此产生的混乱导致空中交通管制员指示TASA B727在同一个跑道起飞。值班管制员回忆,当时下着大雨导致视线严重阻碍,从而很难看到飞机灯。由于跑道16有一个隆起,TASA飞行员在开始起飞时未能看到加拿大太平洋航空公司飞机由原路返回。TASA飞行员接下来看到相对滑行的飞机但选择了继续起飞。TASA喷气式飞机的下表面和DC-8的水平尾翼相撞引起了大面积的损坏,但幸运的是,未造成人员伤亡。高等法院认为两个共同被告——空中交通管制员和加拿大太平洋航空公司喷气式飞机的机组人员都存在过错,但因TASA机组人员的疏忽而下令减少损害赔偿,损失的承担比例为空中交通管制员40%、加拿大太平洋机组30%、TASA机组30%。该事故涉及"主要控制"机场空中交通管制员的操作。梅森(Mason)大法官指出空中交通管制员未能保持适当的关注以及"严重背离了一个理智的人的标准",为了发布立刻起飞的许可而未能维持充分的目视和无线电观察。当时是晚上,下着大雨,没有地面雷达,事故发生时与塔台有相当大的距离。加拿大太平洋航空公司案件表明,如果空中交通管制员提供了令人误解的信息,飞行员相信这些信息随后引起损失,则其可能存在过错。该案件进一步表明,一个飞行员的主要注意义务是持续性的,并不会因为空中交通管制员在特殊情况下负有警告义务而减轻,因为飞行员在

① 参见吴建端:《航空法学》,中国民航出版社2005年版,第98页。

特殊情况下可以通过其眼睛和仪器汇聚的信息注意危险。①

其实,飞行员和空中交通管制部门的职责是相互关联的,二者都必须负责航空器的安全运作。虽然法律法规赋予了机长最后的决定权并且要求机长承担航空器的安全运行,但是机长在履行职责的过程中,很大程度上必须依赖空中交通管制部门提供的服务。这些服务并不仅仅是信息的提供,也非局限于手册中规定原则的应用,而是要求空中交通管制人员尽职尽责,对其指挥管辖之下的航空器的安全运作保持高度的责任心和警惕性。②

四、空中交通管制责任险:一种规避风险的方法

航空保险是航空风险经营的方法之一,也是航空风险分散的一种方式。乌柏林根空难诉讼案件反映出人为因素是空难发生的重要因素,关涉空中交通管制员的民事责任、刑事责任,关涉空中交通管制单位引发的政府行政责任。同时,随着跨境空中交通管制服务的提供,也可能会关涉国家责任。康斯坦斯地方法院判决认为,德国联邦政府应承担民法规定的责任。法院没有公布赔偿数字,但这可能是天文数字。遭遇失事的俄罗斯航空公司此前向该法院起诉,要求德国联邦政府赔偿该公司失事飞机的损失260万欧元。敦豪国际快运公司目前也要求德国政府赔偿其3600万欧元的损失。在瑞士,2006年空管当局已经与40个俄罗斯遇难家庭达成协议,为每位死难者赔偿12万欧元。③

空中交通管制工作在确保空中交通全过程的安全、有序和迅捷方面发挥了极其重要的作用。随着世界航空业的迅猛发展,各国空管系统压力与日俱增,空难事故此起彼伏,由于空管原因导致空难事故的损失金额难以预计。尤其是空中交通管制人员经常处于高压力、高负荷的工作状态,难以避免发生人为过错,由此可能造成重大财产损失和人员伤亡。此类难以预料的巨额损失风险需要通过固定的保险费转嫁给保险公司进行分散,空中交通管制责任保险则为空管系统面临的这种责任风险提供了有效、可靠的保障。④ 特以中国人民财产保险股份有限公司《空管责任保险条款》为例加以阐释。

(一)空中交通管制责任险的保险范围

保险人同意代表被保险人支付其依法须付的作为由下述1和/或2所引起的

---

① Australian National Airlines Commission v. The Commonwealth, 132 CLR 582(1975).

② 参见吴建端:《航空法学》,中国民航出版社2005年版,第101页。

③ 参见王怀成:《从对飞机相撞空难判决看德国对私有化的忧虑》,载民航新闻网,http://news.carnoc.com/list/72/72681.html。

④ 参见郝秀辉、刘海安、杨万柳:《航空保险法》,法律出版社2012年版,第262页。

事件造成的财产损失和/或人身伤害和/或人身侵害的赔偿金的所有款项：

1. 被保险人在不同场所（包括但不仅限于空管中心、进近/终端管制区域和控制塔台）以及其他飞行相关活动（包括但不仅限于空中交通管制，通信、导航、监视、气象和航行信息等服务）履行其职责和义务的行为。

2. 被保险人使用的任何航空器，前提是被保险人：(1)不是作为航空器全部或部分的拥有者对该航空器具有利益；(2)不参与对该航空器维修或维护；(3)不参与该航空器运营人员的指定或委派。

（二）空中交通管制责任险的除外责任

1. 对被保险人拥有、出租、租借、出借或占有财产的财产损失责任；

2. 属于道路交通法规定须就机动车辆责任予以保险的任何机动车辆所引起的人身伤害和/或财产损失责任；

3. 由被保险人拥有、包租、使用的各类船只、航空器引起的人身伤害和/或财产损失责任；

4. 被保险人为了出租或获取报酬而使用的航空器，或任何被保险人生产、改造、维修、维护、加工、出售、供给或分销的产品引起的人身伤害和/或财产损失责任；

5. 被保险人为了出租或获取报酬而使用的航空器；

6. 任何被保险人生产、改造、维修、维护、加工、出售、供给或分销的产品；

7. 由被保险人生产、建造、改造、维修、维护、加工、出售、供给或分销的有缺陷的货物或产品或对其任何有缺陷的部分进行维修或更换所发生费用的责任。

五、结语

乌柏林根空难诉讼是一起关于空中交通管制服务法律责任的典型案件，案件不仅涉及空中交通管制员个人的民事责任和刑事责任，也涉及空中交通管制单位引发的行政责任，涉及跨境提供空中交通管制服务的国家责任等问题。文章分析了乌柏林根空难诉讼的案件事实和裁决要点，深入分析了跨境提供空中交通管制服务的国家责任问题，认为虽然德国和瑞士签订双边条约，但是由于条约未经批准，德国未尽到合理监管职责，需要承担国家责任。案件同时涉及飞行员和空中交通管制员的责任划分问题，应当结合案件具体情况具体分析飞行员和空中交通管制员的责任承担比例。为了进一步强化空中交通管制，提议各国尽可能投保空中交通管制责任保险，从而降低空中交通管制人员和单位的风险。当然，乌柏林根空难诉讼还有许多问题仍有待进一步深入研究，如从国内法的角度研究空中交通管制员的民事责任和刑事责任，研究空中交通管制服务私有化之后所引发的责任问题等。

民航产业民事纠纷多元解决机制完善研究

袁梦迪*

随着科技发展、产业升级以及国际形势的变化，民航领域涌现出大量的民事纠纷，如航空运输合同纠纷、侵权纠纷、航空公司劳动纠纷、商事合同纠纷等。然而，当前的民航纠纷解决机制已经难以满足现实需求，建立多元、高效的纠纷解决机制刻不容缓。现有研究多从立法学角度阐释对域外经验借鉴的立法思考，且更多关注国际民航组织争端解决机制的完善发展。本文从现实出发，结合实例探讨我国民航民事纠纷解决机制的问题与不足，并以立法完善为中心，按诉讼、仲裁、调解、协商顺序，多角度、多方向为我国构建全面规制、多方参与、多元治理的民航产业民事纠纷解决机制提出完善建议。

一、民航产业民事纠纷类型与特征

民航产业的民事纠纷指民用航空领域涉及的人身关系与财产关系的纠纷。纠纷类型分为合同纠纷与侵权纠纷两种，合同纠纷又包括商事活动主体纠纷、航空运输企业与消费者纠纷以及劳动合同纠纷等。主要具有如下特征：

其一，纠纷专业性强。涉航纠纷涉及面广、专业性强，涉及诸多专业问题，如航空器的原理与构造、航空气象、航空管制、机

* 袁梦迪，南京航空航天大学人文与社会科学学院硕士研究生，研究方向：网络法。

票销售及票务管理系统、航空新型服务产品等。审理涉航案件，可能会涉及上述专业知识，从而对法官提出较高的专业要求。

其二，纠纷解决依赖诉讼。旅客权利意识和诉讼意识的增强使争议解决更多地依赖诉讼。航空公司的客服、官网投诉等航旅纠纷的解纷机制功能有限，甚至有的旅客在投诉平台上进一步加深与航空公司的矛盾，最终形成诉讼。

其三，纠纷类型多元。民航发展初期，纠纷基本都是基于航空货物运输所产生的。然而，随着科技的发展与航空运输服务的普及，越来越多的人将民用航空作为交通出行的工具，民航运输规模的扩大与民航人员的增多使其呈现普及化、大众化的特点。因此，纠纷类型也向着多元化趋势发展，出现了诸如民航运输纠纷、商务纠纷、劳动纠纷等类型。

其四，纠纷结构分散。从最初的航空货物运输纠纷占绝对优势，到现在多类型纠纷占比零星分散。常见的有：旅客乘机过程中发生人身伤亡引发的纠纷；旅客托运行李受损引发的纠纷；旅客退改签客票支付手续费引起的纠纷；航班延误引起的纠纷；旅客个人信息泄露引发的纠纷；航空运输货物丢失引发的纠纷以及航空公司与飞行员等工作人员产生的劳动合同纠纷等，纠纷结构从集中向分散发展。

其五，纠纷诉求多样。民航纠纷出现初期，当事人多提出返还运费、返还机票钱款等单一财产主张。如今，随着经济体制的改革，当事人对纠纷的诉求不仅是弥补财产损失，更体现为对人身人格权益的保护。不仅有主张航空运输公司对延误的赔礼道歉，举报超售构成欺诈进而达成行政处罚，还有主张航空服务产品侵犯消费者知情权与选择权等类型。

其六，解纷解决依据国际化。很多国家在国内民事航空领域运用批准、采纳等方式直接或者间接地适用相关国际规定。我国是1999年《统一国际航空运输某些规则的公约》（以下简称《蒙特利尔公约》）的成员国，当案件具有涉外因素时，在人身、财产损害赔偿等方面需要优先适用国际条约的规定。航空运输行政管理部门出台的各种规章、规定在案件审理中也需要参考。

社会冲突理论认为，航空企业与消费者群体双方利益追求存在冲突与重合，且随着社会趋向国际化、现代化，民航纠纷呈现出专业、国际、分散以及多样特征，只有通过可控制、合法、高效、制度化的多元机制才能释放社会紧张、回应社会诉求、化解社会冲突。协同治理理论认为，解决纠纷应充分运用诉讼与非诉方法，聚合国家力量与社会力量，在法院依法审判，仲裁院依法仲裁，调解机构依法调解，纠纷解决机制中，多元主体团结协作，最终实现最大限度的定分止争，维护和增进公共利益。

二、民航产业民事纠纷解决机制现存问题

(一)法律体系完整性缺失,规制依据不足

其一,现有法律无法促进民航发展。我国《民用航空法》没有过多涉及多元化争议解决内容,对损害赔偿的责任归属、纠纷争议的法律竞合、损害赔偿给付的标准、举证责任、航空专业鉴定等疑难问题并无明确规定,更多规定了刑事与行政责任。因此,民航领域纠纷多采用《消费者权益保护法》《民法典》合同编及侵权编进行规制,且没有整体体系。

其二,现有法律无法保障旅客合法权益。我国目前航空事故赔偿标准明显偏低,与社会经济发展水平和人均收入水平不协调,与国际赔偿标准差距较大,这促使更多的受害者选择境外司法救济机制。《民用航空法》主要规定的是托运赔偿损害规则,而对于旅客行程延误、精神损害赔偿等方面缺乏具体规定。且《公共航空运输旅客服务管理规定》也没有全面涵盖对旅客权益的保护。以最为常见的纠纷之一民航运输拒载纠纷为例,《公共航空运输旅客服务管理规定》第31条第2款对"危及飞机安全或者公共秩序"的判断标准尚不明晰,实践中的做法更多的是依照国内各机场以及各大航空公司的管理规章,导致航空公司在是否拒载的问题上有较大自主权。自主权过大而侵害旅客登机权利事件频发的背后,是法律与统一监管的缺失。①

(二)司法资源不足,管辖存在争议

其一,司法资源不足。目前我国民航纠纷案件大多向法院提起诉讼解决,但诉讼周期长且成本高,法院判决在国外得到承认与执行的难度大。相比于海事纠纷有专门的海事法院进行管辖审判,我国并没有针对航空领域案件设置专门法庭,未能有效回应航空领域逐年递增的案件数目。② 且法官对民用航空领域的专业知识了解也不足,缺乏司法审判经验,专门审理航空案件的专业法官缺乏。

其二,司法管辖存在争议。国内民航争议管辖权主要适用我国民事诉讼法规定,而原则上我国涉外民航民事争议的管辖问题由国际条约约定。1999年《蒙特利尔公约》规定将航空运输纠纷和其他运输纠纷区别对待,尤其在"第五管辖权"问题上,第33条确定了原告住所地同时是承运人的营业地时具有管辖权。目前我国并

---

① 参见刘海安:《航空承运人滥用拒载权的法律规制》,载《法律科学(西北政法大学学报)》2015年第4期,第71~73页。

② 参见王飞、刘彬华:《涉民航纠纷案件多元解纷机制研究——以上海长宁法院为例》,载《民航管理》2021年第10期,第18页。

未将航空运输纠纷和其他运输纠纷区别对待，因此，法院在确定管辖时产生了一定争议。①

(三)仲裁机构管理混乱，不承认临时仲裁合法性

其一，仲裁机构管理混乱。目前，中国航空运输协会与上海国际仲裁中心成立了上海国际航空仲裁院，中国海事仲裁委员会在北京正式成立了航空争议仲裁中心。虽说上海国际航空仲裁院是中国航空运输协会、国际航空运输协会和上海国际仲裁中心共同签署协议而成立的，但却与上海国际仲裁中心共用《仲裁规则》与《仲裁员名册》，出现一套人马两块牌子的现象，导致在具体仲裁航空案件时出现管理混乱的问题。

其二，临时仲裁的承认与执行不对等。由我国《仲裁法》第 16 条和第 18 条规定的仲裁协议三要素可知，双方当事人必须将航空纠纷提交常设仲裁机构，即通过机构仲裁的途径予以解决。由此可见，我国《仲裁法》实际上否认了航空临时仲裁在国内的合法性，临时仲裁在我国无法得到执行保障。中国政府于 1987 年加入了《承认及执行外国仲裁裁决公约》(以下简称《纽约公约》)，②根据公约规定，只要临时仲裁协议在某缔约国是合法有效的，而当事人双方依据该临时仲裁协议在该缔约国进行临时仲裁获得仲裁裁决，中国作为《纽约公约》的缔约国，就有义务承认该仲裁裁决。中国否认在中国进行的临时仲裁的合法性，但是承认《纽约公约》缔约国临时仲裁裁决。因临时仲裁的合法性不被诉讼法所承认，使上海国际航空仲裁院缺乏一定专业性，而选择诉讼途径又背离了国际惯例而不为国际所推崇，且诉讼时间过长也不利于及时维权，选择在域外进行临时仲裁又将导致成本过高失去仲裁本来的优势。③

(四)调解机构群众认知不足，未与国际接轨

上海航空争议调解中心是全国首个航空争议调解中心，其在长宁法院与虹桥经济园区都建立了专门的调解工作室。但民众对此认知不足，更依赖于诉讼手段解决问题，遇到问题时的第一反应仍是“上告”“打官司”。目前很多消费者会选择网络平台购买机票，但由于种种原因退款时，便会遇到对退款条款不理解、迟迟找

---

① 参见肖建华、包建华:《论民航纠纷的民事诉讼程序问题》，载《东岳论丛》2012 年第 12 期，第 174 页。

② 参见李建忠:《临时仲裁的中国尝试:制度困境与现实路径——以中国自贸试验区为视角》，载《法治研究》2020 年第 2 期，第 31 ~ 43 页。

③ 参见张超汉、张宗师:《国际航空仲裁制度研究——兼评 1999 年〈蒙特利尔公约〉第 34 条》，载《北京理工大学学报(社会科学版)》2017 年第 4 期，第 117 ~ 118 页。

不到直接对接方、民航企业处理效率低等棘手问题,加上对人民调解的认知度低,最后只能通过诉讼途径解决纠纷。其实,民航领域民事纠纷的案情并不复杂,群众选择的解决方法却将问题复杂化了。[①] 此外,随着《联合国关于调解所产生的国际和解协议公约》(以下简称《新加坡公约》)对我国生效,符合公约的调解协议将具有终局效力与强制执行力,而我国商事调解制度仍处于起步初期,如何与国际接轨从而构建成熟的国际商事调解制度有待进一步研究。

另外,目前关于航空争议调解只推进线下诉调对接工作,网上"一体化"化解平台尚未建成,各平台之间的数据壁垒也尚未打破。同时,内外网系统未能实现对接,一些涉民航纠纷案件在外网完成案件调解,而司法确认还需要通过内网操作完成,即案件承办人需要分别在内外网系统按照不同要求完成不同操作,增加了当事人负担。

(五)投诉处理效率低,投诉平台管理混乱

其一,投诉行为不被重视,处理效率低。我国民航纠纷还可以通过协商解决,如通过航空企业人工客服和投诉电话等。对于民航的其他工作而言,由于投诉内容基本不会涉及人身安全问题,航空消费者的投诉管理工作长期未受到重视。在处理投诉的过程中,也往往采取消极应付的态度,没有妥善地对问题进行分析以及解决。一些公共航空运输企业还将电话咨询与投诉受理业务进行了合并,甚至出于成本的考虑进行业务外包,使得投诉受理与问询放在了一起,大大降低了投诉的处理效率。

其二,平台缺乏统一规范。目前存在诸多航空纠纷协商解决的服务平台,如申诉索赔平台 Air help,专注于航空投诉处理的 Fed up 平台,专为旅客提供维权服务的 Flight Delay 平台,航空消费者权益保障的投诉平台黑猫 App 以及 12315 消费者热线等。2021 年 9 月,民航服务质量监督平台的正式启用也为我国民航纠纷协商解决的多元路径进行了积极探索,但是线上线下协商机制并没有得到有效融合与流畅衔接,无形间增加当事人协商成本,从而降低了解决纠纷的效率。同时,不同平台间专业水平良莠不齐与回应的差异也有可能造成更严重的群体对立;对获利模式也没有作出统一规制,更多依靠平台自身管理从而缺乏规范性。例如,Air help 平台直接按照赔偿金的 25% 收取酬金,利润过高。

---

① 参见穆子砺:《鉴往知来,砥砺前行——回顾中国贸促会、中国国际商会调解中心发展历程 展望中国商事调解发展前景(上)》,载《商事仲裁与调解》2020 年第 2 期,第 156 页。

三、民航产业民事纠纷解决机制完善路径

(一)加强航空法律体系构建

应尽快出台关于审理民用航空运输纠纷的专门司法解释,从而对航空运输合同违约、航空运输侵权、飞机延误责任、延误保险责任、消费者权益保护机制、航空旅客纠纷机场调解机制、航空运输纠纷仲裁机制与仲裁执行、航空权益判决的跨境执行、司法公证、航空纠纷举证责任、证据采集、航空事故鉴定、民用飞行器查封、拍卖与司法强制执行的适用条件等问题明确给予司法指导和释明。

例如,在航空赔偿双轨制问题上,面对私法条约在我国灵活适用的情境,应转化1999年《蒙特利尔公约》,使其成为《民用航空法》承运人责任部分的主要条款,提高旅客人身、随身携带物品、托运行李和运输货物的赔偿限额。明确航空事故尤其是空难事故的诉讼管辖,使国内航空运输和国际航空运输赔偿标准趋于统一,平衡多方利益,体现市场经济平等性。①

同时,为贯彻落实党的十九届四中全会关于加强涉外法治工作的有关要求,应充分考量条约实施效果,进一步明确航空运输纠纷案件中国际公约的国内适用,合理化解国际法与国内法在司法管辖与法律适用上的矛盾与冲突,平衡多方利益。还应积极参与民航领域的国际立法和标准制定,向世界提供中国经验。

(二)法院层面

其一,强化人才培养。应尝试依据民航机场吞吐量排名及国内主要城市的分布情况设立专门航空审判法庭,提前介入典型的重大航空纠纷、航空事故、航空产品质量责任事件。同时着重培养人才,对法官加强专业知识的培训。在法官的遴选上,可以从其他法院吸收有丰富审判经验或具备相关专业知识的法官充实队伍;也可以借鉴国外法官的选拔方式,将富有航空法律实务经验的律师、大学教授等选调到航空审判法官队伍中来。同时,法官应严格依照最高人民法院《关于统一法律适用加强类案检索的指导意见(试行)》,确立人民法院办理案件应当进行类案检索的具体情形,鼓励案件当事人及其诉讼代理人提交类案作为诉辩理由,从而解决长期以来航空领域案件审理裁判尺度不统一的问题。且由于部分涉外案件适用统一规则的国际公约,也有通过当事人提交参考案例的方式借鉴其他缔约国家适用公约的裁判思路,提升我国涉外航空案件审理的国际影响力。

---

① 参见王立志:《〈蒙特利尔公约〉的国内化与适用:问题与出路》,载《武大国际法评论》2023年第2期,第131~132页。

其二,落实管辖国际化。管辖应体现中国法院恪守国际条约义务,切实保障自由贸易试验区法治化、国际化、便利化营商环境的司法立场,借鉴第五管辖权确有必要。① 我国法院也在判决中明确了《蒙特利尔公约》相对于《关于统一国际航空运输某些规则的公约》(以下简称《华沙公约》)及其《海牙议定书》的优先适用。② 因此,对公约适用的分析路径,无须从《涉外民事法律关系适用法》入手,而应从是否构成"国际运输"直接判定公约的适用性,从而积极应用第五管辖权的相关规定,并根据国情将域外法律语言转为国内法律用语,保护消费者利益,符合国际航空运输管辖权趋势。③ 当然,由于《蒙特利尔公约》对于管辖权的规定存在争议,如"地指具体地"还是"地指国"仍需进一步研究。

(三)仲裁层面

其一,承认临时仲裁合法性。《2021年国际仲裁调查报告》显示上海已经成为全球十大仲裁地之一,④因此,应以上海国际航空仲裁院为试点,承认临时仲裁的合法性。⑤ 同时,借鉴学习同为自由贸易区的珠海横琴自贸区临时仲裁的成功经验,参考珠海仲裁委员会通过的《横琴自由贸易试验区临时仲裁规则》对临时仲裁制度进行尝试与补足,尽快出台自己的临时仲裁规则。⑥ 也就是在不改变上位法《仲裁法》的前提下,通过最高人民法院出台的《关于为自由贸易试验区建设提供司法保障的意见》等方式为中国(上海)自由贸易试验区进行政策松绑。⑦ 该意见虽只字未提临时仲裁,但也表达出对区域性实践开发创新行为的鼓励,既不违反上位法,又可以达到制度创新,从而进一步扩大上海国际航空仲裁院案源,提高认可度。⑧

---

① 参见宋刚、耿绍杰:《浅析国际航空运输第五管辖权》,载《北京航空航天大学学报(社会科学版)》2020年第4期,第131~132页。

② 参见新时代国际运输服务有限公司上海分公司航空货物运输合同纠纷案,上海市浦东新区人民法院(2015)浦民二(商)初字第S5130号民事判决书。

③ 参见张望平:《试论我国民事诉讼不方便法院原则在〈蒙特利尔公约〉下的适用》,载《甘肃政法学院学报》2018年第1期,第112~115页。

④ 参见英国玛丽女王大学《2021年国际仲裁调查报告》,载中国仲裁法学研究会,http://caal.chinalaw.org.cn/portal/article/index/id/1187.html。

⑤ 参见赖震平:《我国商事仲裁制度的阙如——以临时仲裁在上海自贸区的试构建为视角》,载《河北法学》2015年第2期,第156~165页。

⑥ 参见毋爱斌:《〈仲裁法〉引入临时仲裁制度体系论》,载《社会科学家》2022年第4期,第106~107页。

⑦ 参见张建:《构建中国自贸区临时仲裁规则的法律思考——以〈横琴自由贸易试验区临时仲裁规则〉为中心》,载《南海法学》2017年第2期,第79页。

⑧ 参见:汤霞《临时仲裁制度在我国自贸区适用的困境与纾解》,载《国际经济法学刊》2020第4期,第49~58页。

其二，完善国际民用航空商事仲裁制度。首先，明确上海国际航空仲裁院与上海国际仲裁中心的关系以及上海国际航空仲裁院的独立地位，并对二者进行区分，从根源上避免管理混乱。其次，可借鉴英国民航局建立在消费者与航空公司之间的"互联网＋仲裁"模式，仲裁人员必须具备"专业知识、独立性和公正性"，给予充足行政监管的同时，最大限度让仲裁机制自由发展，充分发挥民航局及业内协会的重要作用，从而保障消费者权益。[①] 最后，应提高工作人员水平，完善仲裁机构设置，改革管理模式，施行临时仲裁与机构仲裁双轨制模式，并将审管合一与审管分离相结合，构建国际化、专业化、高质量的航空仲裁中心。[②]

（四）调解层面

首先，政府应给予有力支持。相关部门应推进商事调解立法，对与《新加坡公约》不符之处尽快调整修改，并继续在航空产业聚集地区设立航空争议调解中心，高效解决纠纷。其次，开展商事调解基础设施建设。成立商事调解行业协会，明确调解机构运营管理，提高调解员专业水平；[③]且定期进行争议会商研讨工作。对纠纷解决工作中的问题进行商讨研究，学习专家意见，全方位提高调解中心解决航空纠纷的能力。[④] 再次，应用科技手段。参考互联网法院的建设，针对地域相隔较远的民航纠纷主体发展线上调解，节省时间与金钱成本，从而调动民航纠纷主体通过调解手段解决问题的积极性与自愿性。[⑤] 最后，加大调解机构的社会宣传。向群众普及调解方便快捷的优势，减轻民众对诉讼的依赖性。

（五）协商层面

其一，民航企业重视消费者投诉，加强人员管理培训。民航企业应改变观念，重视消费者投诉与维权，对其保持基本尊重并高效解决问题。应建立专门部门对投诉行为进行处理，并设置处理期限，明确处理要求，及时高效地解决问题。民航企业只有对投诉产生了正确的认知，才能针对投诉内容对自身产品、服务进行完善与改进。还应该加强对消费者权益保护知识的重视与学习，依照《工商行政管理部

---

① 参见张铁铁：《我国法律制度对商事仲裁性质的误解——从临时仲裁淡起》，载《北方法学》2020年第4期，第98～110页。

② 参见何晶晶：《〈仲裁法〉修改背景下我国引入临时仲裁制度的几点思考》，载《广西社会科学》2021年第12期，第115页。

③ 参见王宇石：《我国自由贸易试验区商事调解制度的优化与创新——以〈新加坡公约〉为背景》，载《求索》2022年第5期，第175～177页。

④ 参见叶莳：《航空争议调解机制建设若干问题探析》，载《民航管理》2021年第10期，第15页。

⑤ 参见黄进、宋连斌：《国际民商事争议解决机制的几个重要问题》，载《政法论坛》2009年第4期，第5～7页。

门处理消费者投诉办法》展开协商工作,要求协商人员掌握一定的心理谈判技巧,提升表达能力,根据当事人需求选择合适的解决措施与表达方式,从而化解矛盾,争取将纠纷解决于细微处。

其二,构建统一的管理规范。针对市场上良莠不齐的投诉协商平台,应尽早建立统一的管理规范和有力的市场监管,针对平台的资质审查、风险防控、盈利模式、管理规章等方面进行细致规定。针对消费者与航空公司"双方叫屈"的现象,平台应秉持公平公正的立场,依法为消费者提供法律帮助,协助消费者维权,但不应助长"谁闹谁有理""谁闹谁获赔"的不良气焰。此外,网络投诉协商平台也应为投诉者和企业提供对等的交流机会,如此才能避免平台沦为片面、失实信息的温床。在具体的监管手段上,有关部门既应对现有的网络投诉平台提出更明确统一的行为准则,为其划定权责边界、压实主体责任,也可考虑设立由工商部门和监管单位主导、协会组织和社会参与的多方联动的行业投诉平台,从而更好地确保投诉受理与处置的公正性。

四、结语

目前,我国民航领域民事纠纷解决机制存在诸多问题。这与我国航空产业发展起步较晚有很大关联,因此,可参考借鉴域外成熟民航纠纷治理经验,对现有法律法规进行增补完善,重视纠纷解决的国际衔接。我国民航纠纷多元解决机制的构建,首先,立法领域应完善法律体系,加快司法解释管理办法的出台。其次,司法领域应健全人才培养,加大航空专门法院的建设,明确管辖问题,体现国际化。再次,仲裁领域应尽快对临时仲裁的合法性予以认可并出台相应仲裁规则,健全仲裁机构模式与法律效力,逐步构建常态化国际民用航空商事仲裁制度。又次,应从政府支持、人才建设、研讨机制、科技运用与法制宣传多方面完善民航纠纷中诉前调解机构的建设,强化调解作用。最后,应改变民航企业对投诉的观念,重视航空公司平台的投诉维权功能,争取在线解决并统一对多样投诉平台进行规范治理,将纠纷化解于微处,防患于未然。

论航空运输格式管辖协议效力

——以民法典与民事诉讼法的衔接为视角 *

刘文勇　李　喆**

一、问题的提出

根据我国《民法典》第496条第1款的规定,格式条款是指当事人为了重复使用而预先拟定,并在订立合同时未与对方协商的条款。① 由于格式条款双方经济地位不平等和资讯获得难易程度不同,优势一方容易利用格式合同侵害弱势一方权益,因此需要加强对定型化契约的管制。② 一般而言,对格式条款可以从订立程序和实体内容两方面进行规制,亦即合同订立程序方面的规制采用的是信息控制③,在合同条款内容方面的规制

* 基金项目:国家社科基金青年项目“习近平法治思想中的程序法治要义研究”(项目批准号:21CFX030)。

** 刘文勇,中国民航大学法学院讲师,法学博士,研究方向:民事诉讼法、民法。李喆,中国民航大学法学院本科生。

① 我国1993年《消费者权益保护法》采用的是格式合同的称谓,而2013年《消费者权益保护法》和1999年《合同法》《民法典》均采用的是格式条款的称谓,两者含义实际上相同。域外国家或地区对此称谓各不相同,有一般契约条款、定型化契约、附和契约等。

② 参见陈聪富:《契约自由与定型化契约的管制》,载《月旦法学杂志》2002年第5期,第52页。

③ 信息规制的方法侧重于从程序控制的角度消弭格式条款相对方之间的信息不对称,直接对条款制定方课加信息提供义务。参见邢会强:《信息不对称的法律规制——民商法与经济法的视角》,载《法制与社会发展》2013年第2期。

采用的是内容控制(效力控制)①。当然,上述两种方式并非排斥关系,多数国家或者地区均兼采两种路径,只是立法的侧重点有所不同。②

我国1999年《合同法》(已废止)第39、40条也分别从信息控制和内容控制出发规制格式条款,体现为格式条款的纳入制度、不公平条款制度。需要注意的是,在格式条款的纳入制度方面,最高人民法院《关于适用〈中华人民共和国合同法〉若干问题的解释(二)》(以下简称《合同法解释二》,已废止)第9条规定:"提供格式条款的一方当事人违反合同法第三十九条第一款关于提示和说明义务的规定,导致对方没有注意免除或者限制其责任的条款,对方当事人申请撤销该格式条款的,人民法院应当支持。"可见,《合同法解释二》所采取的方案是格式条款违反提示、说明义务,可以因申请撤销而无效而非不成为合同的内容。针对上述格式条款的法律效果,《民法典》第496条进行了修改,明确提供格式条款的当事人未履行提示或者说明义务的,对方可以主张该条款不成为合同的内容,即完全采纳了订入规制。因此可以说,《民法典》第496、497条分别从格式条款的订立和内容方面实现了格式条款的完整性规制。

就当事人签订的格式管辖协议而言,在2015年最高人民法院《关于适用〈中华人民共和国民事诉讼法〉的解释》(以下简称《民诉法解释》)颁布之前,我国司法实践对格式管辖协议效力认定依据的是原《民法通则》、1999年《合同法》、《消费者权益保护法》等实体法。《民诉法解释》第31条的施行,使得我国对格式管辖协议的规制有了程序法上的直接依据,这对消费者与经营者之间的格式管辖协议效力的认定具有非常积极的意义。2018年最高人民法院《关于互联网法院审理案件若干问题的规定》第3条第2款也规定:"电子商务经营者、网络服务提供商等采取格式条款形式与用户订立管辖协议的,应当符合法律及司法解释关于格式条款的规定。"该规定虽未直接指出当事人通过互联网方式签订格式管辖协议的认定标准,但是其指明了应适用的法律依据。具体到航空运输领域,航空承运人(航空公司)与旅客、托运人签订的航空运输合同,大体可以分为两类:一类是作为旅客、托运人的自然人与航空承运人签订的航空运输合同,其符合消费合同的特征,应以消费者与经营者之间的法律关系分析两者签订的格式管辖协议效力;另一类是作为托运人的法人、非法人组织等与航空承运人签订的航空运输合同,该类合同属于商事合

① 内容控制的方法则直接控制格式条款的内容,即通过司法审查事后确认诉争格式条款无效。参见韩世远:《合同法总论》,法律出版社2014年版,第845页。

② 参见解亘:《格式条款内容规制的规范体系》,载《法学研究》2013年第2期,第103页。

同,两者签订的格式管辖协议效力一般不具有特殊性。①

具体而言,根据《民诉法解释》第31条的规定,可知其对格式管辖协议效力的判断是从合同订立程序方面展开的,在经营者未以合理方式提请消费者注意管辖协议的情形下,消费者可以主张该管辖协议无效。至于格式管辖协议内容对管辖协议效力的影响,《民诉法解释》则未作出相应的规定。② 从《民诉法解释》第31条的规定来看,其明显受到了1999年《合同法》第39条及《合同法解释二》第9条规定的影响,也存在混淆协议成立与生效等问题。在当前《民法典》已经施行的情形下,上述《民诉法解释》有关格式管辖协议订立程序的内容应及时修改,同时增加规定管辖协议内容对管辖协议效力的影响,使其能够与《民法典》及其司法解释中有关格式条款的规定相衔接、匹配。

此外,随着互联网等科技的迅速发展以及受新冠疫情的影响,近年来各地法院在线诉讼逐步兴起,尤其是在2021年《民事诉讼法》的修正③和《人民法院在线诉讼规则》《人民法院在线调解规则》《人民法院在线运行规则》等施行的背景下,包括航空运输合同在内的当事人通过在线诉讼方式参加诉讼、解决争议的情形逐渐增多。线上诉讼与线下诉讼相比,不仅方便当事人参加诉讼,也节约诉讼成本,仅是法院对格式协议管辖效力的认定受到一定影响。

二、航空运输格式管辖协议的信息控制

(一)《民诉法解释》第31条与《民法典》第496条第2款的比较

针对格式管辖协议,《民诉法解释》第31条规定:"经营者使用格式条款与消费者订立管辖协议,未采取合理方式提请消费者注意,消费者主张管辖协议无效的,人民法院应予支持。"该条规定了消费者主张格式管辖协议无效的构成要件,具体包括:其一,管辖协议为格式条款;其二,经营者未采取合理方式提请消费者注意。④ 与此相对应,针对格式条款,《民法典》第496条第2款规定:"采用格式条款订立合同的,提供格式条款的一方应当遵循公平原则确定当事人之间的权利和义务,并采

---

① 本文对航空运输格式管辖协议效力的分析仅聚焦于作为消费者的旅客、托运人与航空承运人签订的格式管辖协议。

② 参见肖建国、刘文勇:《消费格式合同管辖协议效力研究——兼论〈民诉法解释〉第31条的规定》,载《北方法学》2019年第6期,第61页。

③ 《民事诉讼法》第16条规定:"经当事人同意,民事诉讼活动可以通过信息网络平台在线进行。民事诉讼活动通过信息网络平台在线进行的,与线下诉讼活动具有同等法律效力。"

④ 关于消费格式管辖协议成立、生效的一般要件,具体可以参见肖建国、刘文勇:《消费格式合同管辖协议效力研究——兼论〈民诉法解释〉第31条的规定》,载《北方法学》2019年第6期,第61~63页。

取合理的方式提示对方注意免除或者减轻其责任等与对方有重大利害关系的条款,按照对方的要求,对该条款予以说明。提供格式条款的一方未履行提示或者说明义务,致使对方没有注意或者理解与其有重大利害关系的条款的,对方可以主张该条款不成为合同的内容。"根据上述规定,接受格式条款的一方符合下列条件的,可以主张该条款不成为合同的内容,也即双方当事人就该条款没有形成合意:其一,合同条款为格式条款;其二,提供格式条款的一方未采取合理方式提示对方注意或者按照对方的要求予以说明;其三,格式条款须与接受格式条款一方有着重大利害关系。

将《民法典》第496条提供格式条款的一方和接受格式条款的一方限定为经营者与消费者时,其与《民诉法解释》第31条的规定在诸多方面存在相似之处,如要求经营者以合理的方式提示消费者注意格式条款。管辖协议涉及消费者选择法院的权利,应属于对其有重大利害关系的条款。不过,两者也存在以下显著的不同之处:其一,在经营者的义务方面,《民诉法解释》第31条仅规定了经营者的提示义务(提请注意义务),而没有如同《民法典》那样明确规定说明义务;其二,在法律效果上,一个是格式条款不成为合同的内容(格式条款不成立),另一个是格式管辖无效协议。对上述不同之处,有必要展开进一步的分析。

第一,《民诉法解释》第31条规定的提请注意义务。《民法典》第496条规定的提示义务与说明义务,主要来源于1999年《合同法》等的相关规定。1999年《合同法》第39条及《合同法解释二》第6条规定了提供格式合同一方的提请注意和说明的义务。对于任何格式条款,都必须由条款的制定人向相对人提示,只是对于格式化的免责条款,条款的制定人应当尽到更高的提示义务。① 而且,只有在合同相对人要求的情形下,格式条款的制定人才负有予以说明的义务。② 也就是说,对于格式合同的说明义务,不是主动而是被动的,这与主动提示不同。按照《消费者权益保护法》第26条的表述,消费格式合同的说明义务也是被动的。那么,对于消费格式管辖协议中的提请注意义务的内涵应当如何理解呢?仅从文义解释来看,提请注意义务即为提示义务,而且都带有经营者应主动为之的含义,从而认为《民诉法解释》规定的提请注意义务与提示义务内容相同,但不包括说明义务。

不过,从体系解释以及目的解释而言,则应将说明义务纳入提请注意义务之中。具体理由如下:其一,《民法典》《消费者权益保护法》都规定了提示义务和被动

---

① 参见崔建远:《合同法总论》(上卷),中国人民大学出版社2008年版,第143页。

② 参见王洪亮:《债法总论》,北京大学出版社2016年版,第59页。

说明义务，作为程序法上的消费格式管辖协议，属于对消费者有重大利害关系的条款，应当采取与实体法上消费格式合同一致的标准；其二，提请注意义务的内涵为提示义务和被动说明义务，能够强化提供格式条款一方的经营者责任，充分保障消费者的知情权。因此，更为妥当的做法应当还是从立法上明确经营者的说明义务，可具体规定如下：采用格式条款订立管辖协议的，经营者应采取合理方式提示消费者注意，按照消费者的要求予以说明。

第二，分析经营者未履行义务时格式管辖协议的法律效果。根据《民法典》第496条第2款的规定，提供格式条款的一方未履行提示或者说明义务，致使对方没有注意或者理解与其有重大利害关系条款的，对方可以主张该条款不成为合同的内容。该款的规定改变了《合同法解释二》第9条规定的，对方可以主张撤销格式条款的这一法律效果。1999年《合同法》及《合同法解释二》颁布之初，关于提供格式条款一方违反提请或者说明义务的法律效果，实务界与理论界就存在较大争议。最高人民法院权威解释认为，若将格式条款直接视为未订入合同，普通消费者在思维上会产生“逻辑混乱”，社会大众很自然地认为格式条款就是合同的载体，当然对合同当事人具有约束力，如果不想受其约束，请求法院撤销即可。① 该种观点认为格式条款已纳入合同之中，提供格式条款的一方违背提示或者说明义务对格式条款的效力产生影响的，对方可以主张撤销该格式条款从而摆脱约束。学界主流观点则认为，提供格式条款的一方既然违背提示或者说明义务，对方未注意到该条款，因为当事人就该条款没有达成合意，因此不应成为合同的一部分。② 从实际的法律效果来说，格式条款不成立或者无效，对当事人的影响几乎相同。

但是，两种法律效果在逻辑上存在明显区别。合同是否成立属于事实判断，而合同是否有效则属于价值判断，事实判断优先于价值判断。而且，撤销权还存在除斥期间限制当事人权利行使等问题。因此，从立法上来看，《民法典》吸收了学界主流意见，明确规定提供格式条款一方未履行提示或者说明义务时格式条款不成立这一法律效果。

如前文所述，《民诉法解释》第31条有关格式管辖协议的规定受到了1999年《合同法》及《合同法解释二》规定的影响，认为经营者未以合理方式提请消费者注

---

① 沈德咏主编：《最高人民法院关于合同法司法解释(二)理解与适用》，人民法院出版社2009年版，第87页。

② 参见王利明：《合同法研究》(第1卷)，中国人民大学出版社2002年版，第393页；崔建远主编：《合同法》，法律出版社2015年版，第39页；韩世远：《合同法总论》(第4版)，法律出版社2018年版，第922页。

意格式管辖协议的,消费者可以主张合同无效。实际上,也混淆了合同的成立与生效。管辖协议也属于当事人之间合意成立的一种合同,因此也有协议成立与生效两种依次递进的状态。作为对当事人程序权利影响重大的管辖协议,在作为经营者的航空公司没有履行提示或者说明义务时,应认为作为消费者的旅客、托运人可以主张该管辖协议不成立从而不受该管辖协议约束。既然管辖协议并未纳入航空运输合同之中,法院应依法定管辖即《民事诉讼法》第28条的规定确定航空运输纠纷案件的管辖法院。

(二)"合理方式"的认定及其标准

在明确了航空公司等经营者对格式管辖协议的提示义务和说明义务后,有必要进一步考察航空公司等经营者履行提示义务的"合理方式"。对此问题,《民诉法解释》第31条没有作出明确的规定,因而有必要结合《民法典》等实体法关于格式条款提示方式的认定标准展开分析。《民法典》第496条、1999年《合同法》第39条对提示义务的认定标准采用的也是"合理的方式"表述。并且,《合同法解释二》第6条认为"合理的方式"是"采用足以引起对方注意的文字、符号、字体等特别标识,并按照对方的要求对该格式条款予以说明"。此外,《消费者权益保护法》第26条采用的是"显著方式"的表述,判断提示义务履行标准的"显著方式"主要指案涉条款外形是否具有引起普通消费者注意的显著性,是否易于辨识,是否通俗易懂,包括传统交易模式中的利用字体、版面位置等方式掩盖条款,或电子商务中通过设置不方便的网络链接等技术手段掩盖条款,均可视为没有达到"显著方式"的标准。[①] 此外,涉及格式条款提供一方提示义务的还有《保险法》,该法第17条第2款采用的是"足以引起投保人注意"的表述,同时2020年最高人民法院《关于适用〈中华人民共和国保险法〉若干问题的解释(二)》(以下简称《保险法解释二》)第11条认定提示义务的标准是"足以引起投保人注意的文字、字体、符号或者其他明显标志"。

《民法典》《消费者权益保护法》《保险法》等法律中关于提示的标准是否相同?笔者认为,基于保险合同、消费合同的特殊性,原则上这两类合同中提供格式条款的一方应尽到比一般格式条款更高的提示义务。从规定来看,三者表述虽然不同,但是难以从字面上通过文义解释划定三个标准的严格性梯度;同时《合同法解释二》和《保险法解释二》将"合理的方式"和"足以引起投保人注意"都解释为"足以引起注意的文字、符号、字体等特别标识(明显标志)",未对"合理方式"作出实际

① 参见李适时主编:《中华人民共和国消费者权益保护法释义》,法律出版社2013年版,第113页。

操作层面上更为具体的解释。而学界对于该问题的探讨侧重于归纳或罗列判断提示或者说明义务履行是否“合理”或“充分”时应考量的因素，如文件的外形、提请注意的时间、提请注意的方法、提请注意的程度等①，对“合理方式”标准的认定也不尽相同。

此外，就“合理方式”的认定标准而言，航空公司等经营者的提请注意应该达到什么样的程度才能认为其已尽其义务，可以考虑的标准有经营者标准、消费者标准及理性人标准。首先，原则上不能采纳经营者标准，该标准主要是按照经营者标准进行判断，明显不利于消费者合法权益的保护。其次，考虑到经营者与消费者权利义务的平衡，应当以理性人标准为原则，兼采与经营者签订管辖协议的消费者理解标准。也就是应以普通消费者即理性人的认知理解水平为一般性标准，以特殊个体消费者的理解水平为例外。但无论是普通消费者还是特殊消费者，经营者提示均应达到使其注意管辖条款的程度。② 对于普通的旅客，航空公司采取一般能使其理解格式管辖协议内容与效力的方式即可，如针对格式管辖协议条款标红、标粗等。但是对于特殊的旅客(盲人、聋哑人等)，仅按照前述方式无法使其注意管辖协议的，应当采取特别的提示方式，如语音提示等。最后，格式条款具体内容的不同，对经营者提示的标准也会产生一定影响，需要进行类型化构建和分析。就格式管辖协议而言，属于改变法律强许可的格式条款，应予单独的提示。③ 当前，旅客等消费者通常通过各大航空公司的App或者携程、飞猪、美团等平台与航空公司签订航空运输合同，即通过互联网方式签订合同，涉及的格式条款并不限于管辖协议，还包括其他一系列实体法上的格式条款，如责任赔偿限额的条款。若所有的格式条款均采用标红、标粗，很难真正起到提示旅客的效果，因此航空公司应当针对不同的格式条款采用不同的提示方法，对消费者权益影响越大的格式条款应当采用更为明显的提示方法。

---

① 参见王天凡:《〈民法典〉第496条(格式条款的定义及使用人义务)评注》，载《南京大学学报(哲学·人文科学·社会科学版)》2020年第6期，第59~60页；朱广新:《合同法总则》(第2版)，中国人民大学出版社2012年版，第122~123页；苏号朋:《格式合同条款研究》，中国人民大学出版社2004年版，第156~167页。

② 例如，在注册时以弹窗方式向用户提供服务协议，同时以粗体下划线标识管辖条款，并要求用户使用前对用户协议点击同意。参见史沐慧:《电子商务平台个人信息民事管辖问题研究——基于2018—2020案件实证剖析》，载《海南大学学报(人文社会科学版)》2021年第1期，第168页。

③ 参见安晋城:《类型化建构与格式条款提示标准的确定》，载《吉林大学社会科学学报》2021年第3期，第93页。

三、航空运输格式管辖协议的内容控制

上文论述明确了航空运输格式管辖协议订立时,航空公司等经营者应以合理方式履行提示义务或者说明义务。航空运输格式管辖协议成立后,需要考虑的是,旅客等消费者除了可以主张一般的合同无效事由外,是否可以以格式管辖协议的内容不合理、不公平等为由主张管辖协议无效?也即应否对航空运输格式管辖协议进行特别的内容控制?对此,有必要结合《民法典》第497条、最高人民法院《关于审理网络消费纠纷案件适用法律若干问题的规定(一)》(以下简称《网络消费纠纷规定一》)等的规定进行分析。

需要明确的一点是,航空运输格式管辖协议成立后,旅客等消费者以管辖协议的内容不合理、不公平等事由主张管辖协议无效的,应属于格式管辖协议成立之后管辖协议内容方面的问题。笔者认为,管辖协议内容对管辖协议效力的影响,主要是旅客等消费者可否以格式管辖协议限制或者排除消费者选择法院的权利,加重其管辖负担为由主张协议无效。

1999年《合同法》第40条除了规定一般合同无效事由外,还规定了格式条款无效的特殊事由,即提供格式条款一方免除其责任、加重对方责任、排除对方主要权利的条款无效。而根据《消费者权益保护法》第26条第2款规定,经营者以格式条款作出排除或者限制消费者权利、减轻或者免除经营者责任、加重消费者责任等对消费者不公平、不合理的规定无效。① 从上述规定来看,经营者与消费者签订的消费格式合同,与普通的格式合同在无效事由上存在一定的差别,即消费格式合同无效事由更广,包括限制消费者权利的条款。不过,《民法典》第497条的规定吸收了《消费者权益保护法》第26条的规定,格式合同特殊无效事由包括提供格式条款一方不合理地免除或者减轻其责任、加重对方责任、限制或者排除对方主要权利等。一般而言,《民法典》第497条、《消费者权益保护法》第26条所规定的权利、责任是消费者实体法上的权利、责任,如"商品一旦售出,概不负责"等免除经营者责任的格式条款。而消费格式管辖协议,属于程序性的争议解决条款,在消费者不寻求司法救济时,该条款将不会被使用。从这个角度而言,难以认定该条款加重了消费者实体上的责任或者是限制、排除了消费者实体上的权利。但是上述认识将随着

① 类似的规定,可见我国台湾地区"消费者保护法"第12条,其第1项规定:"定性化契约中之条款违反诚信原则,对消费者显失公平者,无效。"因此,诚信原则和现实公平,是消费者保护法判断定型化企业条款效力的准绳。参见詹森林:《消费者保护法发展专题回顾:定型化契约之理论与实务发展》,载《台大法学论丛》2014年第43卷特刊,第1356页。

2022年3月15日施行的《网络消费纠纷规定一》而发生改变。这是因为,《网络消费纠纷规定一》第1条明确规定了,电子商务平台经营者的格式条款内容具有排除或者限制消费者依法投诉、举报、请求调解、申请仲裁、提起诉讼权利的,消费者可以主张无效。从该规定看,航空公司作为电子商务平台经营者之一,与旅客等消费者签订的格式管辖协议排除或者限制了消费者提起诉讼的权利,应属无效的格式管辖协议。

旅客与航空公司的诉讼纠纷,通常是旅客追究航空公司违约责任。在航空公司与旅客签订航空运输合同过程中,一旦旅客接受航空公司的格式管辖协议(管辖协议通常约定的法院是被告住所地法院或者经营者所在地法院),发生纠纷的,原告为旅客、被告为航空公司,被告住所地或者经营者所在地法院即为航空公司所在地法院。当旅客住所地与航空公司所在地不同时(实际上航空运输多为中长距离运输,旅客住所地与航空公司所在地绝大部分并不一致),消费者起诉航空公司要求其承担违约责任存在较大的障碍与不便。尤其是当消费者进行诉讼的成本比其要求经营者赔偿的金额多时,旅客很可能因此放弃通过诉讼的方式追究航空公司的违约责任,自认吃亏或者被迫与航空公司达成诉讼外和解。笔者认为,航空公司与旅客等消费者签订的格式管辖协议,虽然不是实体权利、义务或者责任的范畴,但从程序权利来看,可以将其归入限制或者排除消费者选择法院管辖这一程序权利的范畴。《网络消费纠纷规定一》第1条是《民法典》第497条的细化,限制或者排除消费者提起诉讼的权利自然包括经营者以格式管辖协议限制或者排除消费者选择法院的权利这种情形。① 这一规定在终端上保护消费者,对形式控制无法过滤的格式条款进一步评价筛除,实现保护消费者的实质正义。②

需要特别注意的是,并非所有格式管辖协议都属于限制或者排除消费者选择法院管辖的权利的协议。法院在审理航空公司与旅客的运输合同纠纷时,应当综合考虑各种因素慎重认定格式管辖协议的效力,尤其是要从旅客等消费者应诉的成本角度进行考虑。根据《民事诉讼法》《人民法院在线诉讼规则》的相关规定,航空公司与旅客的案件全部或者主要阶段在线上进行,与旅客到航空公司所在地进行的线下诉讼相比,旅客等消费者应诉负担要轻得多,此时法院不能仅以格式管辖协议限制或者排除了旅客选择管辖法院的权利为由否定格式管辖协议的效力。随

① 民商事格式仲裁协议与格式管辖协议类似,其效力的判断可以参照格式管辖协议效力的认定方法。

② 参见胡安琪、李明发:《网络平台用户协议中格式条款司法规制之实证研究》,载《北方法学》2019年第1期,第59页。

着当前我国线上诉讼的迅速发展,大部分航空运输合同纠纷均可通过线上诉讼的方式处理。相应的,因航空运输等消费格式管辖协议所产生的争议也会有所减少。当然,如果航空运输纠纷案件在线下进行,原告(旅客)住所地离管辖协议约定的法院距离较远,旅客等消费者应诉成本较高、明显不方便时,旅客等消费者主张管辖协议无效的,法院应在综合考虑个案具体情形的基础上予以支持。

四、结论

在《民法典》已经施行的背景下,为尽快实现与《民法典》及其司法解释中格式条款规定的衔接、协同,充分保障航空运输旅客等在内的消费者程序法上的合法权益,应对《民诉法解释》第31条规定的格式管辖协议成立与效力问题进行修改、完善,建议将格式管辖协议上升到民事诉讼立法的高度,并从管辖协议的订立程序和订立内容两方面进行规定。具体而言,《民诉法解释》第31条第1款可以修改如下:“采用格式条款订立管辖协议的,经营者应采取合理方式提示消费者注意,按照消费者的要求予以说明。经营者未履行提示义务或者说明义务的,消费者可以主张管辖协议不成立。”同时,增设第2款规定:“管辖协议限制或者排除消费者选择法院管辖权利的,消费者可以主张管辖协议无效。法院应当综合考虑案件是否开展线上诉讼、消费者参加诉讼的成本等予以认定。”

[域外航空法译介]

私营亚轨道载人飞行监管的可行方案：一种批判性分析*

Tanja Masson-Zwaan　Rafael Moro-Aguilar　著**
王冠丁　译　张超汉　校***

2009 年，欧洲联盟（European Union，以下简称"欧盟"）启动了第七框架计划下的 FAST20XX 项目。在此背景下，笔者重新审视了私营亚轨道载人飞行的法律地位，以及是否应将其作为航空或航天活动进行监管。

国际空间法在亚轨道监管问题上表现得模棱两可，联合国外层空间条约的部分条款似乎将亚轨道活动排除在外，但又未明确将入轨作为其适用条件。国际航空法在规制亚轨道活动时也面临相同的困境，《国际民用航空公约》（以下简称《芝加哥公约》）附件中关于航空器的传统定义并不包括火箭动力飞行器。

---

* 基金项目：本文系国家社会科学基金一般项目"全球空间安全治理视域下临近空间飞行法律规制研究"（项目编号：21BFX212）的阶段性成果之一。

** 塔尼娅·马松－兹万（Tanja Masson-Zwaan），荷兰莱顿大学航空与空间法研究所副所长，国际空间法学会主席，国际宇航科学院院士，国际法协会空间法委员会委员，欧洲女性航空航天工作者协会（Women in Aerospace-Europe）会员。Rafael Moro-Aguilar，Orbspace 公司（奥地利）法务部主管。原文"Practical solutions for the regulation of private human sub-orbital flight: a critical analysis"，2011 年发表于国际宇航协会私营载人航天研讨会上。

*** 王冠丁，西北政法大学涉外法治研究中心研究人员。张超汉，西北政法大学"长安学者"特聘教授，涉外法治研究中心（国家级涉外法治研究基地）副主任，博士生导师。

因此,尚不清楚联合国和平利用外层空间委员会(以下简称“联合国外空委”)或国际民用航空组织(International Civil Aviation Organization,ICAO) 是否会参与国际亚轨道飞行的监管。

在国际统一的制度出台前,各国可基于主权对在其空域开展的亚轨道活动进行监管。目前大致有两种可行的监管方案:其一,美国授予联邦航空局(Federal Aviation Administration,FAA)空间运输办公室对私营亚轨道载人飞行的监管权和许可权。该办公室针对亚轨道飞行运营商制定了一系列法规,以营造良好的市场环境。其二,欧洲空间局(European Space Agency,ESA)和欧洲航空安全局(European Union Aviation Safety Agency,EASA)的官员更倾向于将该活动视为航空活动,并由欧洲航空安全局进行认证。

基于种种差异,亚轨道飞行何时属于航空活动,何时属于空间活动难以确定。然而,这一定性关乎监管制度和政策的稳定性,对行业发展具有重要影响。

一、引言

(一)FAST20XX 项目和亚轨道飞行

截至 2011 年,已有公司宣布利用亚轨道飞行器将乘客送往外层空间边缘[①]的计划。其中,大多数企业将在美国开展此活动,但也有部分企业表示,其计划从欧洲及其他地区起飞。

欧盟 FAST20XX 项目旨在探索空气空间和外层空间的界限。[②] 该项目正在研究两种新亚轨道载人飞行器的概念,设想在两个单独的时间线上推进。根据轨道和任务概况所需能量的不同,可将其区分为低能飞行器和高能飞行器。

· Alpha:由空基发射的小型航天器,该航天器可进行低能弹道飞行,类似于目前的商业旅游飞行器。这一设想有望在中期(5~10 年)实现。

· SpaceLiner:由两级火箭垂直发射的大型航天器,该航天器可进行高能高超音速飞行,主要用于“点对点”的远程客运。此概念将在远期(21 世纪中叶)实现。

---

① 亚轨道飞行,是指亚轨道飞行器到达外层空间,但由于轨道与大气层或地球表面相交,在完成绕轨飞行前再入地球。亚轨道载人飞行器的潜在用途有:私营载人航天飞行(太空旅游);人体微重力实验、天文观测和亚轨道科学;宇航员训练;高超速点对点客运;高超速货运;侦察等军事应用。参见 http://en.wikipedia.org/wiki/Suborbital_spaceflight。更多解释参见 http://www.orbspace.com/es/Background-Information/Sub-orbital-vs-Orbital.html。

② 本文介绍的内容来自“未来高空高速运输(FAST20XX)”项目。该项目由欧洲空间技术和研究中心(European Space Research and Technical Center,ESTEC)协调,欧盟在第七框架计划议题七——“运输”内提供支持,项目编号:ACP8-GA-2009-233816。更多信息,请访问 http://www.esa.int/fast20xx。

FAST20XX 项目的重点不仅在于飞行器研发本身，还包括验证、掌握相关技术。此外，该项目还将审查飞行器投入商业运营的必要条件，如载人飞行安全、商业案例、环境及法律问题等。

FAST20XX 项目涉及的法律问题包括私营亚轨道飞行的法律地位以及是否应将其作为航空或航天活动予以规制，笔者对上述问题进行了分析。同时，本文将聚焦更具现实性与紧迫性的 Alpha 飞行器，仅对 SpaceLiner 概念发表一些评论。

（二）亚轨道飞行的法律性质尚不明确

亚轨道技术并不新奇，数十年前人们就对亚轨道进行了利用。目前运用亚轨道技术的飞行器有：

（1）科学家用于微重力实验及在大气层外进行天文观测的探空火箭、小型火箭；

（2）军队在作战中用于搭载弹头的弹道导弹（尤其是洲际弹道导弹）；

（3）为空间技术试验而设计的物体，如 ESA 针对大气再入系统试验而设计的过渡性试验飞行器（IXV）。该飞行器将于 2013 年搭乘织女星火箭，从法属圭亚那库鲁的欧洲太空港升空①。

上述飞行器均不载人，且通常不飞越任何国际边界，至今尚未产生重大的法律问题。

但亚轨道飞行在空气空间与外层空间的边界进行，因此无论是从物理视角还是从法律视角，都难以界定二者的界限。鉴于国际法也未对此作出规定，因此有必要分析现有航空法、空间法及相关条约对亚轨道载人飞行能否适用。

国际空间法在这一问题上表现得模棱两可，联合国外层空间条约的部分条款似乎将亚轨道活动排除在外，但又没有条款明确将入轨作为适用条件。此外，现行空间法在规范亚轨道运营商、机组人员、飞行参与者的法律地位及责任等方面也存在重大缺陷。

国际航空法在规制亚轨道活动时也显得捉襟见肘，《芝加哥公约》附件中关于航空器的传统定义实际上并不包括火箭动力飞行器。此外，亚轨道企业只注重改善飞行器的纵向轨迹，在横向轨迹上没有飞越国际边界的意图。因此，亚轨道飞行很难被称为“国际航空”。

二、亚轨道载人飞行的法律分析

（一）“空间飞行”和“空间活动”的法律含义

“空间飞行”作为一项法律术语，意义重大。如果亚轨道活动被视为空间飞

---

① See http://www.esa.int/SPECIALS/Launchers_Home/SEMQDO4N0MF_0.html.

行,那么联合国外层空间公约将对其产生约束力。以《外空条约》第6条(责任国的批准与监督)、第7条(发射国的国际责任)和第8条(登记义务、登记国的管辖及控制权)①为例,若亚轨道飞行器给他国造成损害,发射国应承担国际责任。但如果亚轨道飞行在大气层边缘进行,未曾离开发射国的空气空间,那么亚轨道飞行仅受该国航空法规制,由经营者承担损害责任,发射国不承担国际责任。

目前国际法尚未界定空间活动的含义,《外空条约》亦未列举哪些活动属于空间活动。在空气空间和外层空间的划界问题悬而未决的情况下,亚轨道飞行究竟在哪一空间进行、受何种法律管辖无从得知。这其中的关键问题是,如何恰当定义"利用飞行器将乘客送至约110公里的高空并安全返回"?虽然该活动在商业上被称为"太空旅游"②,但这毕竟是少数公司的营销策略,难以作为国际空间法对该活动适用的理据。因此,有必要另寻他路,以确定亚轨道飞行属于空间活动抑或仅仅是航空活动的延伸。

(二)第一种可能性:亚轨道飞行是航空活动

目前商业亚轨道载人飞行被冠以"太空旅游"之名。由于飞行目的是抵近外层空间边缘,其通常被视为一种空间活动。但这种看法没有任何技术与法律依据。实际上,亚轨道飞行器并不在外空进行绕轨飞行,而仅在大气层活动,这是反对将亚轨道飞行视为空间活动的重要理由。③

从技术层面看,亚轨道飞行不宜适用国际空间法,这是因为它的轨迹是垂直的,未飞越任何国际边界或他国领空。正如国际民用航空组织理事会在2005年指出的那样,"……目前商业亚轨道飞行计划在同一地点升空与着陆,整个过程未飞越他国领空"④。循此思路,亚轨道飞行基本在一国的空气空间内进行,尽管在某一阶段,其迅速攀升至100公里以上,短暂穿越外层空间的底部,但与空气空间的飞行相比,此阶段飞行时间较短。因此,从目前来看,无法证明"适用空间法规制亚轨

---

① 《关于各国探索和利用外层空间包括月球与其他天体活动所应遵守的条约》,联合国大会于1966年12月19日通过(第2222(XXI)号决议),于1967年1月27日开放供签署,1967年10月10日生效。See http://www.unoosa.org/pdf/publications/ST_SPACE_51E.pdf.

② 从营销角度看,这个名称不是固定的。亚轨道公司可以将这种活动称为"微重力体验"、"极限高度飞行"或"太空近距离飞行",只要它们认为这些名称更有利于商业化。尽管运营商声称其运营"太空飞行"和搭载"宇航员乘客",但运营商的声明并不具有说服力。这项活动的监管规则最终还是由监管机构(FAA、EASA、ICAO等)决定。

③ See Armel Kerrest & Lesley Jane Smith, *Article* VII, in Stephan Hobe, Bernhard Schmidt-Tedd & Kai-Uwe Schrögl, eds, Cologne Commentary on Space Law-Volume 1: Outer Space Treaty (2010), p. 140.

④ 国际民航组织理事会,"亚轨道飞行的概念",2005年5月30日,第六部分,"结论"。

道飞行”的合理性，相关国家完全有能力在国内法框架内规范整个活动。①

从法律层面看，亚轨道飞行被排除在国际空间法管辖外也有据可循。首先，《外空条约》第4条第1款规定，各国保证不在“绕地球轨道”上放置大规模毁灭性武器。这意味着洲际弹道导弹等亚轨道武器不在禁止之列，由此可见，亚轨道飞行不受《外空条约》的管辖。其次，《关于登记射入外层空间物体的公约》(以下简称《登记公约》)②的适用对象明确限于“发射到地球轨道及以外的物体”。或许正是基于此，美国政府未将太空船一号(SpaceShipOne)列入国家空间物体登记册，也未向联合国登记处提供相关信息，此举对于亚轨道活动而言，具有重大的法律意义。最后，类比探空火箭的法律地位也可得出这一点。探空火箭通常不会飞越发射国的边界，因此不涉及国际空间法的管辖。另外，瑞典等国排除了国内空间法对探空火箭的适用。③

支持在现行航空法制度内规制亚轨道载人飞行的理由包括：(1)飞行器的功能与目的是点对点运输，如SpaceLiner。(2)大部分时间在空气空间飞行，仅短暂穿越外层空间。(3)与之类似的无人亚轨道飞行通常不受空间法的约束。(4)现行空间法禁止将亚轨道飞行器登记为空间物体，但可登记为航空器。

此外，联合国空间条约缺乏针对亚轨道飞行的具体规则，将其纳入空中交通制度可避免对空间条约进行修改，④这一方法更切实可行。

(三)第二种可能性：亚轨道飞行是空间飞行

支持这一观点的依据有：首先，根据所谓的“功能论”，低能亚轨道载人飞行的“卖点”在于飞行器进入外层空间并短暂飞行。可见飞行器在设计之初，就旨在到达外层空间或至少短暂接触外空边缘(“太空旅游”飞行正是如此)。这一飞行目的表明应对其适用外层空间法而非航空法。未来，随着火箭发动机初始能量的增加以及飞行轨道的变更，飞行器在外层空间的时间将延长，届时功能论会更具

---

① André Farand, *Tourisme Spatial: Considération Juridique Sur Les Vols Suborbitaux*, in Philippe Achilleas, ed., Droit de l'espace (2009), p. 362 - 363.

② 《关于登记射入外层空间物体的公约》，联合国大会于1974年11月12日通过(第3235(XXIX)号决议)，于1975年1月14日开放供签署，1976年9月15日生效，参见 http://www.unoosa.org/pdf/publications/ST_SPACE_51E.pdf。

③ 《瑞典空间活动法》(1982)第一章第四节，参见 http://www.oosa.unvienna.org/oosaddb/showDocument.do? documentUid=318&country=SWE。

④ See Sethu Nandakumar, *Legal Impasse-Commercialisation of Space Through Reusable Sub-orbital Launchers*, in Proceedings of the 47th IISL Colloquium on the Law of Outer Space (2004), p. 457 - 458.

说服力。①

鉴于亚轨道飞行的任务概况,可以得出两点:一是与其他空间发射相同,亚轨道飞行器必定会到达外层空间,只是其获得的推力较小;二是根据飞行器飞行的极限高度可判断,部分飞行轨迹位于外层空间。因此,有学者基于"功能论"的视角认为,亚轨道飞行恰好满足了空间飞行的所有特征。②

其次,从技术角度看,SpaceShipOne、Alpha 等火箭飞机的空气动力学原理与航空器不同,其能否被当前的国际航空公约所涵盖,值得怀疑。

从历史角度看,1961 年,艾伦·谢泼德和维吉尔·格里森成功执行美国载人航天计划"水星"的前两次飞行。20 世纪 60 年代,X-15 项目飞行员驾驶火箭动力飞机在亚轨道上飞行,并抵达了外层空间边缘。尽管他们均未进入地球轨道,但却至今仍被视为"宇航员"。因此,如果将亚轨道飞行视为纯粹的航空活动,并完全排除在联合国空间条约管辖外,那么就必须作出某种制度安排或例外,以便继续将上述飞行视为真正的"空间飞行"。

最后,回归法律视角,《外空条约》的主要条款仅涉及"外层空间",未提到"轨道飞行"。实际上,空间活动的国家责任(《外空条约》第 6 条)和赔偿责任(《外空条约》第 7 条)并不以轨道飞行为必要条件。同理,对空间物体的管辖权和控制权(第 8 条),也不取决于其是否达到轨道高度,③正如航空器也是由登记国管辖一样。《登记公约》仅对进入或越出地球轨道的外空物体适用,而《外空物体所造成损害之国际责任公约》(以下简称《责任公约》)④并无此类规定。由此产生的问题是:联合国公约(《外空条约》第 7 条及《责任公约》)所确立的绝对责任是否适用于亚轨道载人飞行?换言之,发射国是否对飞行器造成的最终损害承担国际责任?对受损害的第三人而言,绝对责任是一项不错的解决方案,但这可能给该领域的公司以及乘客的责任索赔带来严重限制。

若太空旅游适用空间法,那么损害责任为绝对责任,而非国际航空法规定的过

---

① See André Farand, *Tourisme Spatial: Considération Juridique Sur Les Vols Suborbitaux*, in Philippe Achilleas, ed., Droit de l'espace (2009), p. 363.

② See Sethu Nandakumar, *Legal Impasse - Commercialisation of Space Through Reusable Sub-orbital Launchers*, in Proceedings of the 47th IISL Colloquium on the Law of Outer Space (2004), p. 458.

③ See Michael Gerhard, *Article* Ⅵ, in S. Hobe, B. Schmidt-Tedd & K. U. Schrögl, eds: Cologne Commentary on Space Law-Volume 1: Outer Space Treaty, p. 107-108. 在作者看来,亚轨道飞行器在空气空间的飞行宜适用航空法,在外层空间飞行的阶段宜适用外层空间条约。

④ 《外空物体所造成损害之国际责任公约》,联合国大会于 1971 年 11 月 29 日通过(第 2777(XXVI)号决议),于 1972 年 3 月 29 日开放供签署,1972 年 9 月 1 日生效。参见 http://www.unoosa.org/pdf/publications/ST_SPACE_51E.pdf。

失责任，该责任为无限责任（这一点与国际航空法相同），只有相关国家才能启动《责任公约》的索赔程序，受损害的第三方无权启动。

这一选择可能会妨碍空间参与者依据《责任公约》第7条提起索赔（该公约不适用于发射国国民以及参与空间活动的外国国民）。因此，应找到解决乘客损害责任问题的其他方法，否则这一空白将阻碍亚轨道载人飞行的发展。①

（四）SpaceLiner 案例

SpaceLiner 作为一种高超音速飞行器，能够搭载乘客在亚轨道飞行，最终到达地球上的另一地点。有关亚轨道远程运输的立法尚属空白，立法者在起草航空法与空间法条约时，未曾预见到这种"地对地"的空天运输技术。

在缺乏具体规则的情况下，几乎所有学者都着眼于飞行器的活动特征。他们认为，"点到点运输"这一特征与国际航空运输相似，由于该飞行器搭载乘客飞越外国领空，因此可以将该活动视为国际航空运输服务。此外，SpaceLiner 只是在运输途中穿越外层空间，在外层空间飞行并非其目的，而只是飞行的阶段，它的职能是运送乘客往返于两地之间。换言之，它虽不属于"航空器"，但在众多方面与航班相仿，未来的亚轨道远程运输与航空运输有许多相近之处。因此，航空法的许多制度可以直接对此类飞行器适用，而无须考虑其部分飞行位于外层空间。②

国际民用航空组织理事会认为，"从功能论看，对亚轨道飞行更宜适用航空法。因为在'地对地'运输过程中，飞行器主要在空气空间飞行，在外层空间飞行的时间短暂……如果飞行器飞越外国空气空间，并且亚轨道飞行受国际航空法管辖，那么《芝加哥公约》的相关附件原则上将对其适用"。③

支持适用航空法还有另一实际考虑，即航空业历史远比空间活动悠久，监管措施也更为详细，在国际层面和国内层面均有完善的制度安排。这能够带来更多的法律确定性，因此适用航空法对 SpaceLiner 进行监管更为有利。

---

① See Ram Jakhu & Raja Bhattacharya, *Legal Aspects of Space Tourism*, Proceedings of the 45th IISL Colloquium on the Law of Outer Space (2002), p. 128－129.

② See Tanja Masson-Zwaan, *The Aerospace Plane: An Object at the Crossroads Between Air and Space Law*, in T. Masson Zwaan & P. Mendes de Leon, eds, Air and Space Law: de lege ferenda (1992), p. 247－261; Claudio Zanghi, *Aerospace object*, in Gabriel Lafferranderie, ed., Outlook on Space Law (1997), p. 120－121; Jürgen Cloppenburg, *Legal Aspects of Space Tourism*, in Marietta Benkö & Kai-Uwe Schrögl, eds., Space law-Current problems and perspectives for future regulation (2005), p. 210, p. 208; Peter van Fenema, *Sub-orbital Flights and ICAO*, Air and Space Law, Vol. XXX/6 (2005), p. 401; Stephen Gorove, *Aerospace Object-Legal and Policy Issues for Air and Space Law*, Journal of Space Law, Vol. 25, No. 2 (1997), p. 101－112.

③ 国际民用航空组织理事会，"亚轨道飞行的概念"，2005年5月30日，第六部分，"结论"。

三、亚轨道飞行的国际监管方案

(一)在空间法下规制亚轨道飞行:联合国外空委的职责?

原则上,最好采用单一的监管制度贯穿亚轨道飞行的全过程。但问题在于,无论是航空法还是空间法,在部分关键议题上都存在着立法空白。尤其是国际空间法亟待澄清与修正。为此,可采取修订现有条约、缔结多边条约等措施,对空间法律制度加以完善,以涵盖亚轨道载人飞行的所有议题。

然而,缔结一项新的多边条约并非“现实之策”。这是因为达成新条约需要很长时间,在短期内难以解决太空旅游企业面临的紧迫问题。较为妥贴的替代方案是在联合国的主持下制定一项行为准则(或“软法”),如联合国外空委科技小组委员会在2007年通过的《空间碎片缓减准则》(无约束力)。准则应包含运营商对乘客和第三方的责任规则,以及有关亚轨道载人飞行安全的规定,部分条款可参照国际航空法的规定。①

如果亚轨道飞行(至少部分)受国际空间法管辖,那么联合国外空委就应在亚轨道载人飞行监管方面发挥一定作用。但迄今为止,联合国外空委尚未就亚轨道“太空旅游”作出任何决议,原因可能有两方面:其一,这是一项新兴的小规模空间活动,未引起任何值得国际社会注意的冲突。其二,联合国主要关注如何促进空间领域的国际合作,以及向各国提供有益于本国经济和社会发展的空间技术援助。而如何规制私人化和商业化的空间活动并非联合国关注的优先事项,除非该事项产生重大的安全或国际影响。

尽管如此,联合国外空委内部一直有声音呼吁将此议题列入大会议程。2007年,时任联合国外空委主席的热拉尔·布拉谢先生与多个专家和代表团进行磋商后,起草了一份关于“和平利用外层空间委员会未来职责和活动”的工作文件②;同年,联合国外空委法律小组委员会表达了反对意见,其认为“亚轨道飞行足以涵摄于航空交通法”③。另外,“鉴于X-15火箭飞机和SpaceShipOne均被视为亚轨道

---

① See Tanja Masson-Zwaan & Steven Freeland, *Between Heaven and Earth: The Legal Challenges of Human Space Travel*, Acta Astronautica 66 (2010), p. 1603.

② 参见联合国和平利用外层空间委员会官方文件,A/AC. 105/L. 268,2007年5月10日。参见http://www. oosa. unvienna. org/pdf/limited/l/AC105_L268E. pdf。第36~38段涉及未来联合国外空委对亚轨道飞行监管可能发挥的作用。

③ See para. 9 of the Report of the Chairman of the Working Group on the Definition and Delimitation of Outer Space, Annex II to the Report of the Legal Subcommittee on its 46th session, Vienna, 26 March—5 April 2007, Doc. A/AC. 105/891: http://www. oosa. unvienna. org/pdf/reports/ac105/AC105_891E. pdf.

航天器，最低卫星轨道作为空气空间和外层空间的界限已不合时宜，外层空间的起点可能远低于卫星最低轨道"①。

近几年，联合国外空委法律小组委员会在讨论外层空间的定义和界定时，曾多次提及私人亚轨道飞行对现行空间法的冲击，包括亚轨道"太空旅游"带来的国际法问题与航空航天物体带来的问题存在联系，后者是法律小组委员会近20年来研究的主题。② 2010年3月，在法律小组委员举行的会议上，联合国外空委所有代表团审议了上文提到的那份国际民用航空组织的工作文件，但未形成"采取进一步措施"的决议。③ 虽然从长远来看，国际社会应考量是否需要制定新公约来规制"太空旅游"和其他亚轨道活动，但是由于往返外空的商业客运暂未形成规模，制定具有约束力的新规还为时尚早。

（二）在航空法下规制亚轨道飞行：国际民用航空组织的职责？

正如许多学者所指出的，国际航空规则为亚轨道飞行监管提供了范本，商业亚轨道飞行监管体系应参照国际航空客运，建立国际统一标准。对商业"太空旅游"而言，采取国际民航组织模式似乎是现实可行的最佳选择。④

有学者认为，国际民用航空组织应在亚轨道飞行监管中发挥主要作用，联合国外空委仅起补充、协助作用，理由如下：国际民用航空组织于1944年通过的《芝加哥公约》是一项伟大的条约。该条约经历了时间的考验，其中的18个附件为国际民用航空提供了行之有效的标准和准则。

早在2000年，当时的国际民用航空组织理事会主席就指出："之前就有人提出过，以国际民用航空组织为范本，将外层空间纳入国际民用航空组织的管辖范围。这种做法确实存在可取之处。在过去近50年的时间里，标准（SARP）在应对民航业巨大变革方面取得了显著成效。另外，国际民用航空组织作为一个历史悠久和受人尊敬的国家间合作平台，对国际监管共识的达成起到了推动作用。外层空间监管也当仿照如此。"⑤

同样，2005年1月，当时的国际民用航空组织理事会主席在提到"SpaceShipOne"

---

① Ibid, under the agenda item on the Definite and Delimitation issue, at para. 84.

② 参见《关于空天物体可能涉及的法律问题调查表的讨论》，载联合国外空委网站，http://www.oosa.unvienna.org/oosa/en/SpaceLaw/aero/index.html。

③ 法律小组委员会第49次大会工作报告，2010年3月22日至4月1日于维也纳举行，参见 http://www.oosa.unvienna.org/pdf/reports/ac105/AC105_942E.pdf。

④ Lesley Jane Smith & Kay-Uwe Hörl, *Legal Parameters of Space Tourism*, Proceedings of the 46th IISL Colloquium on the Law of Outer Space (2003), p. 41.

⑤ ICAO Journal Vol. 55, No. 7 (September 2000).

时谈到,国际民用航空组织是监管此类亚轨道飞行的最佳选择。① 国际民用航空组织在题为"亚轨道飞行概念"的工作文件②中指出,如果亚轨道飞行器飞越外国空域,并且如果最终确定此类飞行器受国际航空法管辖,那么,"调整国际空中航行的《芝加哥公约》及相关附件原则上对其适用"。2000年的声明以及理事会在2005年工作文件③基础上进行的讨论均未推动民用航空组织采取进一步措施。

2010年,在联合国外空委法律小组委员会会议上,国际民用航空组织得出"2005年工作文件仍然有效"的结论④,但依旧未采取进一步行动。

一方面,国际民用航空组织对亚轨道飞行监管的依据尚不明确。《芝加哥公约》附件8中"航空器"一词的定义为:"凭借空气的反作用而非空气对地面的反作用在大气中获得任何支撑的器械。"火箭动力飞机在外空飞行时无法依靠空气支撑,不符合航空器的定义,因此,其不在《芝加哥公约》管辖范围内。由此可见,根据现行法律,国际民用航空组织无权监管Alpha飞行器的活动。但即便如此,国际民用航空组织的经验及其体制安排仍值得借鉴,国际社会应当对附件中的技术规则进行分析,以确定其能否适用于亚轨道飞行。但SpaceLiner与Alpha不同,它可以由国际民用航空组织进行监管。诚然,技术和商业开发水平的差异要求对亚轨道飞行器适用专门的法规,但亚轨道"地对地"运输与当前的国际航空飞行类似,若适用航空法外的制度,难以得到广泛认同。⑤

另一方面,《芝加哥公约》的目的不是规范某种类型的飞行器,而是确保国际民用航空以安全和有序的方式进行。但是,公约不应一成不变,而是要根据时代的发展不断修正。对此,一些学者⑥指出,即使航空器飞越地球大气层上端,国际民用航

---

① Peter van Fenema, *Sub-orbital Flights and ICAO*, in Air and Space Law, Vol. XXX/6 (2005), p. 396.

② Official document C-WP/12436。Reprinted in Peter van Fenema, Ibidem, at 404.

③ "Concept of Sub-orbital Flights: Information from the International Civil Aviation Organization (ICAO)" 19 March 2010.

④ 参见 Doc. A/AC. 105/C. 2/2010/CRP. 9, at: http://www. oosa. unvienna. org/pdf/limited/c2/AC105_C2_2010_CRP09E. pdf。

⑤ Jürgen Cloppenburg, *Legal Aspects of Space Tourism*, in Marietta Benkö & Kai-Uwe Schrögl (eds.), Space law-Current problems and perspectives for future regulation (2005), p. 197–198, 208.

⑥ Paul Dempsey & Michael Mineiro, *ICAO's Legal Authority To Regulate Aerospace Vehicles*, Proceedings of 3rd IAASS Conference 2008. Available at SSRN: http://papers. ssrn. com/sol3/papers. cfm?abstract_id = 1289547; Paul Dempsey & Michael Mineiro, *Space Traffic Management: A vacuum in Need of Law*, Presented at the 59th IAC, Technical Session E3. 2 on Space Policies and Programs of International Organizations, held in Glasgow, Scotland 2008. Available at SSRN: http://papers. ssrn. com/sol3/papers. cfm?abstract_id = 1285623. 下面几段反映了这些文件提出的观点。

空组织的监管权也未受到限制。《芝加哥公约》赋予了国际民用航空组织制定标准的权力,以约束飞越空气空间的民用亚轨道、轨道飞行器。《芝加哥公约》的起草者虽未预见到这些挑战竟与国际民航存在关联,但他们承认这些挑战终将出现。因此,国际民用航空组织有权采取措施予以应对,以实现《芝加哥公约》第44条的目标,即确保国际民用航空安全有序发展。例如,第37条允许国际民用航空组织制定和修改标准,以解决任何与"空中航行安全、正常及效率"有关的问题,包括起草时未明确提及的问题。此外,国际民用航空组织在"公海及其他公域上空飞行自由"问题上拥有绝对立法权和权威性。这些区域不属于各国的管辖范围,与外层空间具有可比性。①

邓普西(Dempsey)教授和米内罗(Mineiro)教授提出的建议为国际民用航空组织发挥作用铺平了道路:国际民用航空组织可通过修改导航及避碰附件,将空天飞行器纳入其中;也可以重新定义"航空器"一词,明确包括空天飞行器;还可以颁布一个新附件19——"空间标准",在其中明确空气空间的界限,以协调空气空间和外层空间的活动。此外,国际民用航空组织可以成立一个常设工作组,并以此为起点,持续研究该问题。

理想的解决方案是建立"空天一体化"的监管框架,在国际层面上,由国际民用航空组织在其内部成立国际民用空间监管部门,类似于美国联邦航空局内部的空间运输办公室。②

国际空间安全促进协会(International Association for the Advancement of Space Safety, IAASS)对国际民用航空组织参与亚轨道飞行监管的辩论做出了重要贡献。该协会在2007年编制了一份题为《向空间进军的国际民航组织?》的文件③,提议将国际民用航空组织的管辖范围扩大至临近空间(地球同步轨道以下的空间区域),无须再成立新的国际航天组织。但这一建议带来两个问题:其一,拓宽至地球同步轨道是否必要且可行?毕竟国际社会未曾预料到这些飞行会达到如此高度。其二,地球同步轨道是否属于临近空间?若将其管辖范围仅扩展至亚轨道飞行,覆盖

---

① Peter van Fenema, *Sub-orbital Flights and ICAO*, in Air and Space Law, Vol. XXX/6 (2005), p. 396.

② See Tomasso Sgobba, *An International Civil Aviation Organization for Outer Space?*, in Security in Space: The Next Generation—Conference Report, 31 March-1 April 2008, United Nations Institute for Disarmament Research (UNIDIR), 2008, http://www.unidir.org/pdf/articles/pdf-art2819.pdf. 修订版由Ram Jakhu和Maite Trujillo共同编写,在2010年亨茨维尔国际空间安全促进协会第四次大会上发表。

③ "An ICAO for Space?"最初版本由国际空间安全促进协会于2007年5月发表。最终版本为"ICAO for Space?",由R. Jakhu, T. Sgobba和P. Dempsey共同编写,于2011年3月发表。

Alpha和SpaceLiner飞行器,则恰到好处。与之相关的空间交通管理问题则可由国际民用航空组织参照航空交通管理解决。[①]

四、国家监管的可行方案

(一)美国对亚轨道飞行的监管

美国新近的立法开创了另一种监管模式。根据2004年的《空间商业发射法》修正案,联邦航空局空间运输办公室享有对私营亚轨道载人飞行的监管权和许可权。为营造良好的市场环境,该办公室针对亚轨道飞行运营商制定了一系列法规,如颁发许可证时着重考察飞行是否危及公共和财产安全等。[②]

《空间商业发射法》重点区分了"轨道"与"亚轨道"、"机组人员"与"空间飞行参与者"这两组术语,后一组在未来很可能被其他国家所采纳,继而成为国际习惯法。在吸纳新机组成员并接受其缴纳费用前,亚轨道飞行运营商或许可证持有人应履行通知义务,即告知飞行参与者:美国政府尚未对该飞行器的安全性作出认证,乘客须以书面形式表明其知情同意后才能参加飞行。由于后者是法规的重要组成部分,联邦航空局又发布指导意见进一步阐释了何为"知情同意"。此外,个别州已另行颁布立法,确保在本州发射的亚轨道运营商不承担责任。[③]

联邦航空局并未参与关于"亚轨道飞行是否为空间飞行"的讨论,而是根据飞行器的类型对其进行监管。因此,联邦航空局将许可维珍银河的亚轨道飞船(SpaceShipTwo)作为发射器,而母船(WhiteKnightTwo)作为试验性航空器。

(二)欧洲亚轨道飞行监管:欧洲空间局

2008年,欧洲空间局发布了一份立场文件,该文件表明了其对私人亚轨道飞行

---

① See also the International Academy of Astronautics "Cosmic Study on Space Traffic Management", Corinne ContantJorgenson, Piotr Lála, Kai-Uwe Schrögl, eds., 2006, at http://iaaweb.org/iaa/Studies/spacetraffic.pdf.

② See U. S. C. Title 49, Subtitle IX, Chapter 701, Secs. 70101 - 71021; C. F. R. Title 14, Chapter III, parts 401, 415, 431, 435, 440, 450 and 460. On the US regulation of private human sub-orbital flight, see e. g. Francis Lyall and Paul B. Larsen, *Space Law-A Treatise* (2009), p. 131 - 2, 493 - 5; Timothy Robert Hughes & Esta Rosenberg, "Space Travel Law (and Politics): The Evolution of the Commercial Space Launch Amendments Act of 2004", in Journal of Space Law, Vol. 31 No. 1 (2005), p. 180; Joanne Irene Gabrynowicz, "One Half Century and Counting: The Evolution of U. S. National Space Law", in Harvard Law and Policy Review, Vol. 4(2010), p. 405 - 426.

③ Virginia (2007), Florida (2008), New Mexico (2010), and Texas (2011).

的立场。① 文件对太空旅游业作出如下定义："由私人资助或私人运营的飞行器进行的亚轨道飞行，以及由太空旅游市场推动的相关技术开发。"

欧洲空间局认为，由于太空旅游"将在特定国家的领空内进行"，相关国家的民航管理局与欧盟主管机构（如下文所述的欧洲航空安全局）应率先建立欧洲的太空旅游监管框架。它还指出，"从长远看，太空旅游可能进入外层空间。因此，空间法的一些规则可以对太空旅游适用"。由此可见，欧洲空间局将目前见到的亚轨道飞行视为航空活动，并适用航空法，在后期可能适用空间法来规制轨道太空旅游。

虽然欧洲空间局不是监管机构，无权颁布欧洲太空旅游的新规，也无权协调各国立法。但该文件指出，欧洲空间局可协助建立欧洲的运营法律框架，并邀请民航管理部门和其他相关主体参与此事的讨论。

总的来说，欧洲空间局对私人亚轨道飞行的立场是"谨慎关注和知情支持"，不能期望其发挥开拓性作用。这一点与美国国家航空航天局（National Aeronautics and Space Administration，NASA）在亚轨道商业市场发展中承担的次要角色类似。

（三）欧洲亚轨道飞行监管：欧盟

欧盟至今尚未正式表明其对亚轨道载人飞行的立场。但欧洲议会在 2008 年提出了一项议案，其中第 21 段"呼吁委员会对太空旅游的影响、安全、安保和监管框架开展研究"。随后，欧洲议会于 2008 年 11 月 20 日通过了《欧洲空间政策决议：如何务实推进空间探索》，其中涵盖了第 21 段的内容。② 此外，在 2010 年 6 月 18 日，一份关于欧盟委员会与美国在民用航空研发领域开展合作的新闻稿特别提到了"亚轨道飞行器"。③

理想情况下，对私营载人航天的监管应在欧盟层面进行，而非留给各成员国自行立法。如果成员国在国家层面上对太空旅游进行了规制，欧盟能做的就是协调各国立法。因此，关键问题是欧盟是否有权对太空旅游立法？换言之，太空旅游是

---

① See press release at http://www.esa.int/esaCP/SEM49X0YUFF_index_0.html, and position paper at http://esamultimedia.esa.int/docs/gsp/Sub-orbital_Spaceflight_ESA_Position_Paper_14April08.pdf.

② Motion for a resolution of 11 Nov. 2008, B6 - 0582/2008. The resolution was adopted on 20 Nov. 2008 as doc. P6_TA(2008)0564, European Parliament resolution of 20 November 2008 on the European space policy, available at: http://www.europarl.europa.eu/sides/getDoc.do? type = TA&reference = P6 - TA - 2008 - 0564& language = EN&ring = B6 - 2008 - 0582.

③ http://europa.eu/rapid/pressReleasesAction.do? reference = IP/10/761&format = HTML&aged = 0&language = EN&guiLanguag e = en.

否属于成员国立法权限范围内的事项?[1]

最近生效的《欧洲联盟运作条约》(Treaty on the Functioning of the European Union,TFEU)将欧盟在空间领域的权限编入了法典,但欧盟对太空旅游的监管能否落实到具体行动上仍然存疑。

《欧洲联盟运作条约》第一章涉及欧盟的权能("欧盟的权能范围与领域")。第4条规定了"共享权能"(适用的领域有运输、能源、环境等),该条允许欧盟制定具有约束力的条例、指令和决定。第4条第2款列举了"共享权能"领域,其中包含了运输,航空也顺理成章地被纳入"共享权能"领域。但该款并未提及"空间",反而是在第3款进行了单独规定:欧盟在研究、技术开发和空间领域有权采取行动,特别是确定和执行计划;但该权能的行使不得妨碍成员国行使其权能。

"空间"并没有出现在第4条第2款的详尽列举中,而是在第3款对其单独作出规定,这说明欧盟在空间领域的权能与第2款所提及领域的权能仍有所差异。在第2款所列"一般"共享权能领域中,成员国的权能处于补充性地位,即只有在欧盟不行使权能的情况下,成员国才能行使其权能,这被称为"联盟法优先原则"。[2]就"空间"领域而言,欧盟和成员国的权能"共存",即成员国不必坐等欧盟决定是否采取行动。因此,"空间"领域的权能有时被称为"平行权能"。

欧盟在太空旅游领域享有何种权能,是支持权能、共享权能还是平行权能?这取决于其将太空旅游视为旅游、航空还是航天活动。如果太空旅游被视为旅游,那么欧盟仅享有支持权能,这意味着欧盟无权在该领域制定欧盟法,只能交由各成员国立法;如果太空旅游被定性为航空或航天活动,那么欧盟将获得立法权。

因此,若亚轨道飞行被视为航空活动,欧盟就可参考欧洲空间局的建议,颁布指令要求在该领域适用条约第六章运输法以及欧盟现行的航空法。这将对欧洲亚轨道发展规划产生重大影响。

如果将亚轨道飞行视为空间活动,欧盟则应重点关注第19章"研究、技术开发与空间"的实质性规定,其中第189条详细规定了欧盟在空间领域的权限。欧盟的权能仅限于开展以科技探索为目的的空间活动,不包括太空旅游这类私人

---

① See on these questions Tanja Masson-Zwaan, *Regulation of Sub-orbital Space Tourism in Europe: A Role for EU/EASA?*, Air and Space Law 35, no. 3 (2010): 263 – 272. See also Tanja Masson-Zwaan and Steven Freeland, supra note 19, p. 1597 – 1607.

② 《欧洲联盟运作条约》第2条第2款规定:"当条约赋予欧盟在某一特定领域与成员国共享的权能时,欧盟和成员国均有权在该领域立法以及通过具有法律约束力的法令。在欧盟尚未行使其权能或决定停止行使其权能的情况下,成员国可行使其权能。"

商业航天活动；更为重要的是，第 2 款禁止采取任何协调各成员国法律法规的措施。

另外，欧洲议会在 2008 年呼吁开展的一项研究以及欧盟委员会与联邦航空管理局达成的合作（涵盖亚轨道飞行器）①，将促使欧盟形成自己的立场。

（四）欧洲亚轨道飞行监管：欧洲航空安全局

由于亚轨道太空旅游主要在空气空间中进行，相关国家的民用航空当局以及欧盟主管机构——欧洲航空安全局应率先建立起欧洲亚轨道飞行的监管框架。

目前，欧洲航空安全局的职责并不包括对太空活动的监管。如果欧盟将太空旅游整体或部分定性为航空活动，如 Alpha 和 SpaceLiner 的飞行被视为航空活动，那么欧洲航空安全局在安全和许可事项上将大有可为。但如果太空旅游被视为空间活动，那么欧洲航空安全局能发挥的作用就微乎其微，这些飞行将受各国及国际空间法的监管。归根结底，这些问题都是亚轨道活动性质不明导致的。

如果欧盟将私营亚轨道载人飞行整体或部分定性为“航空活动”，那么其有权修正第 216/2008 号基本条例（EC），将亚轨道太空旅游纳入欧洲航空安全局的管辖范围。② 值得注意的是，最近欧盟已授权欧洲航空安全局监管另一种飞行器，这种飞行器很难称得上是航空器，业界称其为无人驾驶航空。因此，不排除欧盟未来授权欧洲航空安全局对亚轨道飞行进行监管。

在 2008 年 10 月于罗马举行的国际空间安全促进协会③第三次会议上，欧洲航空安全局的代表们提交了一份文件④，该文件建议由欧洲航空安全局对亚轨道飞行进行监管；在 2010 年 5 月于美国亨茨维尔举行的第四次会议上，他们提交了后续报告；在 2010 年 9 月于布拉格举行的第 61 届国际宇航大会上，他们提交了第三篇报告，又进一步阐述了此观点⑤。必须强调的是，此观点不代表欧洲航空安全局的官

---

① http://europa. eu/rapid/pressReleasesAction. do? reference = IP/10/761&format = HTML&aged = 0&language = EN&guiLanguag e = en.

② Tanja Masson-Zwaan and Steven Freeland, supra note 19, p. 271 – 272.

③ 国际空间安全促进协会，参见：http://www. iaass. org/。

④ The paper, authored by Jean-Bruno Marciacq et alia, is titled “Accommodating sub-orbital flights into the EASA regulatory system”: http://www. congrex. nl/08a11/presentations/day1_S09/S09_05_Marciacq. pdf.

⑤ The new paper is “Space transportation solutions and innovations (Towards regulating sub-orbital flights-an updated EASA approach)”, 61st IAC, Prague, October 2010. See also draft report of EASA Safety Plan 2011 – 2014, at: https://easa. europa. eu/sms/docs/European%20Aviation%20Safety%20Plan%20%20(EASp)%202011 – 2014%20v1. 2. pdf, which includes regulation of sub-orbital (aero) planes in the list of future tasks for the Agency.

方立场。

在2008年的文件中,代表们认可了欧洲空间局对太空旅游作出的定义。但他们认为欧洲航空安全局仅有权对有翼飞机进行监管,包括以火箭为动力的"亚轨道飞行器",但不包括火箭。这样一来,采用垂直发射方式的太空旅游企业也不在欧洲航空安全局的监管范围内。由此可见,欧洲航空安全局的定义比欧洲空间局的定义更狭窄。代表们建议将"亚轨道飞行器"视为航空器,赋予欧洲航空安全局监管职能,此外还应参考无人驾驶航空的立法,根据"亚轨道飞行器"的具体特征来完善现有规则。他们认为,亚轨道飞行器在大气层飞行时获得空气动力升力,在此阶段属于航空器,航空器适航性、机组人员和操作均在欧洲航空安全局的职权范围内。因此,该机构应准备履行其在民用亚轨道飞行、航空器及运营方面的职责。最后,代表们声称,欧洲航空安全局无权管辖外层空间的短暂飞行,除非其与各国达成协议,由它代表各国行使这一职责。①

欧洲航空安全局文件要求对商业亚轨道"太空旅游"飞行器进行全面认证。代表们建议欧洲航空安全局对太空旅游的监管,应比美国联邦航空局采取的监管更加严格。这是因为,欧洲航空安全局颁发的是"航空运营商认证"(Air Operator Certificates),而美国联邦航空局颁发的是"许可证",认证需要承担责任,而许可则由运营商承担责任。②

由于欧洲航空安全局面临更高的责任风险,它不会采取与美国联邦航空局相同的过渡机制。但是,欧洲航空安全局仅对发生在"空气空间"的飞行进行监管,这一做法值得商榷:一是因为空气空间和外层空间并无国际公认的界限;二是该做法也不切实际。

未来欧洲商业亚轨道载人活动的监管方案之一是建立"空间运输部"。该部门类似于美国联邦航空局空间运输办公室,负责欧洲层面的授权、标准统一适用、飞行安全等事项,充当欧洲各国亚轨道飞行实践及监管合作的纽带。③

(五)欧洲亚轨道飞行监管:国家立法

在国际或欧洲统一的制度出台前,欧洲各国可基于主权对自其领土发射或在其空域飞行的亚轨道载人活动进行监管,并自行决定将其视为航空飞行抑或火箭发射。

---

① Jean-Bruno Marciacq et alia,同上。

② Jean-Bruno Marciacq et alia,ibidem,at heading 2.3.

③ Julie Abou Yehia & Kai-Uwe Schrögl, *European Regulation for Private Human Spaceflight in the Context of Space Traffic Management*, Acta Astronautica 66(2010),p.1622.

除了欧洲航空安全局的方案外,还存在另一种监管方案,即将亚轨道飞行器(所有亚轨道飞行器或至少是纯火箭动力的亚轨道飞行器)视为航天器。在此情况下,其仍受欧盟各成员国的管辖。① 由于欧盟无权协调各国空间立法,那么实现欧盟内部一致行动的现实方案是各成员国之间的合作与协调,如签订政府间协议或多次磋商(正式和非正式)②。

欧洲国家可能通过本国立法确保飞行器的安全,并保护飞行参与者免受亚轨道载人飞行带来的负面和危险影响,如辐射、事故、机上紧急情况等。另外,乘客或外空飞行参与者的医疗风险、飞行前的健康体检、飞行前的基本培训(如基本应急培训)可能被列入某些国家的法律文件中,或许成为空间运输业的惯例。③

虽然学者基于种种原因质疑亚轨道飞行的空间活动属性,如亚轨道"太空旅游"基本上在特定国家的空气空间中进行,未造成任何国际影响;相关国家完全有能力在其航空法框架内规范整个活动。但即使亚轨道飞行被视为航空飞行,也可能存在与欧洲航空安全局不同的监管方案。

依据欧洲航空安全局成立的基础——《基本法规》,欧洲航空安全局可以将某些航空器视为"为研究、实验或科学目的而专门设计或改装的飞机,并且产量可能非常有限",如过时的航空器,用于研究、实验或科学的航空器,军用或警用航空器等,这样欧洲航空安全局就可以将这些航空器排除在管辖权外。另外,欧盟成员国也可能决定航空法不适用于亚轨道飞行器。

五、结论

由于亚轨道飞行器在大气层边缘活动,其何时属于航空活动,何时属于空间活动难以确定。但这一定性关乎监管制度和政策的稳定性,对该行业的发展具有重大影响。

欧洲航空安全局将"亚轨道飞行器"定义为有翼飞行器(在飞行的大部分时间内从大气中获得支撑的飞行器),并将其作为航空器进行监管。这样一来,即使此

---

① 以下欧盟成员已颁布了国家空间立法:1982 年《瑞典空间活动法》,1986 年《英国外层空间法》,2005 年《比利时空间法》,2006 年《荷兰关于空间活动与建立空间物体登记处的规定》,2008 年《法国空间法》。此外,截至 2011 年,德国和奥地利正在制定自己的国家空间法。只有荷兰法律在其第 2. 2. b)节中简要提及将商业载人空间活动纳入其管辖范围。

② Michael Gerhard & Kai-Uwe Schrögl, *A Common Shape for National Space Legislation in Europe*, in Proceedings of the 47th IISL Colloquium on the Law of Outer Space (2004), p. 81 – 90.

③ 关于亚轨道飞行参与者面临的医疗风险的讨论,载国际宇航科学院研究报告《短期商业轨道太空飞行的医疗安全和责任问题》,参见 http://iaaweb. org/iaa/Studies/sg26finalreport. pdf。

类飞行器飞入外空,也只会造成轻微影响。此方案包含了空基发射的亚轨道飞行器,如Alpha、SpaceShipTwo、Lynx,但不包括垂直发射的亚轨道飞行器,如美国蓝色起源公司(Blue Origin)、犰狳航空航天公司(Armadillo Aerospace)以及哥本哈根亚轨道航天公司(Copenhagen Suborbital)开发的飞行器。这意味着,应建立两套不同的制度规制亚轨道飞行器。尽管亚轨道飞行器呈现的任务特征相似,但究竟适用哪种制度取决于其发射方式,即水平起飞/空中发射,还是垂直发射。

笔者认为,该方案值得商榷,因为两套制度会冲击法律适用的确定性与统一性,无助于亚轨道载人飞行产业的发展。相比之下,对所有亚轨道"太空旅游"适用统一的制度更为可取。鉴于亚轨道飞行器的功能是到达外层空间,适用空间法更为合适。①

欧洲航空安全局对亚轨道飞行器认证的影响也值得深入研究。航空器认证成本高昂且过程极其漫长,不适合这里探讨的试验性飞行器。虽然航空器认证能够提高安全性,但付出的代价可能是断送大部分亚轨道运营商的商业前景。在此背景下,我们应该考虑到这样一个事实,即亚轨道载人飞行正处于发展初期,市场规模较小。此外,如果美国和欧洲采取截然不同的监管方案,这种分歧将迫使飞行器运营商在不同的监管环境中运营。② 可以明确的是,如果SpaceShipTwo或Alpha等飞行器被视为航空器,原则上将由欧洲航空安全局承担监管职责,包括安全监督与认证等事宜。或者,欧盟成员国可以决定将低能亚轨道飞行器排除在欧洲航空安全局的管辖外。这样一来,监管Alpha飞行器的职责又回到了成员国的手中——成员国可自行协调或通过欧盟外的合作机制协调国家立法。

至于"点对点"国际运输的高能亚轨道飞行器(SpaceLiner),由于该飞行器的有翼特性,加之亚轨道活动的国际航空属性,其更可能落入欧洲航空安全局的管辖范围。当然,这种飞行器更为前卫,到目前为止欧洲航空安全局代表们还没有讨论过这个问题。

亚轨道运输既非航空活动,亦非空间活动,而是介于两者之间。从长远来看,理想的监管方案是针对亚轨道飞行的特征,在欧洲乃至国际层面上建立起单一的法律制度。新制度或许能够衔接航空法与空间法的概念,克服两个学科现有的缺陷。

---

① See Tanja Masson-Zwaan & Steven Freeland, *Between Heaven and Earth: The Legal Challenges of Human Space Travel*, Acta Astronautica 66 (2010), p. 1602.

② 关于这一问题,参见 http://www. parabolicarc. com/2011/05/13/big-useuro-divide-commercial-spaceflightregulations/。

［航空法学研讨综述］

北京航空法学会 2022 年年会暨第六届航空法治论坛综述

2023 年 3 月 25 日，北京航空法学会 2022 年年会暨第六届航空法治论坛在北京长安白云大酒店举办。来自中国民用航空局、北京市法学会、外交部、中国东方航空公司、中国国际航空公司、中国民航飞行校验中心、中国航空运输协会、中国航空器拥有者及驾驶员协会、北京仲裁委员会、波音公司、北京外国语大学、加拿大麦吉尔大学、台湾东吴大学、中国人民大学、中国政法大学、中国民航大学、北京市第一中级人民法院、丝路规划研究中心、英国航空公司北京办事处等单位的百余名嘉宾参加了本次论坛。

此次论坛由北京航空法学会和北京外国语大学法学院主办，北京蓝鹏律师事务所承办，北京仲裁委员会协办。论坛的主题为“中国式法治现代化的民航实践”，分为六个单元议题：中国式法治现代化的民航实践、航空与外交、空域共享新议题、涉外法治人才培养、航空法律事务和研究生论坛。

一、论坛致辞

3 月 25 日上午 9 时许，北京航空法学会 2022 年年会暨第六届航空法治论坛在长安白云大酒店隆重召开，北京航空法学会副会长、中国东方航空公司北京分公司总经理谢朝晖先生主持论坛开幕式。

北京市法学会党组书记郭旭升先生在开幕式致辞中肯定了北京航空法学会过去一年的工作,对北京航空法学会在航空法治理论与实践方面取得的成就表示祝贺,并对今后继续加强航空法研究以及持续探索中国式航空法治现代化提出了明确要求。

北京外国语大学法学院院长米良教授对会议的召开表示热烈的祝贺,向莅临现场的各位领导、嘉宾、会员表示诚挚的欢迎。希望北京航空法学会与北京外国语大学法学院紧密合作,在航空法的智库建设、航空法学的研究方面更上一层,在培养有家国情怀、全球视野、专业本领的航空法治人才方面取得新的成绩。

中国航空器拥有者及驾驶员协会理事长张峰发表致辞,回顾了中国无人机的发展历程、我国在建立无人机标准等方面取得的成绩以及对未来无人机发展的展望,并预祝本次论坛圆满成功。

二、中国式法治现代化的民航实践

中国民用航空局原副局长董志毅先生以《中国民航的现代化:成就、挑战及应对》为主题作了发言。董志毅先生结合既往工作经历,回顾了中国民航事业在新时期以习近平同志为核心的党中央的坚强领导和大力支持下取得的历史性成就,总结了过去一段时期民航领域所面临的风险与挑战,并希望法治工作者对民航法治建设予以大力支持,希望北京航空法学会和北京外国语大学法学院发挥各自优势,大力培养航空法治人才,以高水平的法治人才队伍助力中国民航事业的发展,努力提升中国民航在国际航空领域的话语权。

中国民用航空飞行校验中心主任刘清贵先生以《中国民航安全治理:回顾与展望》为主题作了发言。刘清贵先生回顾了中国加入世界贸易组织(World Trade Organization,WTO)以来民航领域发生的巨大变革,讲述了中国民航主动加大开放力度,全面与国际先进管理理念、管理手段和管理标准接轨,形成了层次分明、体系完备的民航法规体系,为保障航空安全,促进行业的发展发挥了重要作用。

三、航空与外交

中华人民共和国外交部领事司许育红博士与大家分享了《从国际条约及实践看民航与外交领事的关系》一文,她以国际条约和实践为视角,基于领事外交与航空的交叉关系,从领事裁判权制度的产生以及国家主权意识的产生谈起,在结合外交中与航空器及民航机长等相关实例进行论证后,提出要用动态、发展的眼光来看待法学科以及与其他学科的交叉,不断丰富民航法治内涵,以民航强国助力大国外交事业的蓬勃发展。

丝路规划研究中心法律工作委员会总干事李群女士演讲的题目是《中国式法治现代化构建下的机场法》。她从公法与私法、公产与私产角度切入，就公共设施使用者和其他主体的权利救济，提出相对人在利用公共设施的过程中非因自己的过错而导致人身、财产方面的损失时，应当由国家进行赔偿的看法，并对民用机场的管理者与使用者以及其他主体关系进行了说明，阐释了自己对中国式法治现代化建构下的机场法的理解。

中国民航大学法学院孙旭博士演讲的题目是《美国“新兴技术”出口管制研究》。她结合自己在中国商用飞机有限责任公司上海飞机设计研究院法律部的经历，谈到关于上海飞机设计研究院供应商所提供的原材料以及它的下游产品是否可能造成对美国出口管制规则的违反的相关合规问题。并提出我们国家的合规建设应为进取性合规，即应当思考的问题是如何走在风险的前一步，而不是等待问题出现再去针对问题想解决办法。

四、空域共享新议题

加拿大麦吉尔大学客座教授柯莉娟博士以“空域共享新议题”为视角，作了题为《先进空中运输（AAM）/无人驾驶航空器系统（UTM）与有人驾驶航空器共享空域的新议题》的汇报，就先进空中运输（AAM）/无人驾驶航空器系统（UTM）是否可以与有人驾驶航空器共享空域、进行商业运用，如何与有人驾驶航空器共享空域、进行商业运用进行了介绍。柯教授的发言内容十分前沿，为在场嘉宾带来许多启示。

五、涉外航空法治人才培养

中国人民大学法学院党委书记杜焕芳教授演讲的题目是《涉外法治人才培养需要解决的几个问题》，主要从加强涉外领域重点立法，加快我国法域外适用体系建设、推进涉外法律法规有效实施，发展涉外法律服务业，强化企业合规管理、优化涉外法治工作战略布局，关注涉外法治重点领域、建立涉外工作法务制度，提升涉外法治的实践应用能力，增强国际规则制定话语权以及加强涉外法治人才培养，强化思政铸魂，知识教育与实践能力结合，提高涉外法律斗争能力五个方面展开，对培养具有家国情怀、大国视野的优秀涉外法治人才提出了殷切期望。

中国民航大学法学院院长郝秀辉教授的演讲题目是《涉外航空法治人才培养：中国民航大学的实践》。郝秀辉教授首先提出为什么要培养航空法治人才以及如何培养航空法治人才问题，接着从学科引领、以本为本、特色发展、四维突破四个方面详细阐释了中国民航大学涉外航空法治人才培养中的探索与实践。中国民航大学自主设计开发的“专业+通识、必修+选修、理论+实践”17门航空法特色课程群以及郝教授以专业的培养方案为逻辑起点，提出教材课程一体建设，教材团队协同提升的航空法特色校本教材建设的基本思路与技术路线图令人印象深刻。

北京外国语大学法学院姚艳霞教授从涉外航空法治人才的内涵、涉外航空法治人才培养的必要性和紧迫性以及当前航空法治人才培养的现状三个角度出发，结合实际学习、工作经验提出了对培养涉外航空法治人才的见解，特别提出要在培养学生的过程中注重模拟法庭比赛和案例教学，在课程体系的安排上要注重校际间合作，利用好线上教学、慕课联盟等平台，并且积极实践校企对接，同时建议相关管理机构协助搭建校际合作平台、校企合作平台、组织夏令营等，共同提升学生的理论和实务能力，积极探索培养优秀涉外法治人才的多种路径。

六、航空法律实务

北京航空法学会常务副会长张起淮律师演讲的题目是《我国空难赔偿中的立法缺失及规制路径探析》。他以我国空难赔偿的立法发展历程及法律规制现状为核心，结合实务提出我国空难赔偿立法中存在准据法的适用问题、诉讼管辖的确定问题、责任主体明晰问题、赔偿标准脱轨问题以及法院对证据的采信五大问题，并表示在中国民航业蓬勃发展的大趋势下，必须要进一步完善民航法规体系，推动我国民航法治体系同国际接轨，积极参与民航国际规则、标准制定，为民航强国建设提供法治保障。

北京中伦文德律师事务所耿亚杰律师以《飞机融资租赁交易重点法律问题探讨》为题同与会嘉宾进行了分享。耿亚杰律师结合实务经验从飞机取回的障碍——留置权、飞机经营租赁合同交易的重点条款以及飞机发动机融资问题三个方面进行了分析，对于飞机经营租赁交易合同的重点条款以及目前国内发动机租赁的登记问题提出了自己的见解。

七、研究生论坛

北京外国语大学法学院国际法学硕士王旭的演讲题目是《论民用航空器机长的权力行使——基于“合理性标准”的分析》，他以《关于在航空器内的犯罪和其他行为的公约》(简称《东京公约》)为出发点，结合理论提出了“合理性标准”的判断要素，并提出在我国民航法治体系现代化建设中应该积极同国际接轨，完善相关制度建设。

北京外国语大学法学院法律硕士施霆烽以《民航业经营者集中审查中破产抗辩的适用——以大韩航空对韩亚航空收购案为例》为题进行了演讲，他介绍了该案的基本案情、破产抗辩理论在本案中的应用局限以及创新之处。

八、论坛闭幕

2023 年 3 月 25 日晚，北京航空法学会副会长、中国航空运输协会总经理李宗凌先生总结发言，并宣布北京航空法学会 2022 年年会暨第六届航空法治论坛顺利闭幕！

《航空法评论》第12辑征稿启示

《航空法评论》是天津市人文社科重点研究基地——中国民航大学航空法律与政策研究中心、法学院联合主办的系列出版丛书，自2011年出版以来，获广大读者好评。《航空法评论》第12辑拟在航空法基础理论、民航政策、民航法治文化、航空法判例、国内外航空立法、航空法论坛综述等设置研究专题，欢迎投稿。

一、来稿规范

鉴于学术研究规范化的要求以及编辑工作的需要，来稿须符合以下要求：

1. 中英文标题名称：宋体4号字，居中。

2. 作者名称：楷体5号字，居中，上标星号（*）作为介绍作者注释的标志，注中注明作者姓名、性别、工作单位、联系方式、学位、职称及研究方向。

3. 目次：文中1~3级标题要加黑。

4. 注释：正文注释一律采用脚注，每页重新编号，并采用①②③等形式。注释包括引用性注释和解释性注释，文末不列参考文献。

注释体例：参照法学引注手册（2019年）体例，例如：

著作类：

(1) 刘俊海：《股份有限公司股东权的保护》，法律出版社2004年版，第101页。

(2) 李双元、徐国建主编：《国际民商新秩序的理论建构》，武汉大学出版社1998年版，第75页。

(3) [德]拉伦茨：《德国民法通论》（下册），邵建东译，法律出版社2003年版，第1页。

论文类：

(1) 苏号鹏、蒋恒：《论信用权》，载《法律科学》1995年第2期。

(2) 尹田：《论动产善意取得的理论基础及相关问题》，载梁慧星主编《民商法论丛》第29卷，法律出版社2004年版。

(3) 李明：《通俗文化的深层理解》，载《环报》1997年4月2日，第3版。

(4)罗祥泉:《产品责任若干问题》,载 http://www. tz-lawyer. com/article/a24. htm。

外文脚注:格式同上,著作类的书名用斜体;论文类的期刊名用正体,论文名用斜体。

(1) Steven L. Emanuel, *Torts*, CITIC Publishing House, 2003, p. 149.

(2) Henry Hansmann, *Erinier Kraakman, the Numerus Clauses Problem and Divisibility of Rights*, Journal of Legal Studies, June 2002, p. 45 – 46.

5. 基金项目:本刊欢迎各类基金项目研究成果,获得基金项目资助的论文应对基金名称、项目名称、项目编号等做出明确标识。

6. 文本格式:来稿请用电子稿格式,A4 版面,Word 格式。

7. 来稿篇幅:来稿一般不少于 8000 字,不超过 20,000 字。

二、来稿须知

1. 来稿请务必注明作者的联系方式(电话、电子邮箱)和具体通信地址。

2. 欢迎来稿为专投。

3. 来稿引用的数据、材料请务必核实,文责自负。由于一稿多投及抄袭剽窃所产生的有关法律责任由作者承担,与本刊无关。

4. 本刊在收到稿件后 1 个月内决定是否采用,届时未收到通知者即可他投。来稿一律不退,请自留底稿。

三、投稿方式

电子投稿邮箱:hkfpl2020@126. com

编辑部联系人:王锡柱、陈文涛、张崇胜

《航空法评论》编辑部

2023 年 6 月 17 日